KB196745

더 좋은
교육과정
더 나은
수업

더 좋은
교육과정
더 나은
수업

초판 1쇄 인쇄 2024년 12월 14일
초판 1쇄 발행 2024년 12월 25일

지은이 이형빈
펴낸이 김승희
펴낸곳 도서출판 살림터

기획 정광일
편집 조현주·이희연
북디자인 꼬리별

인쇄·제본 (주)신화프린팅
종이 (주)명동지류

주소 서울시 양천구 목동동로 293, 2215-1호
전화 02-3141-6553
팩스 02-3141-6555
출판등록 2008년 3월 18일 제313-1990-12호
이메일 gwang80@hanmail.net
블로그 http://blog.naver.com/dkffk1020
한국교육연구네트워크 www.kednetwork.or.kr

ISBN 979-11-5930-307-4 93370

더 좋은 교육과정 더 나은 수업

이형빈 지음

살림터

차례

2부 더 나은 수업

1부

더 좋은 교육과정

1. 좋은 교육과정이란?
_교육과정의 전문성과 윤리성

교육과정은 여행길에 비유할 수 있다. 이 여행길을 학생과 교사가 함께 걷고 있다. 학생들은 오솔길을 여유롭게 걷기도 하고, 험한 길을 이겨내기도 하고, 친구들과 우정을 나누기도 하고, 낯선 길을 통해 새로운 세상과 만나기도 한다. 교사는 여행의 가이드이다. 학생들이 좋은 경험을 하도록 안내해 주고, 학생들이 힘들어할 때 도와주기도 한다. 이 여행길을 가는 동안 학생들이 성장할 것이고, 그 길의 끝에 학생들의 꿈과 행복이 기다리고 있을 것이다.

학생이 학교에서 무언가를 배우는 과정도 이와 같다. 교육과정은 학생이 무엇을 어떻게 왜 배우는지에 대한 커다란 계획이다. '교육과정 curriculum'의 어원은 라틴어 '꾸레레currere'이다. 여기서 '코스course'라는 말도 나왔다. 여기에는 '도달해야 할 목적지(교육목표)', '길 위에서 경험해야 할 것(교육내용)', '여행을 잘하는 방법(교육방법)', '여행을 잘했는지 확인하는 방법(평가)' 등이 담겨 있다.

교육목표를 세우려면 "학생을 어떤 인간으로 성장시킬 것인가?", "그렇게 성장한 학생이 어떤 사회를 만들어 가도록 할 것인가?" 등에 대한 답을 찾아야 한다. 교육내용을 선정하고 조직하려면 "교육목표를 달성하려면 무엇을 배우게 할 것인가?", "그 내용을 어떻게 체계화해야 하는가?" 등에 대한 답을 찾아야 한다. 교육방법을 설계하려면 "교육내용을 잘 가르치고 배우는 방법은 무엇인가"에 대한 답을 찾아야 하고, 평가를 하려면 "교육목표에 도달했다는 것을 어떻게 확인할 수 있는가?"에 대한 답을 찾아야 한다.

교육과정은 이 질문들에 대한 답을 체계적으로 정리한 것이다. 여기에는 인간과 세상에 대한 질문, 교사와 학생에 대한 질문 등이 모두 포함되어 있다. 이 질문에 좋은 답을 내놓은 교육과정이 곧 '좋은 교육과정'이라 할 수 있다.

1. 전인적 성장을 위한 교육과정

교육의 궁극적인 목적은 교육을 잘 받은 인간을 기르는 것이다. 교육을 잘 받은 인간이란 전인적으로 성장한 인간이다. 전인적으로 성장한 인간이란 어느 한쪽으로 치우치지 않고 성숙한 인간으로서 갖추어야 할 면모를 두루 갖춘 인간이다.

세상에서 가장 먼 거리를 '머리에서 가슴까지의 거리'라고도 한다. 머리로는 알지만 마음으로 느끼지 못하는 경우가 많다. 가난하고 소외된 사람이 많다는 사실은 알지만 그들의 아픔을 공감하지 못하는 경우도 많다. '가슴에서 팔다리까지의 거리'도 매우 멀다. 타인의 아픔을 공감하면서도 그들 곁으로 다가가 손길을 내미는 것이 쉽지 않다. 그렇기에 전인적으로 성장한 인간은 '아는 만큼 느끼고, 느낀 만큼 실천하는 사람'이다.

교육은 전통적으로 '지知·덕德·체體'의 고른 성장을 지향했다. 이에 대응하는 교육학적 용어가 '인지적 영역, 정의적 영역, 심동적 영역'이다. 교육과정 문서에는 교육 내용 범주를 보통 '지식, 기능, 태도 및 가치'로 나눈다. 이를 영어로 짤막하게 표현하면 'To Know, To Do, To Be'이고, 이를 '앎, 함, 됨'이라는 우리말로 표현할 수 있다. 이를 '지성, 감성, 시민성'이라고 표현하기도 한다.

이와 같은 요소들이 삶의 맥락에서 총체적으로 발휘되는 능력을 '역량'이라고 한다. 인간의 역량은 눈에 잘 보이지 않는 비가시적 속성을 지닌다. 하지만 인간의 역량은 해결해야 할 문제 상황에 부딪혔을 때, 삶의 위기에 처했을 때 발휘되기 마련이다. 이처럼 역량은 맥락적·실천적 속성을 지닌다. 그리고 그 실천에 대한 성찰을 통해 인간의 역량은 더욱 성숙해진다. 그 역량은 궁극적으로 '개인과 사회의 행복', '자아실현과 사회적 기여'를 지향한다. 이 관계를 [그림 1]로 나타낼 수 있다.

머리	지(知)	인지적 영역	지성	지식	To Know	앎
가슴	덕(德)	정의적 영역	감성	기능	To Do	함
팔다리	체(體)	심동적 영역	시민성	태도 및 가치	To Be	됨

⇩

역량 (총체적, 맥락적)

⇩

실천/성찰

⇩

개인과 사회의 행복(well-being), 자아실현과 사회적 기여

[그림 1] 전인적 성장을 위한 교육과정

그러나 우리의 교육 현실은 '머리만 큰 인간' 혹은 '몸만 잘 움직이는 인간'을 만드는 것은 아닌지 돌이켜 봐야 한다. 이른바 주지 교과는 '지식만 많이 아는 인간'에 치우치기도 하고, 예체능 교과는 '기능만 숙달한 인간'에 치우치기도 한다. 하나의 교과에서도 지식과 기능, 태도 및 가치가 분절적으로 다뤄지기도 한다. 하지만 이 요소들은 통합적으로 다루어져야 한다. 좋은 교육과정이란 '아는 만큼 느끼고 느낀 만큼 실천하는' 전인적 인간을 기르는 교육과정이다.

2. 모두를 위한 교육과정

좋은 교육과정은 모든 학생을 위한 교육과정이어야 한다. 하지만 모두를 위한다는 것이 말처럼 쉽지 않다. 모두를 위한다는 것이 모두를 1/N로 대하는 것을 의미하는 것도 아니다. 모두를 위한 교육을 하려면 먼저 '어려움이 있는 학생'을 생각해야 한다.

그러나 과거의 교육은 소수의 학생, 성적 상위권 학생을 위한 교육이었다. 너무 어려운 교육과정, 너무 많은 분량의 교육과정은 소수 상위권 학생을 위한 교육과정이다. 교육과정의 난도가 높고 분량이 많을수록 선행학습을 한 학생, 사교육의 혜택을 받을 수 있는 학생이 유리하다. 이들은 사회·경제적으로 유리한 처지에 있는 학생일 가능성이 크다. 고난도 교육과정, 빠른 속도의 수업, 변별 위주 평가는 교육 불평등을 심화시키고, 교육 불평등은 사회 불평등으로 이어진다.

'가난하고 소외된 학생', '배움이 느린 학생', '장애가 있는 학생', '문화적 배경이 다른 학생' 등을 위한 교육은 이와 다르다. 너무 많거나 어려운 교육과정을 지양하고 '교육과정 적정화'를 해야 한다. 지엽적인 부분, 불필요한 부분을 덜어내고 핵심적인 내용을 반복적으로 깊이 있게 다루는 것이 모든 학생에게 도움이 된다. 또한 학생이 서로 도움을 주고받는 협력 수업이 이루어져야 한다. 이는 인지적 영역의 발달(메타 인지의 활성화), 정의적 영역의 발달(협력적 가치의 내면화) 모두에 도움이 된다. 그리고 협력적 수업에서 자연스럽게 이루어지는 과정중심평가, 피드백과 재도전을 통해 성공의 경험을 하게 하는 성장중심평가가 이루어져야 한다.

이를 위해서는 학생 개개인의 특성을 고려하는 '개별화 교육과정', 가장 힘들어하는 학생을 먼저 배려하는 '보편적 학습설계' 등이 필요하다. 이에 대해서는 2부 4장에서 자세히 다루겠다.

3. 좋은 세상을 꿈꾸게 하는 교육과정

좋은 교육과정은 "학생을 어떤 인간으로 성장시킬 것인가? 그렇게 성장한 학생들이 어떤 세상을 만들도록 해야 할 것인가?"에 대한 질문에 대한 성찰을 담아야 한다. 교육과정은 과거로부터 이어져 온 것을 현재의 학생에게 전달하는 기능과 함께 지금의 학생이 새로운 미래를 열어가게 하는 기능을 하기 때문이다.

미래 사회의 전망은 불확실하고 비관적이다. 많은 이들이 미래 사회의 모습을 기후 위기, 불평등 심화, 사회적 다양성 확대, 인구수 급감, AI 시대의 도래 등으로 전망한다.

미래교육은 '미래 사회의 변화에 적응하도록 하는 교육'만을 의미하지 않는다. 미래교육은 '미래 사회를 바람직한 방향으로 바꾸는 능력을 기르는 교육'을 의미한다. 〈OECD Education 2030〉은 학생 주도성을 통해 '변혁적 역량'을 기르는 것을 강조한다.[OECD, 2018] 이 개념이 2022 개정 교육과정의 이론적 배경이기도 하다.

미래 사회의 가장 큰 위험은 기후 위기다. 기후 위기는 인간과 생명의 존재 자체를 위협한다. 기후 위기의 근본적인 원인은 대량 생산, 대량 소비를 중심으로 한 근대 자본주의 논리와 인간의 무분별한 탐욕이다. 따라서 기후 위기를 극복하려면 근대적 삶의 패러다임 자체를 성찰해야 하고, 필요와 욕망을 구분할 줄 아는 지혜를 길러야 한다. 따라서 미래교육의 핵심은 생태적 감수성에 기반한 생태전환교육이어야 한다.

미래 사회에는 불평등이 더욱 심화할 것으로 보인다. 비정규직 노동, 플랫폼 노동 등 불안정 노동이 확대되고 있으며, 소득 불평등에 자산 불평등이 맞물려 청년들을 불안과 좌절에 빠뜨리고 있다. 과거 우리 교육은 "개천에서 용 난다."라는 신화에 기대어 무한 경쟁교육을 반복해 왔다. 하지만 이제 이런 신화는 끝났다. 공교육은 계층 상승의 통로가 아니라, 미래 사회 구성원을 길러내는 공적인 가치를 추구하는 곳이다. 이제 공교육이 지향해야 할 가치는 '경쟁에서 승리하는 능력'을 기르는 것이 아니라 '불평등을 타파하는 능력'을 기르는 것이다. 남을 짓밟고 올라서는 이기적인 인간을 길러내는 교육이 아니라 다른 사람과 더불어 살아가는 공동체적 인간을 길러내는 교육이 필요하다.

미래 사회에는 사회적 다양성이 더욱 증가할 것이다. 과거 한국 사회는 단일민족국가의 전통에서 살아왔지만, 이미 우리 사회는 다양한 가치와 문화가 공존하는 사회가 되었다. 유럽과 미국의 뜨거운 쟁점인 난민 문제도 남의 문제가 아니며, 적대적 대결 국면으로 치닫는 남북 관계도 평화 관계로 전환해야 한다. 따라서 미래 사회에 꼭 필요한 교육은 타자를 이해하고 공존하는 역량을 기르는 교육이다.

한국 사회는 초고령화 사회로 접어들었다. 저출생 현상은 공교육에 치명적인 위협이 되고 있다. 하지만 이런 위기는 곧 기회로 바뀔 수도 있다. 학생이 줄어든다는 것은 학생 한명 한명의 가치가 더욱 소중해진다는 의미이기도 하다. 이제 대다수 학생을 버리고 소수의 학생만 선별하는 경쟁교육은 더더욱 명분을 잃게 될 것이다. '단 한 명도 포기하지 않는 책임교육'이라는 구호가 더욱 절실한 현실이 될 것이다. 보편적 학습설계, 개별화 맞춤형 교육 등이 점차 공감대를 확산하는 이유도 여기에 있다.

AI 시대의 도래는 교육 패러다임 전환을 요구한다. 이는 'AI를 잘 활용하는 능력을 기르는 교육'을 의미하는 것이 아니라, 'AI로는 대체할 수 없는, 대체해서도 안 되는 능력을 기르는 교육'이어야 한다. 이는 크게 보아 창의력과 상상력, 공감 능력, 가치 판단 능력을 기르는 교육을 말한다. 인간만이 현실 너머 새로운 세상에 대한 꿈을 꿀 수 있다. 이것이 창의력과 상상력의 진정한 의미이다. 인간만이 타인에 대해 진심으로 공감할 수 있다. 공감을 통해 공동체가 유지될 수 있다. 인간만이 선과 악, 정의와 불의를 구분할 수 있다. 아니, 인간도 선과 악을 분별할 수 있다는 교만에서 벗어나야 한다. 하물며 AI에게 이러한 가치 판단의 영역까지 맡긴다는 것은 금단의 열매를 또다시 따먹는 꼴이 된다.

좋은 교육과정은 좋은 세상을 교사와 학생이 함께 꿈꾸게 하는 교육과정이다. 이러한 교육과정을 만들려면 교사의 전문성과 윤리성이 반드시 필요하다.

4. 전문성이 있는 교육과정

교육과정을 만드는 주체는 마땅히 학생을 가르치는 교사가 되어야 한다. 하지만 전국 50만 명의 교사가 50만 개의 교육과정을 만드는 것은 현실적으로 불가능하다. 그래서 국가가 교사를 대표하여 교육과정을 만든다. 이것이 국가 교육과정이다. 교사는 이를 학교에서 운영한다. 여기서 딜레마가 생긴다. 내가 만들지 않은 교육과정을 내가 운영해야 하는 딜레마, 국가에서 통일적으로 만든 교육과정을 서로 상황이 다른 학교에서 운영해야 하는 딜레마다.

교사는 교육과정 전문가다. 전문가란 지식이 많은 사람만을 의미하지 않는다. 전문가는 자기가 하는 일을 스스로 결정하는 사람이다. 위에서 시키는 대로, 매뉴얼에 나온 대로만 일하는 사람을 전문가라고 부르지 않는다. 상부의 지시, 매뉴얼대로만 일하면 '구상과 실행의 분리' 현상, 노동 소외 현상이 생긴다. 영화 〈모던 타임즈〉에서 온종일 컨베이어 벨트 속도대로 나사만 돌리던 찰리 채플린의 모습이 노동 소외 현상을 상징적으로 보여준다.

교사에게도 이런 노동 소외 현상이 생긴다. 교사의 교육 활동은 철저히 분절화되어 있다. 초등학교와 중등학교가, 교과와 교과가, 학년과 학급이 분리되어 있다. 교사는 정해진 시간표에 따라 정해진 학급에서 정해진 교과를 국가 교육과정에 따라 교과서대로 가르치게 된다. 이는 컨베이어 벨트 속도에 따라 자신에게 주어진 공정만 수행하는 노동자의 모습과 구조적으로 동일하다.

물론 교사가 국가 교육과정에 따라 교과서대로 가르쳐도 별문제가 생기지 않는다. 하지만 남이 만든 교육과정은 내 것 같지 않고, 출판사에서 만든 교과서 자료와 학습활동은 우리 학급 학생들에게 맞지 않을 수 있다. 이 과정에서 교사도 학생도 소외를 경험하게 된다.

그래서 교사들이 '교육과정 재구성'을 한다. 그래야 교육과정이 내 것 같고, 학생들에게 도움이 된다. 혼자 하기 어려우니 학년별로, 교과별로 함께 한다. 그런데 교육과정 재구성도 남들이 시켜서 하면 내 것이 되지 않는다. 학교 교육과정 워크숍에서 빈칸에 포스트잇을 열심히 붙여봐도 보기에만 좋을 뿐이다. 이를 극복하기 위해서는 교육과정 전문성이 있어야 한다.

우리 사회가 전문가라고 부르는 집단(법조인, 의료인, 교수, 교사 등)에는 공통된 속성이 있다. 첫째는 '장기간의 준비 기간'이다. 법조인이 법학전문대학원을 나와야 하는 것과 마찬가지로 교사가 되려면 교원양성기관을 나와야 한다. 둘째는 '공인된 자격'이다. 전문 직종에는 아무나 입직할 수 없고, 국가의 공인된 자격증이 필요하다. 아무리 학원에서 명성을 크게 얻은 강사도 교원자격증이 없으면 교단에 설 수 없다. 셋째는 '끊임없는 자기 계발'이다. 의사가 되고 나서도 끊임없이 임상실험을 하고 세미나에 참석하듯이, 교사가 되고 나서도 각종 연수나 수업 나눔 등 전문적 학습공동체 활동에 참여해야 한다.

이러한 전문가에게는 '자율성'이 부여된다. 전문가는 자기가 하는 일을 자기가 스스로 계획하고 집행하는 사람이다. 전문성이 있기에 자율성이 보장되고, 자율성을 온전히 발휘해야 전문성을 더욱 신장할 수 있다. 대학교수에게는 자기가 가르치는 과목에 대한 자율성이 온전히 부여되어 있다. 새로운 과목을 개설할 수 있고, 그 과목의 교육과정을 자기가 개발할 수 있고, 수업방식이나 평가권에도 아무런 제약이 없다.

이와 달리 교사에게는 온전한 자율권이 보장되어 있지 않다. 하지만 교사에게 주어진 자율성마저 온전히 누리지 못하는 경우도 많다. 교사에게는 교육과정 재구성 권한이 있다. 국가 교육과정에 '가르치는 순서와 방법, 비중 등을 조정하여 운영'할 수 있고, '성취기준을 통합, 압축하는 등 재구조화'할 수 있다는 점이 명시되어 있음에도 이를 외면하고 교과서대로 가르치는 교사가 여전히 많다. 교육과정 재구성은 교사에게 부여된 업무가 아니라 교사가 마땅히 누려야 할 전문가의 권리임을 인식해야 한다.

그런데 교육과정 재구성, 나아가 교육과정 개발은 결코 쉬운 과업이 아니다. 이를 혼자 해내기 어려울 뿐만 아니라, 혼자 하는 것이 바람직하지도 않다. 교육과정 운영은 모든 학생을 위한 공적 업무이기 때문이다. 따라서 교사의 전문성은 '협력적 전문성'이어야 한다. 이것이 혼자 자기 수업을 감당하고 그 결과에 책임지는 학원 강사와의 차이점이기도 하다.

좋은 교육과정을 만들려면 교사의 '협력적 전문성'이 발휘되어야 한다. 그래야 교과 교육과정, 학년 교육과정, 학교 교육과정을 잘 만들 수 있다. 그런데 안타깝게도 학교 조직은 전통적으로 협력적 구조가 아닌 단절 구조로 이루어져 있다. 로티는 이러한 학교 구조를 '달걀판'에 비유했다.Lortie, 1972 그는 학급과 학급 사이에, 교과와 교과 사이에 보이지 않는 장벽이 존재하며, 그 결과 '현재주의', '보수주의', '개인주의' 세 가지 문화가 기묘하게 삼위일체를 이루고 있다고 보았다.

이러한 단절과 고립을 넘어 협력과 소통의 문화를 형성할 때, 이를 기반으로 교사의 전문성과 자율성을 발휘할 때 좋은 교육과정을 만들 수 있다. 교사는 교과에 대해, 학생에 대해, 사회에 대해 잘 알아야 한다. 그리고 "학생을 어떤 인간으로 성장시킬까, 그렇게 성장한 인간이 어떤 세상을 만들도록 해야 할까?"에 대한 꿈을 동료와 나누어야 한다. 그리고 그 꿈을 교육과정을 통해 현실화해야 한다. 이것이 교육과정 전문성이다.

5. 윤리성이 있는 교육과정

전문가는 윤리적이어야 한다. 아무리 전문성이 높은 의사라 할지라도 환자의 건강이 아닌 자기 이익만 챙기면 사회적 지탄을 받게 된다. 그래서 전문가 집단에는 엄격한 윤리 강령이 있다. 의료인의 히포크라테스 선서가 대표적인 예다.

교사는 마땅히 자기 이익이 아니라 모든 학생의 공익을 추구해야 한다. 이것이 교사가 지녀야 할 윤리성이다. 그러나 학생을 위한다며 내세우는 명분이 모두 윤리적인 것은 아니다. 학생을 상위권 대학에 보낸다는 명분 때문에 온갖 비윤리적인 관행이 정당화되어 온 역사도 있다.

윤리적 교육은 '1%의 엘리트를 위해 99%를 포기하는 교육'이 아니라 '잃어버린 한 마리 양을 먼저 생각하는 교육'이다. UNESCO에서 말하는 '모두를 위한 교육'이 이에 해당한다. '가장 어려운 학생'을 먼저 배려해야 '모두'를 위할 수 있다.

윤리적인 교육과정은 '가난하고 소외된 학생을 위한 교육과정'이다. 앞에서도 언급했듯이, '너무 어려운 교육과정', '진도 빼기 수업', '변별을 위한 평가'는 가난하고 소외된 학생을 구조적으로 배제한다. 반면 '삶과 연계된 교육과정', '모든 학생이 참여하는 수업', '성장을 위한 평가'는 가난하고 소외된 학생도 배려할 수 있다.

그러나 이것만으로는 부족하다. 여기서도 소외되는 학생이 있다. 이들을 위한 특별한 지원이 필요하다. 특수교육에서 말하는 '개별화 교육과정'과 '보편적 학습설계'를 일반교육에도 적용해야 한다. 그리고 학교 안 지원과 학교 밖 지원을 촘촘히 연결해야 '모두를 위한 교육'이 될 수 있다.

'가난하고 소외된 학생을 위한 교육과정'은 '개천에서 용 나는 교육'이 아니라 '개천을 아름답게 가꾸어 행복하게 사는 교육'이다. 가난하고 소외된 학생도 잠재력을 발휘해 존엄성을 지키는 역량을 기르는 교육이다. 이를 민주시민 교육이라고 부를 수도 있다. 그런데 민주시민 교육도 자칫 엘리트 교육으로 흐를 수 있다. 아테네 자유 시민만이 참여했던 자유 교양교육Liberal Arts이 대표적인 예다. 공부를 어려워하는 학생은 민주시민 프로젝트도 어려워할 수 있다.

그래서 민주시민 교육에 '돌봄의 교육'이 추가되어야 한다. '돌봄의 교육'이란 '돌봄교실에서 하는 교육'이 아니라 '돌봄 윤리에 따른 교육'이다. '돌봄'은 '인간의 근원적 취약성과 상호의존성'을 인정하는 개념이다.[Kittay, 1998] 인간은 태어나면서부터 죽을 때까지 누군가의 돌봄을 받고 누군가를 돌보며 살아간다. 교사의 따뜻한 돌봄을 받은 학생이 타인을 돌볼 줄 아는 인간으로 성장하는 것이 돌봄의 교육이다. 혁신학교를 '배움과 돌봄의 책임교육 공동체'라고 하는 이유가 여기에 있다. 이러한 '배움과 돌봄'을 구현하려면 교사의 헌신과 윤리성이 필요하다. 물론 교사도 취약하다. 그래서 교사의 상호돌봄, 교사를 돌보는 사회적 시스템이 필요하다.

이러한 윤리성을 발휘해야 하는 이유는 무엇인가? 종교에서는 이를 '소명calling'이라는 개념으로 설명한다. "이집트 제국에서 신음하고 있는 히브리 노예를 해방시키라."라는 신의 부르심에 "내가 여기 있습니다. 나를 보내소서."라고 응답하는 태도가 이에 해당한다. 철학에서는 윤리성의 원천을 보편적 이성의 실천적 요청으로 본다. 이를 대표하는 학자가 칸트다. 그가 말한 "너의 모든 행동의 원리가 보편타당한 입법 원리에서 어긋나지 말아야 한다."라는 정언명령이 이에 해당한다.

교사의 윤리성은 이와 유사하면서도 매우 독특한 면이 있다. 교사의 윤리성은 무엇보다도 '학생의 목소리에 응답response하는 책임감 responsibility', 그리고 이를 기꺼이 감내하려는 '교사 내면의 목소리'로부터 나온다. 그 어떠한 외적 보상도 이를 대신할 수 없다.

교사는 가난과 소외, 학습 부진이나 학교폭력 등의 아픔을 예민하게 느껴야 하고, 학생들이 살고 있는 사회와 학생들이 살아갈 미래의 문제에 대해 치열한 시대정신을 지녀야 한다. 공교육은 단지 교과의 지식을 전달하는 장이 아니라, 자유와 평등, 사회정의와 공공성 등 사회적 가치가 잉태되는 곳이기도 하다. 교사가 시대의 문제를 끊임없이 고민하고 학생의 목소리에 귀 기울이며 응답하는 윤리성을 지녀야 하는 이유가 여기에 있다.

6. 학생과 학부모도 참여하는 교육과정

좋은 교육과정은 '정해진 코스'라기보다 '함께 만드는 여행길'이다. 교육과정은 교사와 학생이 함께 떠나는 여행길이다. 교사가 만든 여행계획에 학생을 억지로 끌고 갈 수는 없다. 학생이 직접 만들기도 하고 학부모가 의견을 낼 수도 있어야 한다. 교육의 3주체는 교사, 학생, 학부모다. 학생 자치활동, 학부모회 활동도 중요하지만, 학교 교육과정 개발에 학생과 학부모도 참여하는 방법을 찾아야 한다.

학생이 교육과정에 참여하도록 '학생교육과정위원회'를 운영할 수 있다. 예를 들어, 학급마다 2명 정도씩 신청을 받아 '학생교육과정위원회'를 만들 수 있다. 학생 대표가 여러 학생의 의견을 수렴하여 정리한 의견을 교육과정 평가회에서 발표할 수 있다. 교육과정 주제 선정에 학생이 참여할 수도 있다. '나에 대해 배우고 싶은 것', '세상에 대해 배우고 싶은 것', '내가 성숙해지기 위해 배워야 할 것' 등을 학생 대표가 정리하여 교육과정 워크숍에서 발표할 수 있다. 교사는 이 의견을 받아 교육과정 주제를 선정하고, 이를 교과 교육과정에 반영할 수 있다. 그리고 교사와 학생이 교육과정 운영에 대해 수시로 의견을 나눌 수 있다. 초등학교라면 이를 학급 단위로 진행할 수 있다. 1부 3장에 학생교육과정위원회의 실제 사례가 제시되어 있다.

학부모도 교육과정에 참여할 수 있다. 학부모의 교육 참여가 개인적 차원에서만 이루어지면 '내 자녀만 생각하는 소비자주의'에 빠질 수 있다. 하지만 학부모의 '공적 참여'를 보장하면 학부모도 '공적 시민'으로 성장할 수 있다. 그러려면 학부모회, 학부모동아리가 일상적으로 활성화되어야 한다. 그래야 공적 토론문화가 생긴다. 무엇이 '우리 자녀'를 위해 좋은 교육일지 생각해 볼 기회를 마련해야 한다. 학부모의 공적 의견, 정당한 의견이 학교 교육과정에 반영되어야 개별적인 악성 민원을 교사와 학부모가 함께 막을 수 있다.

서이초 사태 이후 "학교는 어떤 공동체이어야 하는가?"에 대한 고민이 깊어지고 있다. 학교와 학부모 사이, 교사와 학생 사이에 장벽을 치는 것만이 대안은 아닐 것이다. 참여, 소통, 민주주의, 나눔, 섬김, 돌봄 등의 가치를 교육과정에서 실현해야 한다. 그것을 좋은 교육과정이라 할 수 있다. 좋은 교육과정을 교사가 함께 만들고 그것을 학생과 학부모와 나눌 때 교권이 보장된다. 동료 교사와 함께 교육과정을 만들고 수업을 나눌 때 교사가 성장하고, 진정한 가르침의 권위가 선다. 그리고 학생과 학부모도 좋은 교육과정에 동참할 수 있다.

2. 학교 교육과정 함께 만들기
_학교의 공동체적 가치와 교사의 집단지성

교육과정이라 하면 보통 '2022 개정 교육과정' 같은 국가 교육과정을 떠올린다. 하지만 교육과정에는 국가 교육과정뿐만 아니라 지역 교육과정, 학교 교육과정도 있다. 초중등교육법 제23조에서는 "① 학교는 교육과정을 운영하여야 한다. ② 국가교육위원회는 제1항에 따른 교육과정의 기준과 내용에 관한 기본적인 사항을 정하며, 교육감은 국가교육위원회가 정한 교육과정의 범위에서 지역의 실정에 맞는 기준과 내용을 정할 수 있다."라고 규정하고 있다. 따라서 학교는 국가 교육과정, 지역 교육과정의 기준에 따라 자율성을 발휘하여 교육과정을 운영해야 한다.

하지만 우리나라에 '학교 교육과정다운 학교 교육과정'이 존재하는지는 의문이다. 학교 나름의 상황에 따라 특색 있는 교육과정을 운영하는 학교가 많지 않다. 이는 학교에 교육과정 자율성이 제대로 보장되어 있지 않기 때문이기도 하다. 그래서 많은 연구자가 우리나라의 교육과정 자율화의 특징을 '시혜적 자율화', '강요된 자율화', '제한적 자율화'라고 한다.홍원표, 2011; 김종희, 2018 현장으로부터 요구된 자율화가 아니라 위에서 내려온 자율화, 경쟁을 부추기는 자율화, 한정된 범위에서만 허용되는 자율화라는 의미다.

본격적인 학교 교육과정 자율화는 2010년 이후 혁신학교 운동과 함게 이루어졌다고 할 수 있다. 이 과정에서 '교육과정 재구성'이라는 담론과 실천이 널리 퍼졌다. 이는 교과서 내용을 일부 덜어내고 새로운 자료를 추가하거나, 가르치는 순서를 바꾸거나, 여러 교과를 통합하는 것을 말한다. 사실 이는 본격적인 학교 교육과정 개발이라기보다는 국가 교육과정 범위에서 이루어지는 소극적인 교육과정 재구성이라 할 수 있다.

학교 교육과정을 개발하려면 교사들이 학교 교육의 철학과 지향하는 인간상을 공유하는 가운데 학교의 실태, 학생의 요구와 필요 등을 분석하고, 학교 교육의 철학을 구현하는 방법을 모색해야 한다. 이렇게 구성원들이 공동의 신념과 가치를 공유하고, 문제 해결을 위한 대안을 모색하는 과정을 숙의deliberation라고 한다. 하지만 교사들의 숙의 과정을 통해 학교 교육과정을 개발하는 사례는 많지 않다.

이에 대한 대안으로 덕양중학교의 학교 교육과정 개발 사례를 살펴보고자 한다. 덕양중학교는 2009년 혁신학교로 지정된 후 모범적 혁신학교로 널리 인정받아 왔다. 덕양중학교는 여느 혁신학교와 마찬가지로 수업 및 평가의 혁신, 학생생활교육 혁신을 위해 노력해 왔다. 덕양중학교의 학교 혁신 사례에서 주목해야 할 점은 '평화'라는 가치를 기반으로 교사들의 숙의 과정을 거쳐 학교 교육과정을 개발한 것이다. 이는 교사의 이동이 잦은 공립학교에서도 학교의 공동체적 가치에 기반한 교육과정 개발이 가능하다는 점을 잘 보여준다.

1. 숙의 교육과정 개발

학교 교육과정의 출발은 교사가 '학교의 공동체적 가치'를 공유하는 것이다. 이를 기반으로 여러 가지 대안을 탐색하며 교육내용을 선정하고 조직해야 한다. 이와 관련된 이론이 슈왑과 워커의 숙의 교육과정 개발 모형이다.Schwab, 1969; Walker, 1971 슈왑은 교육과정을 개발하려면 이론적 모형보다 '실제적인 것the practical'을 중시해야 한다고 보았다. 워커는 교육과정이 실제로 개발되는 과정을 관찰하며 이를 바탕으로 숙의 교육과정 모델을 정립했다. 이 모델은 [그림 2]처럼 토대platform, 숙의deliberation, 설계design로 구성되어 있다.

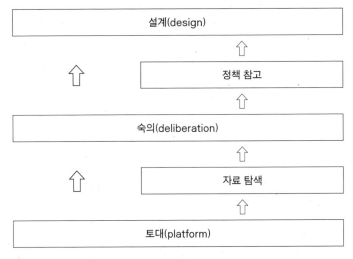

[그림 2] 교육과정 개발 숙의 모형

'토대platform'는 교육과정 개발의 출발점이다. 이는 교육과정 개발자의 신념과 가치체계이며, 교육에 대한 깊은 통찰과 집단지성, 교육 철학과 비전에 대한 공유를 통해 구축된다. '숙의deliberation'는 이러한 토대에 기초하여 여러 가지 대안을 탐색하는 과정이다. 이 과정에서 교사들은 다양한 대안을 자유롭게 논의하게 된다. 이러한 숙의 과정을 거친 후 교육과정 '설계design'에 들어가게 된다.

우리나라에 학교 교육과정다운 학교 교육과정이 많지 않은 근본적인 이유는 교육과정 개발의 출발점인 '토대platform'가 형성되어 있지 않기 때문이다. 학교 고유의 교육과정을 개발하려면 학교 교육과정이 지향해야 할 철학, 인간상, 가치에 대한 공유가 있어야 한다. 이러한 교육과정 토대가 얼마나 중요한지 덕양중학교 사례로부터 알 수 있다.

2. 덕양중학교 교육과정의 특징

덕양중학교 교육과정의 특징을 분석하기 위해 포스너의 교육과정 분석이론을 활용하고자 한다.Posner, 2004 그는 교육과정 분석 틀을 '교육과정 기원과 체계', '교육과정 고유영역', '교육과정 운영', '교육과정 비평' 등 4개 범주로 구분했다. 이 중 핵심이 되는 범주는 '교육과정 고유영역'이다. 여기에는 다시 '교육과정의 목적과 내용은 무엇인가?', '교육과정의 목적과 내용의 근거가 되는 가정은 무엇인가?', '교육과정은 어떻게 조직되어 있는가?', '교육과정 조직의 근거가 되는 가정은 무엇인가?'라는 질문이 제기되어 있다. 이를 〈표 1〉과 같이 정리할 수 있다.

〈표 1〉 교육과정 분석의 틀

범주	핵심 질문
교육과정의 목적과 내용	교육과정에서 강조하는 목적은 무엇인가?
	교육과정에서 어떠한 유형의 학습목표가 제시되어 있는가?
교육과정의 목적과 내용의 근거가 되는 가정	교육과정의 이론적 배경은 무엇인가?
	교육과정이 학교교육에 미치는 영향은 어느 정도인가?
교육과정의 조직	교육과정의 거시적 조직 원리는 무엇인가?
	교육과정의 미시적 조직 원리는 무엇인가?
교육과정 조직의 근거가 되는 가정	교육과정 조직의 인식론적 가정은 무엇인가?
	교육과정 조직의 심리학적 가정은 무엇인가?

가. 교육과정의 목적

덕양중학교는 2009년부터 혁신학교로 지정·운영되어 왔다. 혁신학교 운영 초창기에는 여느 혁신학교와 마찬가지로 교과서의 순서를 바꾸거나 일부 내용을 덜어내고 새로운 내용을 추가하는 정도로 교육과정을 재구성했다. 이러한 소박한 재구성 단계를 넘어 덕양중학교 교사들이 학교 교육과정을 본격적으로 고민하게 된 계기는 학교 안팎에서 부딪히는 문제를 해결하기 위해서였다. 그리고 교사들의 오랜 숙의를 거쳐 학교 교육과정을 만들어 가기 시작했다.

> 혁신학교 초창기, 당시 가장 큰 문제로 대두된 것은 학생 생활교육, 특히 따돌림 문제였어요. 이를 해결하기 위해 회복적 생활교육을 도입했어요. 예전에는 이를 창의적 체험활동 시간에 다루었지만, 교과 교육과정에서도 학생의 삶과 연관된 주제를 통합적으로 다루기로 했죠. 그 결과 여러 가지 교육과정 주제를 다뤘어요. 그러다 이 교육과정 주제를 통해 궁극적으로 지향하는 교육의 가치가 무엇인지 정립해야 할 필요가 생겼어요. 그러면서 학교 교육과정의 궁극적 가치를 '평화'로 정하게 되었어요. 이후 우리 학교 교육과정을 '평화 교육과정'이라고 부르게 되었어요.
>
> _덕양중학교 교사 인터뷰

덕양중학교의 평화 교육과정은 중학생들 사이에 흔히 일어나는 갈등 상황을 해결하기 위한 노력에서 비롯되었다. 이를 위해 회복적 생활교육을 적극적으로 도입했다. 회복적 생활교육이란 '가해자를 처벌하는 응보적 정의'를 넘어 '구성원의 관계를 새롭게 하는 회복적 정의'를 구현하는 학생 생활교육 패러다임이다. 덕양중학교 교사들은 처음에는 회복적 생활교육을 교과 교육과정과 분리하여 운영하다가, 점차 교과 교육과정에서도 이 문제를 다루기 시작했다. 그리고 이를 체계화하여 '평화 교육과정'을 수립했다.

> 평화를 의미하는 히브리어 '샬롬'은 전쟁 없는 상태를 넘어, 정의와 평등에 기초하여 모두가 최상의 존재 상태를 유지하는 상태를 의미한다. 평화교육은 인간의 삶을 구성하고 있는 네 차원(개인적 차원, 관계적 차원, 공동체적 차원, 세계적 차원)에서 상생 관계를 맺어갈 수 있는 능력을 기르는 것이다. 우리는 평화교육을 개인적 차원에서 스스로를 이해하고 다른 사람과 공동체, 세계, 자연과 올바른 관계를 맺고 그 속에서 일어나는 여러 갈등과 문제를 이해하고 해결하는 안목과 힘을 길러주는 교육으로 규정하고자 한다. _덕양중학교 교육과정 운영계획

덕양중학교 교육과정에서는 평화교육을 4영역 9역량으로 제시한다. 개인적 영역에서는 '자기이해 역량', '자기관리 역량'을, 관계적 영역에서는 '평화감수성 역량', '의사소통 역량', '대인관계 역량'을, 공동체적 영역에서는 '협력적 문제 해결 역량', '민주시민 역량'을, 세계적 영역에서는 '문화적 소양 역량', '생태감수성 역량'을 설정했다. 그리고 '평화'라는 가치가 단지 선언적 차원에 머무르지 않도록 교과 교육과정과 창의적 체험활동 전반에서 이를 구현하는 방안을 찾아갔다. 이는 워커의 숙의 교육과정 모델에 제시되어 있듯이, 학교 구성원들의 신념 체계를 토대로 문제해결을 위한 대안을 모색하는 과정이라 할 수 있다.

나. 교육과정에 제시된 학습 목표

덕양중학교의 평화 교육과정은 학교 교육과정의 총론에 해당하는 문서다. 교사들은 이를 바탕으로 학교 교육과정의 가치를 구체화하기

위해 적극적으로 교과서를 재구성하거나 교과서에서 교과 교육과정을 개발했다. 그리고 그 결과는 흔히 '학습활동지'라 불리는 문서로 구현된다.

교사가 제작한 학습활동지의 유형은 태너와 태너가 교사들의 교육과정 수준으로 제시한 '모방적 수준, 매개적 수준, 창조적 수준'에 따라 구분해 볼 수 있다.Tanner & Tanner, 1980 이 중 '모방적 수준'은 교과서 내용을 단순히 요약한 것이고, '매개적 수준'은 교과서에 없는 자료나 학습 활동을 제시한 것이고, '창조적 수준'은 국가 교육과정과 교과서의 틀을 넘어 교사가 교육과정을 새롭게 만들어 학습활동지에 반영한 것이다.

덕양중학교에서는 거의 모든 수업에서 교사가 제작한 학습활동지가 사용되며, 이는 대부분 '매개적 수준'이나 '창조적 수준'에 해당한다. 이러한 학습활동지를 통해 덕양중학교의 평화 교육과정이 추구하는 학습 목표의 양상을 구체적으로 확인할 수 있다.

1. 내가 생각하는 '자유로움'과 '평화로움'은 어떤 것인가요?
2. 나는 어떨 때 위와 같은 감정을 느끼게 되나요?
3. 내가 쓸 글의 주제문을 써 보세요.
4. 어떤 과정을 통해 글쓰기를 완성하면 좋을까요?

_덕양중학교 영어과 학습활동지에서

위 내용은 덕양중학교의 'Ish 프로젝트'에서 활용되는 학습활동지의 일부다. 'Ish 프로젝트'는 영어 교과를 중심으로 철학, 미술 교과가 함께 학생들의 '나다움'을 찾아가고 이를 표현하는 것이다. 우선 영어 교과에서 〈ISH〉라는 영어 텍스트를 학습한 후 철학 교과와 연계하여 '자유로움', '평화로움' 등의 가치를 익히고 글쓰기를 진행한다. 그리고 미술 교과에서는 학생들이 '나다움'을 느끼는 순간을 이미지로 표현하는 활동을 진행한다.

이처럼 덕양중학교의 교육과정은 교과 지식 습득을 학습 목표로 설정하는 것이 아니라, 교과 내용을 바탕으로 학생들이 주제를 탐구하고 표현하는 것을 학습 목표로 설정한다. 이를 통해 학생이 자기 내면을 발견하고, 타자와 올바른 관계를 형성하며, 평화로운 공동체를 만들어 가는 '평화 역량'을 키우고자 한다.

다. 교육과정의 이론적 배경

덕양중학교 교사들은 학교 교육과정 개발과 실제 수업에서 평화의 가치가 구현되기 위해 노력했으며, 단순한 지식 습득이 아닌 학생의 삶과 연계된 배움이 이루어지게 했다.

> 평화를 가르친다는 것은 평화의 내용을 가르치는 것이 아니에요. 학생들이 교육과정과 학교문화를 통해 평화를 경험하게 해야 해요. 그래서 비평화적인 상황에 처했을 때 그것을 불편하게 여기고 이를 평화로운 상황으로 바꾸려고 노력하게 된다면 평화교육이 성공한 거죠. _덕양중학교 교사 인터뷰

덕양중학교 교사들은 평화 교육과정의 이론적 배경인 '평화학'을 공부했다. 평화학의 창시자 중 한 사람인 갈퉁은 평화교육이란 공동체 속에서 타인과 대화와 합의를 통해 적대관계를 해결하는 능력을 길러주는 것이라고 했다.Galtung, 1996 덕양중학교의 평화 교육과정은 이러한 평화교육에 대한 이해를 바탕으로 학생이 이를 실천하는 가운데 진정한 '배움'이 이루어지게 하고자 한다. 이를 '배움의 공동체'론의 주창자 사토 마나부가 말한 '주제-탐구-표현'의 과정으로 구현하고 있다.佐藤 學, 2000

전통적인 교육과정은 타일러의 이론에 따라 명시적인 목표를 정하고, 이에 따라 수업을 진행하고, 학생의 목표 도달을 확인하는 '목표-실행-평가' 모형이다.[Tyler, 1949] 그러나 사토 마나부는 이를 협소하고 획일적이라 비판하면서, 이를 '주제-탐구-표현'으로 전환하자고 주장했다. 이는 교육내용 주제를 설정하고, 학생들이 활동적이고 협력적으로 탐구를 진행하고 그 성과를 표현하며 공유하는 과정을 의미한다.

덕양중학교에서는 평화를 중심으로 주제 중심 교육과정을 운영한다. 모든 학년에서 평화를 중심으로 '나를 사랑해요', '있는 그대로 인정해요', '서로 도우며 함께 배워요'라는 영역을 설정하고, 학년별로는 '나', '다양성', '존중', '만남', '협력', '인권' 등 여러 하위 주제를 운영한다. 교사는 '평화'의 가치를 구체화한 주제를 제시하고, 학생은 교사의 도움을 받아 활동적이고 협력적인 탐구를 진행하고 그 결과를 표현하고 공유한다. 덕양중학교에서는 선다형 평가를 없애고 논술형 평가와 수행평가만 운영하기 때문에 '표현과 공유'로서의 평가가 원활하게 이루어지고 있다. 이러한 교육과정이 운영되는 데는 평화학이라는 이론적 배경이 중요하게 작용했다.

라. 교육과정의 영향력

학교 교육의 중심에는 교육과정이 있다. 그러나 교육과정은 문서로만 있고 실제로는 교과서 진도 나가기 수업이 운영되는 경우가 대부분이다. 창의적 체험활동이나 방과후 학교 등이 교과 교육과정과 분리되는 경우도 많다. 그러나 덕양중학교에서는 교육과정이 학교 교육에 중심적 영향을 미친다. 그 이유는 교사들이 교육과정의 비전을 공유하기 때문이다.

학교 교육과정을 만들려면 두 가지가 필요해요. 첫째는 '교

사가 꿈꾸는 세상, 교사가 학생들에게 물려주고 싶은 세상'
에 대한 철학이 있어야 하죠. 그리고 교사들이 학생들의 필요
와 요구를 확인해야 해요. 이 두 가지가 결합하면 학교 교육과
정이 만들어져요. 교사들이 이것을 공유하면서 공통의 비전을
만들고 이것이 학교 교육과정을 통해 실현되는 것이죠. 이에 대
해 함께 질문하고 답을 찾는 곳이 교사 학습공동체지요.

_덕양중학교 교사 인터뷰

이처럼 교사들은 학습공동체를 통해 '교사가 꿈꾸는 세상에 대한 철
학', '학생의 필요와 요구'를 공유하며 평화 교육과정을 만들어 갔다. 여
느 공립학교와 달리 덕양중학교만의 교육과정을 만들 수 있었던 것은
교사공동체를 통한 가치의 공유와 집단지성의 힘이다.

덕양중학교의 교육과정은 교과뿐만 아니라 창의적 체험활동, 방과후
학교 등 모든 학교 교육의 중심에 놓여 있다. 덕양중학교에서는 특히 학
생들이 창의적 체험활동을 직접 기획하고 운영하는 것이 특징적이다.
가장 대표적인 예가 '평화 기행'이다. 평화 기행은 앞에서 제시했던 평
화 9역량을 중심으로 학생이 스스로 프로그램을 기획하고, 여기에 참
여할 교사를 공모하여 1박 2일 동안 진행하는 행사다.

우리 학교에서는 매년 1박 2일 평화 기행을 하는데, 그 계
획을 학생이 스스로 만들고 여기 참여할 교사를 모집해요. 학
교에서는 세 가지 조건만 줘요. 평화 역량을 기르는 데 도움
이 되어야 하고, 대중교통을 이용해야 하고, 1인당 7만 원만
써야 한다는 것이지요. 학생이 제출한 기획안 중에 가장 걱정
했던 것은 100km 자전거 여행이었어요. 하지만 학생들을 믿
고 맡기니 아무런 사고 없이 의미 있는 시간을 보내고 돌아왔

어요.

 이처럼 덕양중학교의 교육과정은 모든 학교 교육의 중심에 확고히 자리 잡고 있다. 그리고 정기적인 학교 교육과정 평가회를 통해 교사, 학생, 학부모의 의견을 새로운 교육과정 편성에 반영하고 있다.

> 우리 학교에서는 교사 대표, 학생 대표, 학부모 대표가 학교 교육과정 평가회에 참여해요. 특히 교육과정이 자신에게 어떤 의미가 있었고, 무엇을 개선해야 할지 학생의 목소리를 중시해요. 예전에는 교사와 학부모만 평가회에 참여했는데, 그때는 학부모들이 소문만 듣고 불평하거나, 자기 자녀만을 중심에 놓고 이야기해서 교사들을 힘들게 했어요. 하지만 학생들이 평가회에 참여하자 학부모도 학교 교육과정의 실체를 제대로 알게 되었어요. 그렇게 되니 자연스럽게 학부모들의 소비자 의식도 줄어들게 되었죠.   _덕양중학교 교사 인터뷰

 이처럼 덕양중학교에서는 학교 교육과정의 가치가 교사, 학부모, 학생들 모두에게 공유된다. 이를 통해 '함께 만들어 가는 교육과정'을 지향하고 있다. 그래서 교육과정이 서류상으로만 머무르는 것이 아니라 학교 교육 전반에 중심적인 영향력을 행사하게 되었다.

마. 교육과정의 거시적 조직 방식

 덕양중학교의 교육과정 주제는 일회적으로 끝나는 것이 아니라 학년마다 반복되면서 그 깊이가 더욱 심화되어 가는 '나선형 교육과정' 구조로 되어 있다. 나선형 교육과정은 타일러와 브루너의 교육과정 이론에서 그 연원을 찾아볼 수 있다.

타일러는 교육과정 조직의 원리로 '계속성', '계열성', '통합성'의 원리를 제시했다. '계속성'은 학습 요소들을 반복적으로 학습하도록 조직하는 것이다. '계열성'은 교육내용이 이전 내용보다 깊이와 넓이를 더해가도록 조직하는 것이다. '통합성'은 여러 교과 내용을 서로 연결하는 방식으로 조직하는 원리다.Tyler, 1949 이러한 원리가 결합되면 나선형 교육과정이 만들어진다. 브루너 역시 이러한 나선형 교육과정을 통해 지식의 구조에 대한 이해가 심화된다고 보았다.Bruner. 1960

여러 학교에서 덕양중학교와 유사한 주제 중심 교육과정을 운영한다. 그러나 그 주제들이 산발적으로 제시되어 학생이 이를 단편적으로만 접하고 끝나는 경우가 많다. 하지만 덕양중학교의 교육과정은 '평화'와 관

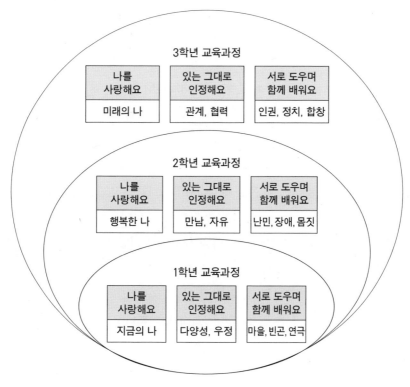

[그림 3] 덕양중학교 나선형 교육과정

련된 다양한 주제가 '나를 사랑해요', '있는 그대로 인정해요', '서로 도우며 함께 배워요'라는 영역으로 범주화되어 있으며, 이 범주가 학년별로 반복되고 심화하는 나선형 구조를 [그림 3]처럼 이루고 있다. 그래서 학생이 주제를 깊이 있게 탐구할 수 있다.

예를 들어 '나를 사랑해요'라는 주제는 청소년의 자기 존중감, 자아정체성 탐구, 가치관 정립, 진로 성숙도 등과 관련된 교육과정 영역이다. 이 주제는 마땅히 범교과적인 통합 활동을 통해 1학년부터 3학년까지 지속해서 다루어야 한다. 덕양중학교 교육과정에서는 이 영역을 1학년의 '지금의 나', 2학년의 '행복한 나', 3학년의 '미래의 나'와 같이 소주제로 세분화했다. 1학년의 '지금의 나'에서는 '나 이해하기(진로)', '자아정체성(도덕)', '친구의 눈으로 보는 나(미술)' 등의 활동을 진행한다. 2학년의 '행복한 나'에서는 '행복의 의미(철학)', '노래로 표현하는 행복(음악)', '독서 활동(국어)' 등의 활동을 진행한다. 3학년의 '미래의 나'에서는 '자서전 쓰기(국어)', '자기 소개하기(영어)', '진학 정보 탐색(진로)', '나만의 라디오 만들기(국어, 음악)' 등의 활동을 진행한다.

이러한 나선형 교육과정은 탐구하려는 대상에 대한 깊이 있는 이해를 심화해 가는 데 의미가 있다. 브루너가 나선형 교육과정을 통해 강조한 것은 '지식의 구조', '일반적 전이가 가능한 원리'를 깊이 있게 탐구하는 것이다. 브루너는 이를 개별 교과 교육과정의 조직 원리로 삼았다. 덕양중학교의 교육과정은 개별 교과 교육과정뿐만 아니라 통합 교육과정에서도 나선형 교육과정이 가능하다는 것을 보여주고 있다.

바. 교육과정의 미시적 조직 방식

덕양중학교의 교육과정은 거시적으로는 나선형 교육과정 구조이고, 미시적으로는 백워드 방식의 교육과정 조직이다. 위긴스와 맥타이가 제시한 백워드 교육과정은 '거꾸로 설계하는 교육과정' 혹은 '이해 중심

교육과정'이라고 부른다.^{Wiggins & McTighe, 2000} 교육과정을 '거꾸로' 설계한다는 것은 교육과정의 '궁극적인 도달점'을 먼저 생각하고 여기에 도달하기 위한 구체적인 절차를 설계하는 것을 말한다. '궁극적인 도달점'이란 "교육과정을 통해 학생들이 어떤 인간으로 성장해야 하는가?", "학생들이 무엇을 알고 무엇을 할 수 있게 되어야 하는가"를 의미한다.

대부분의 학교에서는 어떠한 인간을 길러내고자 하는 목적의식 없이 교과서 내용을 가르치는 경우가 많다. 이는 '교과를 위한 교과 교육과정'이라 할 수 있다. 반면에 이러한 교과 교육과정의 폐해를 극복하기 위해 다양한 학습활동을 진행하기도 한다. 하지만 그 활동을 왜 해야 하는지 성찰하지 못한 채, 학생의 흥미를 끌기 위한 활동, '활동을 위한 활동'에 머무르는 경우도 많다. 따라서 '교과를 위한 교과', '활동을 위한 활동'을 극복하려면 교육과정을 통해 '어떤 인간을 길러내고자 하는지'를 명확하게 설정해야 한다. 이것이 '거꾸로 설계하는 교육과정'의 취지다.

덕양중학교 교사들은 학교 교육과정을 체계화하기 위해 백워드 교육과정 연수를 함께 듣고, 교육과정 워크숍을 통해 '졸업생을 마음에 그리기'라는 활동을 했다. 그리고 덕양중학교 교육과정이 지향하는 인간상을 1, 2, 3학년으로 세부적으로 구상했다. 그 결과 다음과 같이 '1학년에게 바라는 모습', '2학년에게 바라는 모습', '3학년에게 바라는 모습'을 설정했다.

- 1학년에게 바라는 모습: 중학교에 입학하여 나를 사랑하는 방법, 건강하고 창조적인 삶을 사는 방법을 배운다.
- 2학년에게 바라는 모습: 사춘기의 절정에 있는 아이들이 다른 사람의 감정과 생각을 수용하는 방법을 배우며, 공동체 속에서 자신의 몫을 다하며 조화롭게 살아가는 방법을 배

운다.

- 3학년에게 바라는 모습: 중학교 생활을 마무리하는 학년답게 인권과 평화에 대한 감수성을 향상하고, 공동체 속에서 조화롭게 어울리며 자신의 이야기를 만들어 가는 방법을 배운다. _덕양중학교 교육과정 운영계획

백워드 교육과정은 이렇게 '궁극적인 도달점'을 먼저 생각한다는 것 외에도 또 하나의 중요한 특징이 있다. 일반적인 교육과정 모델과 달리 먼저 평가 계획을 세우는 것이다. 여기서 말하는 평가 계획이란 지필평가, 수행평가 계획 등이 아니라, 학생이 교육과정 목표에 도달했음을 확인하는 과정을 의미한다. 교육과정을 제대로 이행했다면 그 결과로 '무엇을 알아야 하고 무엇을 할 수 있어야 하는지', '어떤 결과물을 산출할 수 있어야 하는지'를 미리 설정해야 교육과정-수업-평가가 일관성 있게 이루어질 수 있다.

예를 들어, 미국의 유명한 혁신학교인 센트럴 파크 이스트Central Park East 고등학교에서는 '졸업 포트폴리오 전시회'를 가장 중요한 평가 방식으로 설정하고 있다. 학생은 이를 통해 자기가 학교 교육과정 비전을 완수했다는 증거를 보이게 된다.Apple & Beane, 1995

덕양중학교에서도 마찬가지다. 이 학교에서는 선다형 평가를 없애고, 학생들의 다양한 사고력을 중시하는 논술형 평가, 수업과 연계된 수행평가를 실시한다. 특히 교육과정 주제에 대한 포트폴리오, 보고서, 연극 등 다양한 산출물을 내게 한다. 학교 교육과정 문서에서 학년별, 주제별 학습을 통해 다음과 같은 산출물을 만들어 내야 함을 〈표 2〉와 같이 명시하고 있다.

덕양중학교의 교육과정은 이렇게 '바라는 모습 → 평가(산출물) → 수업'과 같은 백워드 방식으로 조직되어 있다. 이처럼 학년말에 도달해

야 할 결과물을 중심으로 다양한 주제를 탐구하고 표현하게 함으로써 학생의 전인적 성장을 돕고 있다.

〈표 2〉 학년 교육과정의 주제와 산출물

1학년 교육과정					
주제	나	다양성	가치	평화 기행	연극
산출물	나의 포트폴리오	사회적 약자를 위한 정책	내가 추구하는 가치 글쓰기	평화 기행 팸플릿	연극 공연

2학년 교육과정					
주제	나	존중	만남	평화 기행	협력	몸짓
산출물	행복 노래	토론, 논술문	인터뷰 보고서	평화 기행 보고서	라디오 단막극	몸짓 공연

3학년 교육과정					
주제	나	협력	여성 인권	선거	합창
산출물	보이는 라디오 극장	배구 경기	인권 팸플릿	캠페인 송	합창 공연

사. 교육과정 조직의 인식론적 가정

백워드 교육과정은 '진정한 이해'를 목적으로 한다. 단편적 지식을 넘어 '빅 아이디어'를 깨달아야 진정한 이해를 할 수 있다. 교사는 빅 아이디어와 관련된 '핵심 질문'에 대해 학생들이 끊임없이 사고하고 토론하도록 해야 한다.

위긴스와 맥타이는 '진정한 이해'를 여섯 가지 영역으로 나누었다. 무엇인가를 제대로 이해한 학생이라면 이를 다른 사람에게 '설명'할 수 있어야 하고, 자신이 설명한 사실로부터 의미를 '해석'할 수 있어야 하고, 이를 새로운 상황에서 효과적으로 '적용'할 수 있어야 하고, 이에 대해 통찰력 있는 '관점'을 제시할 수 있어야 하고, 자신의 관점만이 아니라 타인의 관점을 '공감'할 수 있어야 하고, 이를 통해 궁극적으로는 '자기 이해'를 할 수 있어야 한다는 것이다.Wiggins & McTighe, 2000

덕양중학교의 교육과정은 국가 교육과정을 적극적으로 재구성하여 학생들이 진정한 이해에 도달할 수 있게 한다. '평화'를 중심으로 다양한 주제를 선정하고, 이 주제에 도달하기 위한 '핵심 질문'을 제시하고, 이를 바탕으로 학생이 스스로 주제를 탐구하도록 하고 있다. 다음은 덕양중학교 사회과 교육과정에 제시된 '핵심 질문'의 일부다.

> • 인간 거주에 유리한 지역의 조건은 무엇일까? 거주가 불리한 지역에서 사람들은 어떤 삶의 방식을 만들어 냈을까?
> • 서로 다른 문화가 공존하는 지역은 어떤 모습이며 갈등은 어떻게 해결할까? 우리나라에서 서로 다른 문화가 공존하며 살아가는 지역은 어디일까? _덕양중학교 교육과정 운영계획

이처럼 덕양중학교의 교육과정에 담겨 있는 인식론적 가정은 학생들이 단편적인 지식을 많이 습득한다고 하여 학습 목표에 도달하는 것이 아니라 '빅 아이디어'와 '핵심 질문'을 중심으로 다양한 주제를 탐구할 때 '진정한 이해'에 도달할 수 있다는 것이다. 이를 통해 이른바 전통적인 학력관 기준에서도 뒤처지지 않는 성과를 거둘 수 있다.

아. 교육과정 조직의 심리학적 가정

덕양중학교의 교육과정은 학년별로 동일한 주제를 반복·심화하는 나선형 구조를 이루고 있다. 이를 통해 학생의 발달단계를 고려한 학년별 교육과정이 만들어진다. 덕양중학교의 평화교육과정은 '나를 사랑해요', '있는 그대로 존중해요', '서로 도우며 함께 배워요'라는 범주가 학년

별로 반복되면서도, 세부 주제는 학년별로 심화되고 있다.

예를 들어, '있는 그대로 존중해요'라는 범주에서 1학년에서는 '친구와의 우정'을, 2학년에서는 '다른 사람에 대한 인터뷰 작성'을, 3학년은 '여성 인권 보호를 위한 사회적 실천(위안부 수요집회 참가)'을 다룸으로써 그 깊이를 더해가고 있다. 이러한 교육과정의 조직 방식은 학생의 발달단계를 고려하면서 '나에 대한 성찰', '타인에 대한 이해', '세상에 대한 관심' 영역별로 발달을 도모한다는 점에서 의미가 있다.

교육이 학생의 발달을 선도한다는 관점에 선 비고츠키는 학생의 발달을 이끄는 '선도 활동'을 강조했다.Vygotsky, 1978 선도 활동이란 특정 연령대의 심리에 처음 등장하는 특성을 활성화하는 활동이다. 비고츠키의 이론을 계승한 심리학자 다비도프는 청소년기의 가장 중요한 선도활동으로 '사회활동'을 중시했다.Davydov, 2008 사회활동을 수행하는 과정에서 청소년은 사회에 참여하려는 욕구를 발달시키고, 또래 집단과의 사회적 상호작용 속에서 자기 행동을 돌아보며 스스로 잠재력을 계발하게 된다.

덕양중학교의 교육과정에서 일상적으로 이루어지는 주제 탐구활동은 이런 점에서 중요한 의미가 있다. 이를 통해 동료 학생들과 사회적 관계성을 형성하고 자아를 확장할 수 있기 때문이다. 또한 주제를 탐구하고 이를 다양한 방식으로 표현함으로써 생산적 노동활동, 사회적 조직 활동, 예술적·신체적 표현 능력을 발휘할 수 있다.

4. 학교 교육과정 개발의 방향

덕양중학교의 사례는 공동체적 가치에 기반한 학교 교육과정 개발이 가능하다는 것을 보여준다. 이 사례를 바탕으로 좋은 교육과정 개발을 위해서는 다음과 같은 조건이 필요함을 알 수 있다.

첫째, 교사의 이동이 잦은 공립학교에서 학교 교육과정을 만들기 위해서는 학교 교육의 가치를 교사가 공유하는 것이 필수적이다. 덕양중학교에서 고유한 교육과정을 개발하여 운영할 수 있었던 이유는 모든 교사가 '평화'라는 가치를 공유하고 있었기 때문이다. 그리고 이 가치는 학교가 직면한 어려움을 교사들이 스스로 해결하는 과정에서 도출된 것이다. 이는 숙의 교육과정에서 말하는 '토대'에 해당한다. 이러한 공동체적 가치가 교육과정 개발의 출발점이다.

둘째, 학교 교육과정 개발을 위해서는 교사의 협력적 전문성에 기반한 집단지성 발휘가 필수적이다. 덕양중학교에서는 특정 개인이 교육과정을 개발한 것이 아니라 모든 교사의 집단지성으로 교육과정을 개발했다. 이는 숙의 교육과정 모형에서 말하는 '숙의'에 해당한다. 이를 위해서는 교원학습공동체가 일상적으로 운영되어야 한다. 덕양중학교에서는 이를 통해 교사들이 교육과정에 대해 협의해 왔으며, 학교 교육과정 평가회를 통해 학생, 학부모의 의견을 반영해 왔다.

셋째, 학교 교육과정은 학교가 직면한 문제의 대안을 모색하는 가운데 만들어질 수 있다. 국가 교육과정과는 별도로 학교 교육과정이 존재해야 하는 이유는 학교마다 처한 실정이 다르기 때문이다. 예컨대 인구 소멸 위기에 있는 농어촌 소규모 학교의 교육과정과 대도시 과밀규모 학교의 교육과정은 서로 다를 수밖에 없다. 또한 중학생과 고등학생이 탐구해야 할 교육과정 주제가 서로 다를 수밖에 없다. 덕양중학교의 평화 교육과정은 중학생들 사이에 흔히 일어나는 집단적 갈등 상황을 해결하려는 문제의식에서 출발했다. 나아가 평화로운 관계 형성을 통해 민주적 삶의 방식을 익히고 평화로운 공동체를 만드는 역량을 기르는 것을 목적으로 삼았다. 이처럼 좋은 교육과정이란 학교와 학생들이 처한 삶의 현실에 주목하고 이를 기반으로 의미 있는 배움의 기회를 제공하려는 모색을 통해 개발될 수 있다.

넷째, 중등학교에서 학교 교육과정이 실질적으로 구현되는 양상은 학년 교육과정을 통해 드러난다. 담임교사가 모든 과목을 담당하는 초등학교와 달리 교과교사 중심으로 운영되는 중등학교에서는 사실상 '교과 교육과정'이 존재할 뿐, '학년 교육과정'이 없다. 그러다 보니 분절적 교과 교육과정에 따라 교과 내용을 전수하는 것이 중등학교 교육과정의 일상적인 실태다. 이러한 교과 교육과정에서는 학생의 성장발달단계에 따른 의미 있는 교육과정이 운영되기 어렵다.

이와 반대로 덕양중학교에서는 '평화'라는 학교의 가치를 중심으로 세부적인 주제를 설정하고, 이를 중심으로 동학년의 여러 교과가 통합적으로 운영되는 학년 교육과정을 마련했다. 그리고 이것이 '1학년에게 바라는 모습', '2학년에게 바라는 모습', '3학년에게 바라는 모습'을 중심으로 구체화되었다. 이처럼 중등학교에서 학년 교육과정이 실질적으로 개발되기 위해서는 학년부 단위의 교원학습공동체 운영이 필수적이다.

다섯째, 학교 교육과정 개발을 위해서는 교육과정 구성에 대한 연구가 필요하다. 덕양중학교의 교육과정은 나선형 교육과정, 백워드 교육과정을 통해 다양한 주제가 하나의 가치를 향해 일관성 있게 조직되어 있고, 이것이 학생의 발달단계에 따른 학년 교육과정으로 위계화되어 있다. 이처럼 학교 교육과정이 실질적으로 개발되기 위해서는 교육과정 구성 체계에 대한 적극적인 이해가 필요하다.

이상에서 논의한 내용은 학교 차원의 노력에 해당한다. 이러한 학교 교육과정 개발을 지원하기 위해 국가 차원에서도 할 일이 많다. 국가 교육과정에서는 교육의 이념과 목표 등 큰 틀의 방향만 제시하고, 구체적인 내용은 지역과 학교에 위임해야 한다. 학교와 교사가 국가 교육과정의 성취기준을 취사선택하거나 새로운 성취기준을 개발할 수 있는 권한을 부여해야 한다. 이를 바탕으로 학교에서는 '교육공동체가 함께 만들어 가는 교육과정'의 취지를 살려 학교의 공동체적 가치를 공유하고 이를 구현하는 교육과정 개발을 위해 노력해야 한다.

3. 학생이 참여하는 교육과정[*]
_학생교육과정위원회 사례

교육과정은 학생을 어떤 인간으로 성장시킬지, 학생이 만들어 갈 미래 사회는 어떤 모습이 되어야 하는지 등의 질문을 바탕으로 무엇을 어떻게 가르칠 것인가를 체계적으로 정리한 것이다. 교육과정 운영의 주체는 교사이기 때문에 학교 교육과정 개발 단계에서부터 교사의 집단지성을 모으는 것이 필요하다.

하지만 그동안 학교 교육과정 개발의 주체는 교사로 한정되었다. 학교 교육과정을 개발하면서 학생의 필요와 요구를 조사하기도 하지만, 학생이 교육과정 개발의 주체로 참여하는 경우는 거의 없다. 앞으로는 학생을 교육과정의 주체로 인정하고 이들의 참여를 보장하는 방안을 모색해야 한다.

학생이 교육과정의 주체로 참여해야 하는 이유는 우선 학생의 필요와 요구를 실효성 있게 교육과정에 반영하기 위해서다. 그동안 학생의 필요와 요구를 파악하는 방법은 주로 학생 설문 조사를 하거나 선택과목 수요 조사를 하는 것이었다. 이러한 방식으로는 학생의 의견이 형식적, 제한적으로 파악될 수밖에 없다.

---

*공동연구자: 김성수 박사

그동안 학생의 교육과정 참여는 사실상 선언적 차원에 머물러 있었다. 학생의 과목 선택권도 학교의 선택에 좌우되는 경우가 많았고, 과목 선택권이라는 개념 자체가 신자유주의의 원리에 따른 것이라는 비판도 적지 않다.이상은, 2023; 조현희·홍원표, 2022 또한 학생 교육과정 참여가 무엇을 지향하는지도 명확하지 않았다. 예컨대 학생의 과목 선택권을 무한정 허용하는 것이 바람직한지, 그 결과 입시 위주 교육과정이 강화되어도 괜찮은지 생각해 보아야 한다. 이러한 한계를 극복하려면 학생이 자신의 교육적 필요나 요구를 숙고해 보고 이를 공식적인 절차를 통해 드러낼 기회가 마련되어야 한다.

학생이 교육과정의 주체로 참여해야 하는 또 다른 이유는 학생 주도성이 발휘되도록 하기 위해서다. 〈OECD Education 2030〉 프로젝트에서는 미래 사회를 바람직하게 바꿔나가는 '변혁적 역량transformative competencies'과 '학생 주도성student agency'을 강조한다.OECD, 2018 여기서 말하는 학생 주도성은 '개별적 주체성', '무분별한 선택의 자유', '선택의 결과에 대한 자기 책임' 등 신자유주의적 담론과 구별되어야 하고, '상호주체성', '실천 속의 성찰', '공동체 의식에 따른 공적 책임' 등과 연결되는 개념으로 보아야 한다.조현희·홍원표, 2022; 이상은, 2023

이 글에서는 학생 주도성의 개념을 '교육을 통해 습득한 지식, 기능, 태도 및 가치를 자신의 주체적 결단에 따라 삶의 구체적인 맥락에서 실천하고, 그 결과에 대해 공동체적으로 성찰하고 책임을 지며, 자신과 세계를 바람직한 방향으로 변화시키려는 성향'이라고 정의하고자 한다. 이러한 학생 주도성이 교육과정에서 구현되기 위해서는 학생이 교육과정 개발과 운영에 참여하여 자기 결정, 실행 및 성찰, 책임감 형성을 경험하도록 해야 한다.

학생이 교육과정 참여를 통해 학생 주도성을 발휘한 해외 사례로는 애플과 빈의 연구를 참고할 수 있다. 빈은 학생이 '자신에 대해 알고 싶은 것', '세상에 대해 알고 싶은 것'을 통합교육과정 주제로 선정해야 한다고 했다.[Beane, 1997] 애플과 빈은 이러한 교육과정을 운영한 학교 사례를 소개하고 이 학교를 '민주적 학교'라 불렀다.[Apple & Beane, 2007] 여기 소개된 학교는 대부분 아프리카계 미국인들이 거주하는 열악한 지역의 학교다. 학생들은 늘 무기력했고 학업성취 수준도 매우 낮았다. 하지만 이들은 자신이 처한 삶의 현실로부터 교육과정 주제를 선정하고 이를 탐구하며 현실을 바꾸는 실천을 하면서 놀라운 성장을 경험하게 된다. 민주시민의 자질 같은 정의적 영역이 성장했을 뿐만 아니라 인지적 영역에서도 놀라운 변화가 나타났다. 예컨대 학생들이 문제 해결에 필요한 정보를 직접 찾아내다 보니 예전보다 문해력이 월등히 높아졌다. 이처럼 자기 주도성을 발휘하며 변혁적 역량을 기르도록 하는 것이 학생 교육과정 참여의 궁극적인 지향점이 될 것이다.

덕양중학교에서는 학교 고유의 교육과정인 평화 교육과정 개발 이후 학생의 의견을 학교 교육과정에 반영하기 위해 2021년도부터 '학생교육과정위원회'를 조직했다. 이 사례를 대상으로, 학생의 교육과정 참여는 어떤 이유로 시작되고 어떤 방식으로 진행되었는가, 학생이 교육과정에 참여하는 단계와 수준은 어떠한가, 이로부터 확인할 수 있는 학생 교육과정 참여의 의미는 무엇인지를 살펴보고자 한다.

1. 학생의 교육과정 참여 양상과 수준

타일러는 교육과정 목표 설정의 원천을 '학습자에 대한 분석, 현대사회에 대한 분석, 교과 전문가의 견해'로 보았다.[Tyler, 1949] 그는 이 중에서 특히 학생의 필요를 분석하는 것이 교육과정 개발의 출발이라고 했다. 하지만 타일러 역시 학생을 교육과정 개발에서의 고려 대상으로 설정했을 뿐 교육과정 개발의 주체로 설정하지는 않았다. 이와 달리, 숙의 교육과정 모델의 기초를 닦은 슈왑은 교육과정 개발에 학생을 참여시켜야 한다고 보았다.Schwab, 1983

학생의 교육과정 참여 양상은 '참여 시기'와 '참여 수준'으로 나눌 수 있다. 학생의 교육과정 '참여 시기'는 '① 교육과정 개발', '② 수업 설계', '③ 수업 실행', '④ 교육과정 평가'로 구분할 수 있다. 교육과정 개발 시기에 학생은 배우고 싶은 주제와 내용을 교사에게 제안할 수 있다. 수업 설계 시기에 학생은 교사의 수업 설계에 대해 의견을 제시할 수도 있다. 수업 실행 시기에 학생은 수업 과정 및 결과에 대한 의견을 교사에게 제공할 수 있다. 교육과정 평가 시기에 학생은 교육과정 운영 결과에 대한 의견을 제시할 수 있다.

학생의 교육과정 '참여 수준'에 관해서는 사회학 분야에서 활발하게 진행된 '참여의 사다리' 논의를 참고할 수 있다. 아른스타인은 시민의 참여 양상을 '참여하지 않음, 형식적으로 참여함, 권한을 갖고 참여함' 세 가지로 나누고, 이의 세부적인 수준을 '① 조작, ② 교정, ③ 정보제공, ④ 협의, ⑤ 회유, ⑥ 파트너십, ⑦ 권한위임, ⑧ 시민 통치' 등으로 유형화했다.Arnstein, 1969

이 논의를 아동 청소년학계에 적용한 하트는 실질적 참여가 이루어지지 않는 수준을 '① 조작, ② 장식, ③ 형식주의'로, 실질적인 참여가 이루어지는 수준을 '① 아동이 특정한 역할을 부여받는 수준, ② 아동의 의견이 반영되는 수준, ③ 성인이 주도하지만 아동과 결정을 공유하는 수준, ④ 아동이 주도하고 감독하는 수준, ⑤ 아동이 주도하고 성인과 의사결정을 공유하는 수준'으로 유형화했다.Hart, 1992

홀드워스는 앞선 논의를 바탕으로 학생의 학교 참여 수준을 '① 학생이 말하지만 들리지 않는 수준, ② 학생의 목소리가 들리는 수준, ③ 학생의 목소리를 듣고 있는 수준, ④ 학생을 존중하는 수준, ⑤ 학생의 관점을 실천에 반영하는 수준, ⑥ 학생과 함께 의사결정 및 실천과 반성을 하는 수준'으로 유형화하고 있다.Holdsworth, 2000

이 연구들은 아동, 학생, 시민의 참여를 임파워먼트empowerment의 수준에 따라 유형화한다. 임파워먼트란 단순한 '권한위임'이 아니라 스스로 역량을 확보하여 주체로 성장하는 역동적 과정을 말한다. 이상의 논의를 바탕으로 이 글에서는 학생의 교육과정 참여 양상을 〈표 3〉과 같이 유형화하고자 한다.

〈표 3〉 학생의 교육과정 참여 유형

참여 시기	참여 수준			
① 교육과정 개발 시기	① 교사가 학생의 의견을 조사하고 반영하는 수준	② 교사의 안내에 따라 학생이 의사결정에 참여하는 수준	③ 교사와 학생이 함께 의견을 조정하는 수준	④ 학생이 공적 권한을 행사하고 책임을 지는 수준
② 수업 설계 시기				
③ 수업 운영 시기				
④ 교육과정 평가 시기				

2. 학생교육과정위원회 운영 사례

가. 학생교육과정위원회의 시작

덕양중학교는 학교 교육과정 개발, 학생자치 활동 등에서 모범적인 성과를 보여왔다. 이를 기반으로 연구자의 제안에 따라 학생교육과정위원회를 운영하기로 했다.

덕양중학교 교사들이 학생교육과정위원회를 운영하기로 한 이유는 크게 두 가지다. 첫째, 학생자치 활동을 학교 교육과정까지 확대해야 한다고 판단했다. 덕양중학교는 혁신학교로 지정된 이후 학급운영부터 체육대회나 축제 등 학교행사에 이르기까지 학생이 기획하고 운영하는 학생자치를 활성화했다. 또한 교사, 학생, 학부모가 함께 모여 학교의 주요 사항을 토론하고 결정하며 평가하는 '교육공동체 대토론회'를 진행하기도 했다. 교사들은 이 과정에서 축적되어 온 역량을 바탕으로 학생이 교육과정에 참여할 수 있으며, 이를 통해 학생자치를 더욱 발전시킬 수 있다고 보았다.

둘째, 학교 교육과정의 발전을 위해 학생 참여가 필요하다고 판단했다. 덕양중학교 교사들은 교과 영역에서는 주제 중심 통합교육과정을, 비교과 영역에서는 학생이 주도하는 창의적 체험활동을 운영해 왔다. 그러나 여전히 교육과정 개발 주체는 교사로 한정되었으며, 이에 대한 학생 의견은 사후 반영하는 것에 머물렀다. 교사들은 교육과정 개발, 운영, 평가 전반에서 학생에게 공식적인 역할을 부여함으로써 학교 교육과정을 한 단계 더 발전시킬 수 있다고 보았다.

이와 같은 이유로 학생 교육과정위원회를 구성하기로 했지만, 참고할 만한 자료나 사례는 거의 없었다. 그래서 몇몇 교사들이 학생교육과정위원회 설립을 위한 TF를 만들고, 학생교육과정위원회의 위상과 역할, 구성과 운영 방식에 대해 논의했다.

학생교육과정위원회의 구성과 운영 방식은 어렵지 않게 결정되었다. 우선 학급마다 2명씩 신청을 받아 학생교육과정위원회를 구성하기로 했다. 학생교육과정위원회는 매주 1회 모임을 진행하되, TF 소속 교사가 돌아가며 지도교사 역할을 하기로 했다. 학생교육과정위원회의 위상과 역할에 대해서는 다소 논란이 벌어졌다. 우선 학생교육과정위원회를 기존 학생회 소속으로 할 것인지 아니면 별도의 기구로 할 것인지에 대한 논쟁이 있었다. 첫해에는 학생회와는 별도의 기구로 운영하되 이후 학생교육과정위원회 활동이 정착되면 학생회 소속 기구로 운영하기로 하였다.

학생교육과정위원회의 역할에 대해서도 이견이 있었다. 일부 교사는 학생교육과정위원회의 역할이 교과 수업에 대한 피드백을 제공하는 정도여야 한다고 보았고, 일부 교사는 학생교육과정위원회가 학교 교육과정 전반에 참여해야 한다고 보았다. 후자의 의견을 제시한 교사는 학생들이 교육과정 전반을 이해해야 수업에 대해서도 단순한 선호나 비난을 넘어 의미 있는 의견을 제시할 수 있다고 보았다. 논의 결과 우선 특별수업이나 창의적 체험활동에 대한 의견을 제시하는 역할부터 맡기기로 했다. 그리고 개별 수업에 대한 사적 의견이 아닌, 학교 교육과정 전반에 대한 공식적 의견을 교사회에 전달하는 역할을 하도록 했다.

이러한 논의를 바탕으로 1차 연도 학생교육과정위원회 활동 계획을 세 가지로 정리했다. 첫째는 학기 초 학교자율과정인 '마음을 여는 활동' 개발에 참여하는 것, 둘째는 봉사활동, 기행, 프로젝트 등 창의적 체험활동을 계획하고 운영하는 데에 참여하는 것, 셋째는 교육과정 운영 전반에 대한 학생의 의견을 수렴하여 학기 말 학교 교육과정 평가회에 공식적으로 전달하는 것이다.

나. 학생교육과정위원회 1차 연도 활동

(1) 학생교육과정위원회 워크숍

일부 교사는 학생들이 교육과정을 제대로 이해하고 이에 참여할 역량이 있는지 우려를 보이기도 했다. 과거 진행된 수업 평가 설문 결과를 보면 보통 '좋았다/나빴다', '재미있다/재미없다' 정도의 단편적인 반응이 나왔기 때문이다. 교사들이 학생교육과정위원회에 바라는 것은 단순한 평가자의 역할이 아니라 교육과정을 함께 개발하고 운영하는 참여자의 역할이다. 이러한 역량을 키우기 위해서는 학생들이 교육과정 자체를 이해하고 이에 대한 관점을 세울 기회가 필요하다.

그래서 첫 번째 모임으로 학생교육과정위원회 워크숍을 진행했다. 학생교육과정위원회 구성을 제안한 연구자가 교육과정의 기본 개념, 학생 교육과정위원회의 역할 등에 대해 강의를 했다. 그리고 빈의 연구^{Beane,} ^{1997}를 토대로 '나에 대해 배우고 싶은 것', '세상에 대해 배우고 싶은 것', '나의 진로를 개척하기 위해 배워야 할 것', '내가 더 성숙해지기 위해 배워야 할 것'에 대한 교육과정 주제를 선정하도록 했다. 학생들이 선정한 교육과정 주제는 "나의 꿈은 언제 생길까?", "사춘기는 언제 시작해서 언제 끝날까?", "'왜 범죄는 사라지지 않을까?", "차별은 사라질 수 있을까?", "어떤 노력을 해야 꿈을 이룰 수 있을까?", "나와 생각이 다른 사람을 어떻게 이해할 수 있을까?" 등이었다. 이 질문은 이후 교사들이 설계한 주제 중심 통합 교육과정에 직접 반영되었다.

학생교육과정위원회 워크숍은 학생들의 교육과정에 대한 이해도를 높이고 이들에게 공적 역할과 책임감을 심어줌으로써 학생 주도성을 키우는 데에 도움이 되었다. 덕양중학교에서는 이러한 워크숍을 학기 초마다 진행한다.

(2) 학기 초 학교자율과정 개발

덕양중학교는 학기 초마다 '마음을 여는 활동'이라는 학교자율과정을 운영하고 있다. 이는 학기 초 2~3일 동안 학생들의 학교적응과 관계 형성을 돕기 위해 교사들이 직접 개발하여 운영하는 프로그램이다. 전에는 이에 대한 학생 의견 수렴 절차가 없었다. 그래서 학생들의 필요와 요구에 맞는지, 너무 어렵지는 않은지 등을 확인할 기회가 없었다.

학생교육과정위원회가 구성된 후에는 학생 의견 수렴 절차가 공식화되었다. 학생 위원이 전체 학생을 대상으로 설문 조사를 하고 그 결과를 교사에게 전달했다. 학생 의견 중에는 "늘 비슷한 프로그램이 진행되어 흥미가 떨어진다.", "교사의 강의를 줄이고 다양한 활동을 늘렸으면 좋겠다." 등의 반응도 나왔다.

이러한 결과를 토대로, 2학기 초에 진행될 '마음을 여는 활동' 프로그램 중 일부를 학생교육과정위원회가 직접 개발하기로 했다. 학생 위원들은 학생들이 주로 관심 있는 것, 학생들에게 필요하다고 판단한 것 등을 바탕으로 '남들은 나에 대해 어떻게 생각할까?', '다른 사람을 존중하는 법', '나와 다르다고 차별하지 않는 자세 배우기'라는 3가지 프로그램을 개발하였다. 그리고 교사들이 이를 수정 보완하여 최종 프로그램을 완성하였다. 이 과정을 통해 학생이 교사와 함께 교육과정을 개발하는 것이 가능하다는 것을 확인할 수 있었다.

(3) 1학기 학교 교육과정 평가회 참여

덕양중학교에서는 한 학기가 마무리될 때마다 학교 교육과정 평가회를 진행해 왔다. 공식적인 평가회에는 교사 대표와 학부모 대표가 참여하고, 학생들의 의견은 설문 조사를 통해 수렴해 왔다. 이러한 방식으로는 학생의 의견을 온전히 수렴하는 데 한계가 있다.

학생교육과정위원회를 구성한 후에는 학생 위원이 학생의 눈높이와 관심사에 맞는 설문 문항을 개발하여 설문 조사를 하였다. 또한 학급자치 시간을 활용해 학생 위원이 학생들의 생생한 의견을 청취했다. 그리고 이 의견을 정리하여 학교 교육과정 평가회에서 공식 발표하였다. 물론 이 과정이 순탄하지만은 않았다. 하지만 이 과정에서 학생 위원들이 공적 책임감을 느끼며 주도성을 발휘하는 모습을 확인할 수 있었다.

(4) 1학기 활동 평가와 2학기 계획 수립

1학기를 마무리하는 시점에서 학생교육과정위원회 운영에 대한 평가를 했다. 학생 위원들은 특히 학급별로 학생들의 의견 수렴 과정이 쉽지 않다고 평가했다. 그래서 학생들의 의견을 잘 수렴하는 방법, 회의를 민주적이면서도 효율적으로 진행하는 방법을 배우고 싶다는 제안을 했다. 이에 따라 2학기 초 워크숍에서는 외부 전문가를 초청해 회의 퍼실리테이션 기법에 대해 배우는 시간을 가졌다. 그리고 2학기 활동 계획을 새롭게 수립했다.

학생 위원들은 교과 수업에 대해서도 나름의 역할을 하고 싶다는 제안을 했다. 예를 들어 교과 담당 교사가 학기별 혹은 단원별 수업계획을 학생 위원들에게 설명하면, 학생 위원들이 이에 대한 의견을 제시하자는 것이다. 학생교육과정위원회 담당 교사도 이 제안을 긍정적으로 판단했다. 학생이 교사의 수업 자체를 평가하는 것은 교사에게 거부감을 줄 수 있지만, 학생이 수업 설계에 대해 의견을 제시하는 것은 교사에게도 부담 없이 도움이 될 수 있기 때문이다. 담당 교사는 이 제안을 전체 교사에게 홍보했고, 일부 교사들은 이를 수용했다. 이는 2차 연도부터 본격적으로 운영된 '교과 교육과정위원회' 구성의 토대가 되었다.

(5) 학년말 프로젝트 운영과 학교 교육과정 평가회 참여

덕양중학교에서는 기말고사 이후 학년말 프로젝트 활동을 운영해 왔다. 1학년 학생들은 연극과 뮤지컬 공연을, 2학년 학생들은 난타나 마임 등 몸짓 활동을, 3학년 학생들은 졸업식 공연 활동을 한다. 학생교육과정위원회에서는 이에 더하여 '자기표현 프로젝트'라는 새로운 활동을 기획하여 운영하기로 했다. 학생교육과정위원회는 이 프로젝트의 취지와 의미를 학생들에게 홍보하고, 진행 과정을 점검하고, 발표회를 진행했다. 학생들은 자신의 일상, 자신이 좋아하는 것, 자신의 꿈을 에세이, 브이로그 등으로 개성 있게 표현하는 작업을 했다. 그 결과 전교생이 빠짐없이 프로젝트에 참여하여 의미 있는 성과를 거두었다.

2학기 말 학교 교육과정 평가회는 1학기와 동일한 과정으로 진행되었지만, 학생들의 의견을 수렴하는 방식과 그 결과는 한층 진일보했다.

학생 위원은 학기 초에 배운 퍼실리테이션 기법을 활용해 학급 회의를 월드 카페 방식으로 진행했고, 이를 통해 수렴된 학생들의 의견을 학교 교육과정 평가회에서 발표했다.

또한 학생 위원은 학생들이 다음 학년에서 배우기 원하는 교육과정 주제를 수렴했다. 1학기 첫 워크숍에서 경험했던 방식, 즉 '나에 대해 배우고 싶은 것', '세상에 대해 배우고 싶은 것', '나의 진로를 위해 배워야 할 것'을 학급별로 수렴했다. 그리고 학생 위원 대표가 '학생들이 제안하는 교육과정 주제'를 2월 교육과정 워크숍에서 발표했고, 교사들은 학생들의 제안을 새 학년 교육과정 개발에 반영했다.

(6) 1차 연도 운영에 대한 성찰

이상과 같이 진행된 1차 연도 운영 과정 및 결과에 대해 학생 위원과 지도교사가 함께 평가회를 진행했다. 그 결과 학생교육과정위원회의 위상과 역할이 여전히 명확하지 않다는 평가가 나왔다. 학생교육과정위원회와 기존 학생회 조직의 역할 분담이 명확하지 않다는 것, 주로 학기 초와 학기 말에 활동이 집중되어 일상적인 교과 교육과정 운영 시기에는 별다른 활동이 이루어지지 않는다는 것이다.

이를 극복하기 위해 학생교육과정위원회 활동을 명확하게 나누는 작업을 했다. 그 결과 학생교육과정위원회의 역할을 '제안하기', '함께 만들기', '평가하기' 세 가지로 유형화하게 되었다. '제안하기'는 교과에서 다루어야 할 교육과정 주제, 창의적 체험활동에서 진행해야 할 프로그램 등을 제안하는 활동이다. '함께 만들기'는 교사와 학생이 교육과정을 함께 만들어 가는 활동이다. '평가하기'는 학생의 의견을 폭넓게 수렴하여 교사, 학부모 대표와 함께 학교 교육과정을 평가하는 활동이다.

2차 연도에는 학생교육과정위원회를 학생회 정식 기구로 편제하기로 했다. 이를 통해 교사의 개입을 축소하고, 학생회 임원들이 학생교육과정위원회를 주도적으로 구성·운영하기로 했다. 그리고 학생교육과정위원회의 역할을 '제안하기, 함께 만들기, 평가하기'로 명시하고 각각의 활동을 더욱 강화하기로 했다. 또한 학생교육과정위원회 활동에 대한 전체 교사의 관심과 참여를 높이기로 했다. 이를 통해 학생이 각 교과 교육과정에 참여하는 방안을 적극적으로 모색하기로 했다.

다. 학생교육과정위원회 2차 연도 활동

(1) 제안하기

2차 연도의 제안하기 활동은 1차 연도보다 그 폭이 확장되고 깊이를 더해갔다. 1차 연도에는 학생들이 제안한 교육과정 주제를 교사들이 자체적으로 교육과정에 반영했으나, 2차 연도에는 이와 관련된 교사와 학생의 소통이 더욱 활발해졌다.

특히 2차 연도에는 1차 연도와 달리 교사가 먼저 학생 위원에게 각교과 교육과정 계획을 설명하고 이에 대한 의견을 청하기도 했다. 예를 들어, 기술과 교사는 '대체 기술'에 대한 교육과정을 운영할 것임을 설명하고, 자신이 준비한 수업 자료와 학습활동이 적합한지 의견을 구했다. 학생 위원은 이에 대해 자신의 의견을 제시했고, 교사는 학생의 의견을 반영한 교육과정을 새롭게 설계하여 수업을 진행했다.

이 과정에서 학생교육과정위원회의 효능을 인식하게 된 교사들이 자발적으로 교과 교육과정위원회를 구성하기 시작했다. 그 결과 '기술과 교육과정위원회', '사회과 교육과정위원회', '영어과 교육과정위원회'가 구성되었다. 교과 교육과정위원회는 교사가 설계한 교육과정을 검토하고 이에 대한 의견을 제시하며, 수업이 진행되는 과정에서 일상적인 피드백을 제공하는 역할을 하게 되었다.

(2) 함께 만들기

2차 연도의 '함께 만들기' 활동에서도 1차 연도보다 학생교육과정위원회의 역할이 훨씬 늘어나게 되었다. 1차 연도에는 학생 위원이 학기 초 '마음을 여는 활동' 수업지도안 초안을 만들고 교사들이 이를 수정 보완하여 수업을 진행했다. 2차 연도에는 학생 위원이 수업지도안을 개발하고 교사 참관 하에 수업을 진행하는 역할까지 했다. 학생 위원이 '마음을 여는 활동'으로 선정한 주제는 "나는 남을 얼마만큼 알고 있을까?"(1학년), "모든 친구가 의견을 잘 내려면 어떻게 해야 할까?"(2학년), "학교 수업에 열심히 참여하려면 어떻게 해야 할까?"(3학년)이다. 이 주제는 학생 위원이 자기 학년 학생들의 특성을 파악하여 설정한 것이다.

이 외에도 진로 담당 교사의 요청에 따라 학생교육과정위원회가 진로 체험활동을 함께 계획하고 운영하는 역할을 했다. 1차 연도의 진로 체험활동은 주로 외부 기관에 위탁하는 방식으로 했으나, 2차 연도에는 학생 위원의 의견에 따라 여러 교과 교육과정과 연계한 활동을 했다. 교사 혼자 전체 학생을 대상으로 프로그램을 운영해야 하는 부담을 덜기 위해, 학생 위원이 홍보 포스터를 제작하고 이를 학급별로 소개하면서 참가 신청을 받았다.

이처럼 2차 연도에는 학생교육과정위원회가 학생의 필요와 요구를 파악하고, 교육과정 주제를 선정하여 교육과정의 얼개를 개발하고, 교육과정 운영까지 참여했다. 이는 학생 주도성이 매우 높은 수준까지 발전한 결과라 할 수 있다.

(3) 평가하기

1차 연도에는 학생교육과정위원회가 학생들의 의견을 수렴하여 학교 교육과정 평가회에 참여했다. 하지만 학교 교육과정 평가회가 학기별로 1회씩 진행되는 탓에 일상적인 교육과정 평가는 이루어지지 못했다.

이에 2차 연도에는 일상적인 교육과정 평가 방안을 모색했다. 2차 연도에는 몇몇 교과별 교육과정위원회가 구성되어 이 교과에서는 일상적인 교육과정 평가가 이루어지게 되었다.

또한 창의적 체험활동에 대한 평가도 진행되었다. 그동안 덕양중학교에서는 1학년은 '빈곤', 2학년은 '장애'와 '마을', 3학년은 '여성 인권'을 주제로 한 교과 연계 봉사활동을 해 왔다. 과거에는 봉사활동에 대한 평가가 설문 조사 방식으로 진행되었으나, 2차 연도에는 학생교육과정위원회가 봉사활동, 체육대회, 축제 등 거의 모든 영역의 창의적 체험활동에 대한 평가를 했다. 이처럼 2차 연도에는 교과 교육과정 및 창의적 체험활동에 대한 일상적인 평가가 전보다 활성화되었다.

이상에서 언급한 학생교육과정위원회의 전체 활동을 〈표 4〉와 같이 정리할 수 있다.

〈표 4〉 학생교육과정위원회 활동 정리

	1차 연도	2차 연도
제안하기	• '나에 대해 배우고 싶은 것', '세상에 대해 배우고 싶은 것' 제안하기	• '나에 대해 배우고 싶은 것', '세상에 대해 배우고 싶은 것' 제안하기 • 교과 교육과정 계획에 대해 의견 제시하기
함께 만들기	• '학기 초 마음을 여는 활동' 수업 지도안 초안 만들기	• '학기 초 마음을 여는 활동' 수업 지도안을 만들고 직접 운영하기 • 진로 체험활동 계획을 교사와 함께 만들고 운영하기
평가하기	• 학교 교육과정 평가회 참여하기	• 학교 교육과정 평가회 참여하기 • 교과 교육과정 및 창의적 체험활동에 대해 일상적으로 평가하기

3. 학생 교육과정 참여 양상과 의미

가. 학생의 교육과정 참여 양상

덕양중학교 실행연구 과정 및 결과를 토대로 학생의 교육과정 참여 양상을 다음과 같이 분석할 수 있다. 〈표 3〉에서는 학생의 교육과정 참여 시기를 '① 교육과정 개발', '② 수업 설계', '③ 수업 운영', '④ 교육과정 평가'로 나누어 보았다. 일반적인 학교에서는 학생의 교육과정 참여가 ③과 ④ 시기에 제한적으로 이루어진다. 이와 달리 덕양중학교에서는 〈표 5〉와 같이 모든 시기에 학생의 교육과정 참여가 이루어졌으며, 1차 연도보다 2차 연도에 그 참여의 폭이 더욱 확장되었다.

〈표 5〉 학생의 교육과정 참여 시기

일반 학교 학생의 교육과정 참여 시기	덕양중학교 학생의 교육과정 참여 시기	
	1차 연도	2차 연도
	교육과정 개발 시기 (교육과정 주제 제안)	교육과정 개발 시기 (교육과정 주제 제안)
	수업 설계 시기 (학교자율과정 수업 설계)	수업 설계 시기 (학교자율과정 수업 설계) (교과 수업계획에 대한 의견 제시)
수업 운영 시기 (학생 참여형 수업)	수업 운영 시기 (학생 참여형 수업)	수업 운영 시기 (수업 운영에 대한 의견 제시) (교사와 수업 공동 운영)
교육과정 평가 시기 (학생 설문 조사)	교육과정 평가 시기 (학교 교육과정 평가회 참여)	교육과정 평가 시기 (학교 교육과정 평가회 참여) (교육과정에 대한 일상적인 평가)

일반적인 학교에서 교육과정 개발 및 수업 설계 시기에 학생 참여가 이루어지지 않는 이유는 교사들 역시 교육과정 개발의 주체로 성장하지 못했기 때문이다. 교사 주도성이 발휘되지 않으면 학생 주도성도 발

휘되기 어렵다. 그러나 덕양중학교 교사들은 교육과정 재구성 및 학교 교육과정 개발을 위한 노력을 활발히 해왔기 때문에, 이를 기반으로 학생을 교육과정 개발의 주체로 참여시킬 수 있었다. 학생들 역시 교육과정에 대한 이해가 높아지고 역량이 성장함에 따라 교육과정 주제를 제안하고, 교사와 공동으로 수업을 계획하고 운영하며, 이에 대해 일상적인 평가를 진행할 수 있었다.

이 과정을 통해 학생의 교육과정 참여 폭이 넓어졌을 뿐만 아니라 그 수준도 한층 성숙해 갔다. 〈표 3〉에서는 학생의 교육과정 참여 수준을 '① 교사가 학생의 의견을 조사하고 반영하는 수준', '② 교사의 안내에 따라 학생이 의사결정에 참여하는 수준', '③ 교사와 학생이 함께 의견을 조정하는 수준', '④ 학생이 공적 권한을 행사하고 책임을 지는 수준'으로 나누어 보았다. 일반적인 학교에서는 ① 수준이 주로 나타나고 ② 수준이 일부 나타난다고 볼 수 있다. 그러나 덕양중학교에서는 이를 포함하여 ③ 수준과 ④ 수준의 참여도 〈표 6〉과 같이 나타났다.

〈표 6〉 학생의 교육과정 참여 수준

일반 학교 학생의 교육과정 참여 수준	덕양중학교 학생의 교육과정 참여 수준	
	1차 연도	2차 연도
① 교사가 학생 의견 조사 (특정 시기)	① 교사가 학생 의견 조사 (필요시)	① 교사가 학생 의견 조사 (필요시)
② 교사의 안내에 따른 학생 참여 (일부 학생)	② 교사의 안내에 따른 학생 참여 (학생교육과정위원회 구성)	② 교사의 안내에 따른 학생 참여 (학생교육과정위원회 구성) (교과 교육과정위원회 구성)
	③ 교사와 학생의 의견 조정 (교육과정 주제 제안) (학교자율과정 설계)	③ 교사와 학생의 의견 조정 (교육과정 주제 제안) (교과 수업 설계 의견 제시)
	④ 학생에게 공적 권한과 책임 부여 (학교 교육과정 평가회 참여)	④ 학생에게 공적 권한과 책임 부여 (학교 교육과정 평가회 참여) (학교자율과정 설계 및 운영)

① 수준에서 ④ 수준으로 나아갈수록 학생 주도성이 심화한다고 할 수 있다. 물론 단순히 학생에게 참여의 기회를 부여한다 해서 학생 주도성이 심화하는 것은 아니다. 우선 학생의 교육과정 참여에 대한 교사들의 공감대가 형성되어야 한다. 또한 학생들이 학생교육과정위원회 같은 공식 기구를 통해 공적 역할을 수행하고 이에 대해 공동체적으로 성찰하는 경험을 하게 해야 한다. 그래야 교사와 학생 모두 참여와 협력의 효능감이 형성되면서 공동의 주도성이 발휘될 수 있다.

나. 학생 교육과정 참여의 의미

덕양중학교에서 진행된 실행연구를 바탕으로 학생 교육과정 참여의 의미를 다음과 같이 정리할 수 있다.

첫째, 학생이 교육과정에 참여한다는 것은 '학생의 필요와 요구를 교육과정에 반영하는 것'을 넘어 '학생 주도성이 교육과정을 통해 발휘되게 하는 것'을 의미한다. 타일러가 교육과정 목표 선정의 원천으로 '학습자에 대한 분석'을 강조했듯이, 교육과정을 개발할 때 학생의 필요와 요구를 반영해야 한다. 학생의 '필요'와 '요구' 중 타일러가 더욱 강조한 것은 '필요'다. '필요'란 '이상적인 기준과 실제 상황의 차이'를 의미한다. 예컨대 학생에게 민주시민으로서의 자질이 현격히 부족하다면, 교사는 학생이 요구하지 않더라도 시민성 함양을 위한 교육과정을 운영해야 한다. 이러한 '필요'에 대한 분석 없이 학생의 '요구'만 교육과정에 반영하는 것은 자칫 소비자주의의 문제점에 빠질 우려가 있다.

이때 학생의 필요와 요구를 분석하는 주체를 교사로 한정하는 것이 아니라, 학생들도 스스로 자신들의 요구와 필요를 생각해 볼 기회를 제공해야 한다. 덕양중학교에서 학생들이 '나에 대해 알고 싶은 것', '세상에 대해 알고 싶은 것', '내가 성숙하기 위해 배워야 할 것' 등을 생각하며 교육과정 주제를 제안하게 한 것이 이에 해당한다. 학생들은 이 과정을 통해 자신과 세상에 대해 성찰할 기회를 얻을 수 있었으며, 교사 역시 학생이 제안한 주제를 교육과정에 반영함으로써 교육과정 개발 전문성을 한층 신장할 수 있었다. 이처럼 학생이 교육과정에 참여한다는 것은 단순히 교사가 학생들의 필요와 요구를 교육과정에 반영하는 것을 넘어 학생이 교육과정의 주체로서 '제안하기', '함께 만들기', '평가하기' 등을 주도하는 것을 의미한다.

둘째, 학생의 교육과정 참여가 의미 있게 이루어지려면 학생에게 '공적 역할'이 부여되어야 한다. 개별적인 수업 평가나 설문 조사에서는 이른바 소비자 의식에 따른 사적 욕망이 무분별하게 발휘되기 쉽다. 학생에게 무분별한 자율성이나 선택권을 부여하는 것이 아니라 '성찰 및 책임감'을 부여해야 진정한 상호주도성이 형성될 수 있다. 이를 위해서는 학생에게 공적 역할을 부여해야 하고, 이것이 학교의 공식적 기구로 작동할 수 있도록 해야 한다.

덕양중학교에서 학생교육과정위원회를 운영하게 된 가장 중요한 이유가 여기에 있다. 개별적인 설문 조사나 학생 대표 개인의 의견만 교육과정에 반영하면, 학생의 사적 이해관계나 성적 우수 학생의 개인적 욕망에 따라 전체 의견이 왜곡될 수도 있다. 이를 극복하기 위해서는 학생의 다양한 의견을 공동체적으로 조율하여 모두를 위한 공적 책임감을 형성해야 한다.

실제로 덕양중학교 학생 위원들은 교육과정에 대해 학생의 의견을 수렴하고 교사와 의견을 조정하면서 자신의 공적 역할을 충실히 수행해 왔다. 이 과정에서 일반적인 학생의 상식을 뛰어넘는 의견, 교사의 시각을 교정하는 의견을 제시하기도 했다. 이것이 '공동 주도성, 성찰과 책임감'을 바탕으로 학생 주도성을 형성하는 과정이 되었다. 교사들 역시 학생교육과정위원회의 위상과 역할을 인정하고 자발적으로 교과별 교육과정위원회를 구성함으로써 교사와 학생의 공동 주도성을 형성해

갔다. 이러한 과정을 통해 덕양중학교의 학생 참여 수준이 '③ 교사와 학생이 함께 의견을 조정하는 수준', '④ 학생이 공적 권한을 행사하고 책임을 지는 수준'으로까지 발전하게 되었다.

셋째, 학생의 교육과정 참여가 성숙하려면 교육과정의 일부 영역이 아닌 교육과정 전체 영역에 대해 이해의 폭을 넓혀야 한다. 선행연구남아영, 2016; 엄수정 외, 2023에 의하면 학생의 교육과정 참여를 강조하는 학교에서도 여전히 학생 참여가 창의적 체험활동의 일부 영역에 제한되어 있다. 이를 교육과정 주제 선정, 교과 교육과정 설계, 수업 설계 및 운영, 교육과정 평가 등으로 확장할 때 의미 있는 성과를 거둘 수 있다.

이러한 필요성은 덕양중학교의 사례를 통해서도 알 수 있다. 덕양중학교 교사들의 증언을 통해 알 수 있듯이 학생의 수업 평가는 흔히 "재미없다. 어렵다." 등의 단편적이고 감정적인 평가가 이루어지는 경우가 많다. 이를 극복하기 위해서라도 학생의 교육과정 전반에 대한 이해를 높일 필요가 있다. 학생들이 교육과정의 목표가 무엇인지 이해한다면 설령 수업 내용이 자신들의 관심사와 다소 동떨어져 있더라도 이것이 교육과정의 목표 달성을 위한 과정임을 이해할 수 있을 것이다. 학생이 교육과정 개발에 참여한다면 교사가 진행하는 수업 과정이 어떤 의미가 있는지 분명하게 이해할 수 있기에 이에 대한 공적 책임을 다할 수 있을 것이다.

덕양중학교 학생교육과정위원회의 활동이 성숙함에 따라 학생 위원들은 교육과정 전반에 대한 이해를 바탕으로 참여 영역을 넓혀 갔다. '마음을 여는 활동', '학기 말 프로젝트' 등 일부 영역에 대한 평가에서 출발하여 이를 개발하는 과정에 참여하게 되었고, 이를 직접 운영하는 역할까지 맡게 되었다. 또한 학교 교육과정 평가에서도 학생의 의견을 개별적으로 묻는 방식에서 벗어나 학생 위원들이 학생의 의견을 정리하고 학교 교육과정 평가회에 공식적으로 참여하는 방식으로 발전하게 되었다. 이 과정을 통해 교사의 신뢰를 얻은 학생 위원들은 교과 교육과정 설계, 수업에 대한 일상적인 피드백까지 자신들의 활동 영역을 확장해 갔다. 이를 통해 학생의 교육과정 참여가 '① 교육과정 개발, ② 수업 설계, ③ 수업 운영, ④ 교육과정 평가' 전반으로 확장해 갔다.

넷째, 학생이 교육과정에 참여하여 학생 주도성을 발휘하려면 교사 주도성이 전제되어야 한다. 여느 학교와 달리 덕양중학교에서 학생의 교육과정 참여가 활발하게 이루어질 수 있었던 것은 교사들이 교육과정 재구성과 교육과정 개발을 활발히 해 오며 전문성을 신장시켜 왔기 때문이다. 학생교육과정위원회 구성 후에도 교사들은 이 기구의 위상과 역할에 대해 치열한 토론을 해 왔다. 학생교육과정위원회 활동이 활발해짐에 따라 교사들은 더더욱 학생들과 함께 공동 주도성을 발휘해 갔다. 학생과 수업지도안을 함께 만들고 나아가 수업의 일부 운영까지 학생에게 위임한 것, 일부 교사들이 자발적으로 교과 교육과정위원회를 구성한 것 등이 대표적인 사례다.

학생이 교육과정에 참여하여 주도성을 발휘한다는 것은 단순히 교사가 자신의 권한 일부를 학생에게 위임하는 것이 아니라 학생의 참여 수준을 높이고 공적 역할과 책임을 다할 수 있도록 적극적으로 협력하는 것을 의미한다. 그리고 이 과정에서 학생이 자기 학습과 삶의 주인으로 성장하는 임파워먼트가 형성되도록 적극적으로 지원하는 것을 의미한다. 교사 역시 학생들의 의견을 적극 수용하며 자신의 교육 활동을 더욱 풍요롭게 개선할 수 있다. 학생 주도성이 발휘된다 하여 교사의 역할이 축소되는 것이 아니라, 학생 주도성이 발휘됨에 따라 교사 주도성도 한층 높아질 수 있다.

그동안 대다수 학교에서는 학생의 교육과정 참여가 극히 제한적인 범위에서 이루어져 왔다. 학생의 교육과정 참여가 이루어지려면 교사가 먼저 교육과정 주체로 성장해야 한다. 이를 위해서는 교사에게 더 많은 교육과정 자율성이 부여되어야 하고 이에 따른 전문성 신장이 이루어져야 한다. 2022 개정 교육과정에서의 학교 자율시간, 고교학점제 등이 이에 도움이 될 수 있다. 하지만 이처럼 일부 영역에서 제한적 자율성이 이루어지는 것이 아니라, 학교 교육과정 개발 및 운영 전반에서 새로운 상상력과 과감한 실험이 이루어지는 포괄적 자율성이 발휘되어야 한다. 그래야 학생의 교육과정 참여라는 새로운 과제도 기꺼이 도전할 수 있게 된다.

학생의 교육과정 참여는 당면한 공교육의 위기를 극복할 수 있는 유력한 대안이 될 수 있다. 최근 불거지는 학력 격차, 학습 소외, 정서 행동 위기 등 여러 가지 위험 징후에 대해서는 다각도의 접근이 필요하나, 학교 교육의 본령인 교육과정의 변화를 통해 해결하려는 접근도 필요하다. 학생이 배우고 싶은 것, 학생에게 필요한 것을 학생들이 스스로 판단하게 하고, 학생이 교사와 함께 교육과정을 만들고 실행하며 공적으로 책임지는 과정에서 자신이 처한 어려움을 극복할 수 있는 역량을 기를 수 있다.

혁신교육의 흐름, 시대적 상황, 미래교육의 전망에서 볼 때 학생의 교육과정 참여는 이상적인 지향점만이 아니라 현실적 과제이기도 하다. 기후위기, 인구 감소, 불평등 심화 등 수많은 위협이 예상되는 미래 사회에 능동적으로 대처하기 위해서는 학생들이 자기 주도성을 바탕으로 변혁적 역량을 발휘하도록 해야 한다. 학생의 교육과정 참여는 이를 위한 필수적인 과제다.

4. 초중등 연계 교육과정
_소규모 학교의 새로운 가능성

급격한 학생 수 감소와 함께 농어촌 지역은 물론 도심지에서도 소규모 학교가 늘고 있다. 이에 따라 소규모 학교가 문을 닫게 되는 것도 어제오늘의 일이 아니다. 그러나 소규모 학교 통폐합이 경제적 논리만 앞세운 나머지 농어촌 지역 학교의 교육공동체적 효과를 차단해 왔다는 비판의 목소리도 적지 않다.

이에 대한 대응으로 작은 학교 살리기 운동이 교사, 학부모, 지역사회의 역량을 모아 활발히 전개되었고, 이로부터 혁신학교 운동이 태동하는 등 많은 성과를 거두어 왔다. 그럼에도 학교의 기본적인 형태를 유지하는 것조차 힘든 소규모 학교가 늘어나는 것은 심각한 문제다.

그래서 이제는 학생 수 감소를 '위기'라기보다는 공교육을 새로운 관점에서 재구조화할 '기회'로 보는 관점이 필요하다. 즉 소규모 학교만의 교육적 잠재력에 주목하고 이를 미래교육의 보편적 원리로 확대할 '가능성'으로 바라보아야 한다.

소규모 학교는 대규모 학교에 비해 강점과 약점을 동시에 지니고 있다. 소규모 학교의 강점은 교사와 학생의 대면적 관계, 학교 구성원 전체의 공동체적 관계가 형성될 수 있다는 것이다. 반면 소규모 학교는 대규모 학교에 비해 일정 규모 이상의 인원이 필요한 교육 활동을 진행하기 어렵다. 이러한 약점을 강점으로 극복할 수 있는 대안이 동일 학교 급 간 공동 교육과정(초-초, 중-중, 고-고), 초중등 연계 교육과정(초/중, 중/고, 초/중/고)이다. 특히 초중등 연계 교육과정은 학교급 사이의 단절을 극복하고 학생의 지속적인 성장을 보장하는 교육과정을 모색할 수 있다는 점에서 새로운 대안으로 떠오르고 있다. 이를 통해 '소규모 9년 제 학교'와 같은 새로운 실험도 구상해 볼 수 있다.

이에 따라 농어촌 지역의 소규모 학교에서는 초중등 연계 교육과정에 관심이 높아지고 있다. 예컨대 농어촌 지역에서는 자기 지역을 떠나 읍 지역이나 시 지역 중학교로 진학하는 유출 현상이 흔하게 일어난다. 그래서 이에 대응하는 방안으로 초중등 연계 교육과정이 제기되고 있다. 또한 학생 수 감소에 따라 초등학교와 중등학교가 한 울타리 안에서 함께 운영되는 통합운영학교도 늘고 있다. 이는 서울 도심지에서도 나타나는 현상이다. 이에 따라 초중등 연계 교육과정이 현실적인 과제로 대두되고 있다.

초중등 연계 교육과정은 소규모 학교, 통합운영학교뿐만 아니라 일반 학교에서도 보편화되어야 할 원리이기도 하다. 이를 통해 초/중, 중/고 학교급 사이의 단절을 극복하고, 학생의 지속적·안정적 성장에 도움을 주는 교육과정을 운영할 수 있다.

1. 소규모 학교의 효과성

소규모 학교 통폐합을 정당화해 온 이른바 '적정규모 학교' 논리에 따르면 지나치게 작은 규모의 학교에서는 학생들이 다양한 교육의 기회를 누리지 못하게 된다. 교우관계와 학습경험의 폭도 좁아지고 학력 수준 저하 현상마저 생긴다고 한다. 물론 농촌지역 학생의 학업 성취 수준이 도시지역 학생의 학업 성취 수준에 비해 뒤처지는 현상이 일어나는 것은 사실이다. 그러나 농촌지역 학생의 학업 성취 수준이 뒤처지는 이유가 학교 규모 때문인지 아니면 부모의 사회경제적 지위 등 다른 요인 때문인지를 면밀하게 검토해야 한다. 마찬가지로 소규모 학교의 가능성을 정당화하려면 소규모 학교 교육 개선을 통해 이러한 사회경제적 불리함을 어느 정도라도 극복할 수 있는지 입증해야 한다.

여기서 교육사회학의 오랜 논쟁거리였던 '학교 효과 연구'를 되짚어 볼 필요가 있다. 학교 효과 연구는 "사회 불평등을 학교 교육을 통해 해소하거나 일정 부분이라도 완화할 수 있는가?"라는 질문에서 시작되었다. 이 연구는 유명한 '콜맨 보고서'에서 본격적으로 출발했다.Coleman, 1988 당시 미국 정부에서는 학생들의 사회경제적 배경에 따른 학업성취도 격차를 줄이기 위해 학교 교육의 질을 개선하고 그 영향력을 집중적으로 조사했다. 그러나 연구 결과는 당시 일반적인 기대에 반하는 내용이 나왔다. 즉 학교가 아무리 노력해도 학생의 가정 배경에 따른 사회적 격차를 줄일 수 없다는 것이다.

그러나 후속 연구에서는 일부 학교에서 다른 학교에 비해 상대적으로 학교 효과가 높게 나타난다는 새로운 주장이 제기되었다. 이들 학교는 주로 가톨릭계 기숙학교였다. 이 학교에서는 가난한 학생도 불안정한 가정환경에서 벗어나 따뜻한 돌봄을 지속적으로 받을 수 있다. 그 결과 학업에서도 긍정적인 효과가 나타났다.

콜맨은 이를 '사회적 자본'이라는 개념으로 설명한다. 사회적 자본은 학생들의 교우관계, 사회적 경험의 폭, 인간적 신뢰망 등을 포괄하는 개념이다. 저소득층 자녀들은 중산층 자녀들에 비해 이러한 사회적 자본이 부족하다. 하지만 학교를 통해 이를 보충할 수도 있다. 공동체적 문화가 강하게 형성되어 있는 가톨릭계 기숙학교에서는 학생들이 가정으로부터 받지 못하는 배려와 후원을 받을 수 있기 때문에 학교 효과가 상대적으로 높게 나타난다는 것이다.

이러한 학교 효과는 국내에서도 입증되고 있다. '배움과 돌봄의 책임 교육 공동체'를 표방하는 혁신학교가 이러한 학교 효과를 높이는 학교라 할 수 있다. 특히 농촌지역 소규모 혁신학교에서는 학생들과의 대면적인 인간관계 속에서 '배움'과 '돌봄'이 내실 있게 운영될 가능성이 크다. 여기서 말하는 '돌봄'이란 돌봄교실이나 방과후학교 같은 정책을 의미하는 것이 아니라, 나딩스가 말한 배려 교육의 윤리, '존중, 대화, 인정, 격려' 등의 학교문화를 말한다.^{Noddings, 1992}

실제로 국내에서도 소규모 학교의 학교 효과에 대한 여러 연구가 수행되었다. 이들 연구는 저소득층 학생일수록 학교문화에 따른 학교 효과가 크게 나타난다는 점^{김성식, 2010}, 저소득층이 상대적으로 많이 거주하는 농어촌 지역일수록 소규모 학교의 교육적 효과가 높다는 점^{김은효 외, 2013; 박삼철, 2014}, 소규모 학교일수록 개방적이고 인간적인 학교문화가 형성되어 있다는 점^{박영만 외, 2003}, 학교문화와 교사의 열의에 따라 농어촌 지역의 다문화 학생도 수업과 학교생활에서 주도성을 발휘할 수 있다는 점^{서덕희, 2011} 등을 밝히고 있다.

이러한 연구는 주로 학교문화의 특성에 주목한다. 하지만 소규모 학교의 장점을 살리려면 학교문화뿐만 아니라 교육과정의 개선도 필요하다. 소규모 학교의 장점을 살리는 교육과정은 크게 보아 학생 한명 한명의 특성에 주목하는 개별화 교육과정, 그리고 학생의 지속적 성장을 긴 안목에서 지원하는 초중등 연계 교육과정이라 할 수 있다.

2. 초중등 연계 교육과정의 개념 및 필요성

교육의 목표는 학생의 전인적 성장을 돕고 이들을 민주시민으로 길러내는 것이다. 학생의 전인적 성장이 무엇인지에 대해서는 공시적 차원과 통시적 차원으로 나누어 생각해 볼 수 있다. 공시적 차원에서의 전인적 성장은 학생의 지/덕/체, 인지적/정의적/심동적 영역, 지성/감성/시민성을 두루 기르게 하는 것이다. 통시적 차원에서의 전인적 성장은 유아교육부터 초중등교육, 고등교육과 평생교육에 이르기까지 발달 단계에 따른 적합한 교육 기회를 안정적으로 누리게 하는 것이다.

공시적 차원에서 볼 때 한국 학교들은 학생의 전인적 성장을 위해 많이 노력해 왔다. 단편적 지식 위주 교육에서 벗어나 지성과 감성과 시민성을 두루 갖추게 하는 교육과정을 운영해 왔다. 분절적 교육과정에서 벗어나 통합적 교육과정을 통해 학생들이 다양한 주제를 탐구하며 삶의 역량을 기르도록 해 왔다. 하지만 통시적 차원에서 볼 때는 한계가 명확하다. 초등학교와 중학교, 고등학교에서 각각 학교급별로 통합적인 교육과정을 운영해 왔으나 학교급 사이에는 분리와 단절이 명확했던 것이 사실이다.

현재 초등학교, 중학교, 고등학교는 서로 다른 교육과정이 운영되고 있다. 초등학교와 중학교, 중학교와 고등학교 교육과정 사이에는 교육과정의 난이도나 수업 방식, 학교문화 등에서 차이가 명확하다. 초등학교에서는 통합교과 중심의 1~2학년과 개별 교과 중심의 3~6학년 사이에 약간의 단절이 있다. 담임교사 중심의 초등학교와 교과교사 중심의 중학교 사이에는 교육과정과 학교문화에서 명확한 단절이 발생한다. 공통과목 중심의 중학교와 선택과목 중심의 고등학교 사이에는 교육과정의 단절뿐만 아니라 대입으로 인한 학교문화의 단절이 존재한다.

이에 초중등 연계 교육과정의 필요성이 대두된다. 초중등 연계 교육과정의 이론적 연원은 타일러가 '학습경험의 조직 원리'로 제시한 계속성, 계열성, 통합성의 원리라 할 수 있다.Tyler, 1949 '계속성'이란 학습경험을 지속적으로 반복하기 위해 교육과정 요소를 수직적으로 배열하는 것이다. '계열성'이란 학습경험 내용이 점차 심화할 수 있도록 교육과정 요소를 수직적으로 배열하는 것이다. '통합성'은 여러 교과 내용을 하나로 통합하거나 수평적으로 연결하여 제시하는 것이다.

그런데 '계속성', '계열성', '통합성' 외에도 '접합성articulation'을 강조하기도 한다.장명림 외, 2014 '접합성'이란 별개의 마디로 '분절'되어 있는 것을 서로 '연결'한다는 의미를 지닌다. 교육과정에서 '접합'은 동질성과 이질성이 공존하는 '마디' 부분, 즉 유/초 연계, 초/중 연계, 중/고 연계를 강조할 때 사용하는 용어다.

이런 점에서 '연계 교육과정'은 교육과정 조직 원리 가운데 '접합성'을 중심으로 '학생의 지속적인 성장'을 강조하는 개념이다. 이를 바탕으로 연계 교육과정을 '학교급이 전환되는 시점에서 학교급 간 교육과정 및 다양한 여건들의 수직적 연계성을 강화함으로써 학습자의 연속적인 성장과 상급학교로의 성공적인 전이·적응을 지원하는 체계적이고 지속적인 교육과정'김현주 외, 2019이라 정의할 수 있다.

3. 초중등 연계 교육과정의 사례와 의미

초중등 연계 교육과정은 학교급 사이의 단절을 극복하고 학생들의 전인적 성장을 지속적으로 지원하는 데 목적이 있다. 그러나 초등 교육과정과 중등 교육과정의 차이, 초등교원과 중등교원 자격증의 분리, 초등학교와 중등학교의 수업 및 학교문화의 차이 등으로 이러한 연계 교육과정을 운영하기가 쉽지 않다.

하지만 최근 일부 농어촌 지역에서는 이러한 초중등 연계 교육과정을 운영하려는 시도가 이루어지고 있다. 이는 농어촌 지역 학교의 위기 상황을 적극적으로 극복하려는 현실적인 필요에서 비롯된 것이다.

농어촌 지역은 학령인구의 자연적인 감소뿐만 아니라 학생의 이동에 따른 학생 수 감소가 매우 심각한 위기로 부각되고 있다. 초등학교에서 중학교로, 중학교에서 고등학교로 진학할 때 농어촌 지역을 벗어나는 학생이 많다. 면 지역에서는 특히 초등학교 졸업 단계에서 읍 지역이나 시 지역 중학교로 학생 이동이 빈번하다. 이런 현상을 극복하기 위해 인접한 초등학교와 중학교가 연계 교육과정을 운영하기 시작했다. 학생이 그 마을의 중학교 교육과정을 미리 알고 이에 친숙해진다면, 다른 지역으로 이동하려는 욕구가 자연스럽게 줄어들 수 있다. 또한 중학교 교사가 초등학교 학생을 알아가게 되면 자연스럽게 학생의 지속적 성장을 위한 교육과정을 운영할 수 있게 된다.

이러한 문제의식 하에 강원도 A초등학교와 A중학교, 강원도 B초등학교와 B중학교가 연계 교육과정을 운영하게 되었다. 이들 학교는 걸어서 오갈 수 있을 거리에 있다. A초등학교 전교생은 58명, A중학교 전교생은 38명이다. 이 두 학교는 A중학교를 거점으로 예술 체육 활동, 동아리 활동, 방과후 학교를 함께 운영하기로 했다. 합창, 합주, 운동경기 등의 예술 체육 활동을 하려면 일정 규모의 학생이 필요하다. 그러나 한 학교에서는 이러한 규모의 학생을 확보하지 못해 두 학교가 함께 교육과정을 운영하기로 한 것이다. 이를 위해 초등교사와 중등교사가 모여 전문적 학습공동체를 운영하며 교육과정을 연구하게 되었다. 그 결과 〈표 7〉과 같은 연계 교육과정을 운영하게 되었다.

이 학교들은 창의적 체험활동과 방과후 학교에서 초중등 연계 교육과정을 운영하게 되었다. 교과 교육과정에서는 교원 자격 문제로 연계 교육과정 운영이 어렵지만, 창의적 체험활동 및 방과후 학교에서는 연계 교육과정 운영이 상대적으로 수월하다. 특히 스포츠나 음악 등 예술 체육 활동은 일정 규모 이상의 학생이 필요하기에 초등학생과 중학생이 함께 이 활동에 참여함으로써 시너지 효과를 거둘 수 있었다.

〈표 7〉 A초·A중 연계 교육과정

시간	월	화	수	목	금	토
1교시						
2교시						(격주) 토요 예술 학교
3교시					(격주) 동아리 활동	
4교시						
5교시						
6교시						
방과후 학교			(매주) 스포츠 활동	(매주) 음악 학교		

　　B초등학교(전교생 26명)와 B중학교(전교생 14명)에서는 교과 교육과정에서의 초중등 연계 교육과정을 운영했다. 미술과, 수학과, 체육과에서는 〈표 8〉, 〈표 9〉, 〈표 10〉처럼 교과 교육과정에서 초중등 연계 교육과정을 계획하고, 초중등 학생들을 모아 초중등 교사가 함께 수업을 진행했다.

　　교과 교육과정에서 초중등 연계 교육과정을 운영하는 방식은 초등학교 고학년 학생과 중학교 1학년 학생이 함께 수업에 참여하는 방식이다. 이를 위해 초등학교의 정규 교과 시간과 중학교 자유학기 활동 시간을 활용하고 있다. 체육의 경우 적정 규모의 학생을 모아 스포츠 활동을 할 수 있게 되고, 수학의 경우 초등학교와 중학교의 교육과정 간 극을 메우는 데 도움이 될 수 있다. 중학교 교사와 초등학교 교사의 협력적 교수 활동을 통해 서로의 장점을 나눌 수 있게 된다.

　　여기서 언급한 사례는 초중등 연계 교육과정 운영 가능성과 함께 현실적인 한계도 동시에 보여주고 있다.

　　첫째, 이 학교들에서 초중등 연계 교육과정을 운영한 것은 초등학생

〈표 8〉 B초·B중 연계 교육과정(미술과)

학습 주제	초: 무엇을 할까요?(6학년) 중: 색의 원리와 기능(1학년)		
공동 학습 목표	색의 특성과 기능이 생활 속에서 어떻게 활용되는지 탐색해 본다.		
성취기준		초등학교	중학교
		보색 관계를 이용한 표현 방법의 특징과 과정을 탐색할 수 있다.	색의 3요소와 보색 관계를 이용하여 색칠할 수 있다.
준비물	만다라 문양, 채색 도구		
학습 과정		교수학습 활동	시간
	1) 보색 관계와 대조의 뜻을 알고 만다라 모양을 색칠한다.		20분
	2) 색의 3요소(색상, 명도, 채도)의 뜻을 알고 만다라 문양을 색칠한다.		20분
	3) 상호 작품을 감상하고 느낌을 나눈다.		5분

〈표 9〉 B초·B중 연계 교육과정(수학과)

학습 주제	초: 각기둥과 각뿔(6학년) 중: 기본 도형의 성질(1학년)		
공동 학습 목표	기본 도형의 성질과 도형의 특징을 살펴본다.		
성취기준		초등학교	중학교
		점과 선을 이해하고, 이를 도형과 연관시킬 수 있다.	점과 선을 이해하고, 직선의 위치 관계를 설명할 수 있다.
준비물	스트링 아트 도구		
학습 과정		교수학습 활동	시간
	1) 설명을 통해 스트링 아트를 이해한다.		5분
	2) 직접 스트링 아트를 제작함으로써 직선과 직선의 만남이 도형을 이루게 됨을 안다.		20분
	3) 서로의 모양을 비교하고 생각을 나누게 한다.		20분

〈 표 10 〉 B초·B중 연계 교육과정(체육과)

학습 주제	초: 여가와 운동 체력(6학년) 중: 건강과 체력 관리(1학년)		
공동 학습 목표	여가를 통해 신체적 발달, 정서적 안정, 사회적 성숙을 도울 뿐만 아니라 능동적이고 행복한 삶을 살아가는 데 도움을 줄 수 있다.		
성취기준	초등학교		중학교
	게이트볼의 기초 기능 연습을 할 수 있다.		게이트볼의 기초 기능 연습을 할 수 있다.
준비물	게이트볼 세트		
학습 과정	교수학습 활동		시간
	1) 준비 체조		5분
	2) 스파크 설명 및 시범		10분
	3) 2명씩 교사의 구령에 따라 볼 두 개로 스파크 연습		10분
	4) 두 팀으로 나누어 게이트볼 게임		20분

의 중학교 진학 단계에서 외부 유출을 최대한 막아내려는 현실적인 이유에서 비롯되었다. 이는 농어촌 소규모 학교가 처한 위기를 교육과정 변화를 통해 극복해 내려는 시도로서 의미가 크다. 그러나 이러한 위기에 직면하지 않은 지역에서도 학생의 지속적 성장을 지원하는 초중등 연계 교육과정의 취지를 이해하고 이를 도입할 필요가 있다. 따라서 향후 외부적 위기에 대응하는 방식의 초중등 연계 교육과정뿐만 아니라 교육의 본질에 입각한 초중등 연계 교육과정의 비전과 방안을 마련하고 이를 실현해야 할 것이다.

둘째, 이 학교들의 사례를 통해 볼 때 창의적 체험활동 및 방과후 학교의 연계 교육과정 운영은 상대적으로 수월하지만, 교과 교육과정에서의 연계 교육과정 운영은 상대적으로 어렵다는 점을 확인할 수 있다. 창의적 체험활동 및 방과후 학교에서는 얼마든지 유연한 교육과정을 운영할 수 있지만, 교과 교육과정에서는 학교급별 성취기준이 서로 다르기 때문에 이를 통합적으로 운영하기 어렵다. 또한 초등교원 자격과 중등교원 자격이 엄격하게 분리되어 있어, 초중등 연계 교육과정을 수업으로 구현하려면 초등교원과 중등교원의 팀티칭이 이루어져야 한다. 이는 높은 수준의 교사 헌신을 요구하는 일이다. 따라서 초중등 연계 교육과정이 보편화되기 위해서는 초중등 교육과정 및 교원 자격에 대한 전반적인 검토가 교육 당국 차원에서 필요하다.

셋째, 초중등 연계 교육과정이 원활하게 이루어지기 위해서는 학교급별을 넘어 지역 내 모든 학교가 하나의 학교라는 인식의 전환이 필요하다. 앞서 언급한 학교들에서 초중등 연계 교육과정 운영이 가능했던 것은, 교사들이 두 학교가 사실상 하나의 학교라는 인식에 따라 초중등 연합 전문적 학습공동체를 운영하며 공동의 교육과정을 모색했기 때문이다. 특히 초등학교와 중등학교는 학교 운영, 교사 문화, 수업방식 등에서 상당한 차이가 있다. 이런 차이를 넘어서려면 모든 교원이 초중등 연계 교육과정의 취지를 공유하고, 서로의 차이를 이해하며 공통분모를 찾아가는 과정이 필요하다. 따라서 향후 초중등을 넘나드는 교원들의 폭넓은 협력과 학습이 원활하게 이루어질 방안을 모색해야 한다. 학부모의 지원, 지역사회의 인적·물적 자원이 연계된다면 더욱 큰 효과를 거두게 될 것이다.

4. 초중등 연계 교육과정의 비전과 구현 방안

가. 초중등 연계 교육과정의 비전

앞서 분석했듯이 현재 일부 농어촌 지역 소규모 학교에서 초중등 연계 교육과정 운영이 시도되고 있다. 이는 학생 수 감소라는 위기를 적극적으로 극복하기 위한 다양한 실천 중 하나로 볼 수 있다. 그런데 초중등 연계 교육과정은 농어촌 지역 소규모 학교에서뿐만 아니라 공교육 혁신의 새로운 원리로 보편화될 필요가 있다. 다만 그 가능성이 농어촌 지역 소규모 학교에서 먼저 현실화되기 시작한 것이다. 향후에는 그 가능성을 일반화해야 할 것이다.

초중등 연계 교육과정을 일반화하려면 이것이 왜 필요하고 무엇을 지향하는지에 대한 비전 공유가 필요하다. 더욱이 초중등 연계 교육과정이 활성화되기에는 장애 요소가 매우 많다. 초등학교와 중학교, 고등학교는 학교문화, 교육과정 편제, 교원양성, 교직 문화 등에서 이질적인 요소가 강하다. 특히 초등학교와 중학교는 중·고교보다 이질적 요소가 더욱 강하다. 교원양성 과정이 다르고, 교사들 사이의 교류가 거의 없기에 서로의 교육과정과 학교문화를 경험할 기회가 거의 없다. 따라서 초·중 연계 교육과정이 왜 필요한지에 대한 교사들의 비전 공유가 전제되어야 한다. 이 연구에서는 초중등 연계 교육과정 운영의 비전을 〈표 11〉과 같이 제시하고자 한다.

〈 표 11 〉 초중등 연계 교육과정의 비전

영역	비전
교육목표	초등학교와 중학교 교육은 모든 사람이 누려야 할 의무교육으로, 학생의 전인적 성장이라는 교육의 본질적 목표를 충실히 구현해야 한다. 적어도 초등학교와 중학교 단계까지는 입시를 위한 교육이 중심이 되어서는 안 된다.
학생의 성장	학생의 성장 발달단계를 볼 때 초등학교 고학년과 중학교 저학년 사이에는 단절성보다 연속성이 강하다. 따라서 초·중 연계 교육과정을 통해 학생의 지속적인 성장을 지원해야 한다.
교육과정 연계	학생의 전인적 성장을 위해서는 분절적 교육과정의 한계를 넘어서야 한다. 특히 교육과정 단절이 두드러지게 나타나는 초등학교와 중학교 교육과정의 연계성을 확보해야 한다.
수업 문화	초등학교 수업은 담임교사의 배려 하에 공동체적 관계 속에서 이루어지는 경향이 강하다. 반면 중학교 수업은 교과교사의 교과 전문성에 의해 진행되는 경향이 강하다. 초등학교와 중학교 교사들은 각기 다른 수업 문화를 이해하고 서로의 장점을 수용해야 한다.

평가 문화	중학교 자유학기제 도입과 과정중심평가의 확대로 과거에 비해 초등학교와 중학교의 평가 문화 사이에 유사성이 강화되고 있다. 향후에는 특히 중학교에서 초등학교 평가 방식의 장점을 수용하여 모든 학생의 성장을 돕는 평가가 이루어져야 한다.
학교혁신	학교혁신 측면에서 초등학교와 중학교의 단절을 극복해야 한다. 담임교사 중심의 초등학교와 교과교사 중심의 중학교의 장단점을 서로 보완하는 것이 미래지향적 학교혁신의 출발점이기도 하다.
미래교육	향후 농촌지역뿐만 아니라 도심지역에서도 초·중 통합운영학교가 확대될 전망이다. 따라서 초·중 연계 교육과정을 넘어 9년제 학제에 대한 본격적인 모색이 필요하다. 이미 핀란드 등 교육 선진국은 9년제 학제를 기본으로 하고 있다. 이를 참고로 미래지향적 학교혁신 모델을 구현할 필요가 있다.

나. 초중등 연계 교육과정 구현 방안

(1) 교원 연합 학습공동체를 통한 초중등 교육과정 공유 및 개발

초중등 연계 교육과정이 운영되기 위해서는 지역 내 초중등 교원들의 연합 학습공동체 운영이 필수적이다. 이를 통해 초등교육과 중등교육의 장단점을 보완할 기회를 얻게 된다. 초등학교는 담임교사의 책임지도하에 교과교육과 생활교육, 배움과 돌봄이 통합되어 있는 장점이 있다. 하지만 모든 교과를 가르쳐야 하는 초등교사의 입장에서는 각 교과 교육과정을 깊이 있게 탐구할 기회가 적다. 반면 교과교사를 중심으로 운영되는 중등학교에서는 교과 간 단절, 교과교육과 생활교육의 분리 현상이 초등학교에 비해 뚜렷하다.

따라서 중등교사는 초등교육에서의 통합적 교육 활동의 정신을 수용할 필요가 있고, 초등교사는 중등교육의 교과 전문성을 수용할 필요가 있다. 이 연구에서는 〈표 12〉와 같이 초중등 연합 교원학습공동체 운영 방안을 제안하고자 한다.

<표 12> 초중등 연합 교원학습공동체 운영 방안(예시)

영역	내용
비전 공유	• 학교 교육과정 문서 함께 읽기 • 학교 교육철학에 기반한 공동 비전 수립하기
교과	• 초중등 교과별 교육과정 성취기준 분석하기 • 초중등 교과별 교육과정 연계 지점 찾아 운영 방안 수립하기
창의적 체험활동	• 학교 간 공동 체험활동 계획 수립하기 • 초중등 학생 연합 활동 계획 수립하기
수업 나눔	• 초중등학교 수업 상호 방문 • 초중등 교원 연합 수업 나눔
학생 생활교육	• 학생 생활교육의 관점 공유하기 • 공동 실천 방안 수립하기(3주체 생활 협약 등)
학부모 교육	• 중학교 진학에 대한 학부모 안내 자료 공동 개발하기 • 학부모 교육을 위한 공동 교육과정 수립, 실행하기
마을교육	• 지역의 마을교육 자원 공동 활용 계획 수립하기 • 초중등 학생 연합 활동 계획 수립하기

(2) 전환기 프로그램 운영

초중등 연계 교육과정은 크게 보아 전환기 교육, 창의적 체험활동, 교과 교육과정 등의 영역으로 나눌 수 있다. 이 중 가장 시급하면서도 손쉽게 개발할 수 있는 것은 전환기 프로그램이다.

핀란드는 국가 교육과정 차원에서 전환기 프로그램을 강조한다. 1~9학년까지 9년제 교육과정을 운영하고, 학년 군은 1~2학년, 3~6학년, 7~9학년으로 구분되어 있다. 핀란드 국가 교육과정에서 주목해야 할 부분은 각 학년 군 사이에 전환기 프로그램이 설정되어 있다는 점이다. 6~7학년 사이 전환기 프로그램의 취지는 다음과 같다.The Finnish National Board of Education, 2014

핀란드 국가 교육과정(7~9학년 총론의 일부)

15. 7~9학년

15.1. 6학년에서 7학년으로의 전환과 7~9학년의 과제
의무교육의 공통적인 과제 외에도 각 학년은 고유의 과제를 수행해야 한다. 이러한 과제를 달성하기 위해서는 연령과 발달단계가 고려되어야 한다. 또한, 교육과정 단계의 전환이 자연스럽고 안전하게 이루어져야 한다.

6학년과 7학년의 전환
6학년과 7학년 사이의 전환기에는 교직원의 체계적인 협력이 필요하며, 학습 환경, 학습 방법, 관련 자료에 대한 정보를 제공해야 한다. 전환기에는 학교와 가정의 상호작용이 중요하다. 학생들이 새로운 그룹, 새로운 교사, 새로운 환경에 적응할 수 있도록 해야 한다. 학교는 수업 및 평가 방식이 학생의 연령과 상황에 적합하게 해야 한다. 가정과 학교는 학생들이 새로운 학교생활에 적응할 수 있도록 용기를 북돋워 주어야 하며, 학생들이 안정감을 느낄 수 있게 해야 한다. 학생들은 자신의 미래에 영향을 미칠 여러 가지 선택을 하게 된다. 그래서 학생들의 의견을 경청하고 그들을 존중하며 학생들과 관련된 의사결정에 참여할 수 있게 하는 것이 중요하다.

전환기 프로그램은 학생들이 학교급 간 교육과정 및 학교문화의 차이를 이해하고 이에 쉽게 적응할 수 있도록 도우며, 이를 통해 지속적인 성장이 이루어질 수 있도록 지원하는 것을 목적으로 한다. 전환기 프로그램은 초등학교 졸업 무렵 창의적 체험활동이나 방과후 시간을 활용하여 진행할 수 있다. 이때 초등학교와 중학교 교원들이 전환기 프로그램을 함께 수립해야 하며, 서로의 시·공간을 개방하는 열린 자세가 필요하다. 〈표 13〉은 김태은 외[2105]에서 제시된 내용을 재구성한 전환기 프로그램의 예시다.

〈표 13〉 초등학교 6학년 학년말 전환기 프로그램(예시)

영역	활동	내용	지도
학교생활	미리 경험하는 중학교 생활	• 중학교 일과 체험하기 • 중학교 선배와의 대화	• 초-중 교사 • 초6~중1 학생 선후배 멘토링
	중학교에 가면 달라지는 것들	• 교사와의 관계 • 학교 규칙 • 선후배 관계 • 급식	
학업	중학교 수업 체험	• 중학교 수업 참관 • 중학교 평가 방식 알아보기	
	학습 방법	• 중학교 교과서 살펴보기 • 중학교 노트 작성법 알아보기 • 나의 학습 스타일 알아보기	

(3) 창의적 체험활동 연계

창의적 체험활동은 자율, 동아리, 봉사, 진로 영역으로 구성되어 있다. 지역 내 초중등학교들이 창의적 체험활동 계획을 공유하며 장단점을 보완하면 창의적 체험활동 내에서의 초중등 연계는 비교적 수월하게 이루어질 수 있다. 이 과정을 통해 지역 내 학교들의 창의적 체험활동 공동 프로그램이 마련될 수 있다.

창의적 체험활동 공동 프로그램에는 학생들의 성장 발달단계에 따른 다양한 체험활동이 체계화되어야 한다. 이 가운데 일부 활동은 초등학교 연합, 중학교 연합(연합 동아리 활동 등), 초중등 공동(마을 축제 등)으로 운영할 수 있다. 이러한 공동 활동을 통해 학교 간 협력 체제를 강화하고 지역 내 학교를 '모두의 학교'로 인식하는 기회를 얻을 수 있다. 창의적 체험활동 연계 운영 방안을 〈표 14〉와 같이 제시할 수 있다.

<표 14> 초중등 창의적 체험활동 연계 운영 방안(예시)

영역		학교 급별 중점 사항	연계 운영 방안
자율 활동	초	배움의 즐거움을 느끼게 하는 다양한 주제 활동	• 학생 자치활동의 원리 공유 및 학교 급별 심화 • '3주체 생활 협약' 등 공동 실천 프로그램 모색 • 학년말 '전환기 프로그램' 연계 운영
	중	학생 주도성을 키울 수 있는 다양한 공동체 활동	
동아리 활동	초	다양한 신체활동과 문화예술 경험 제공	• 지역사회 연계 동아리 운영 • 초-초, 중-중, 초/중 연합 동아리 운영
	중	몸과 마음의 조화로운 발달을 위한 다양한 활동	
봉사 활동	초	봉사활동의 의의와 가치에 대한 이해와 생활화	• 초-초, 중-중, 초/중 연합 봉사활동 운영(농촌봉사활동, 환경보존활동 등)
	중	타인을 이해하고 배려하는 공감 능력 형성	
진로 활동	초	긍정적 자아 개념 형성과 다양한 진로 세계 탐색	• 지역사회 연계 진로 활동 • 유사한 진로를 모색하는 학생 간 선후배 진로 멘토링 활동
	중	자아 탐색과 진로 모색을 위한 기초 소양 계발	

(4) 교과 교육과정 연계

앞에서 언급했듯이 소규모 학교에서는 일정 규모의 학생이 필요한 예술 체육 활동을 진행하기 어려운 경우가 많다. 그래서 예체능 교과에서는 인근 초등학교와 중학교 학생들이 모여 초등교사와 중등교사의 팀티칭을 통해 연계 교육과정을 운영하기도 한다. 하지만 창의적 체험활동 영역에 비해 교과 영역에서 초중등 연계 교육과정 운영이 수월하지 않다. 국가 교육과정 자체가 초등과 중등이 나뉘어 있고, 초등교원과 중등교원의 양성, 임용, 연수 과정에서 서로의 교육과정을 접할 기회가 거의 없기 때문이다. 또한 담임교사 중심의 초등학교 수업 문화와 교과교사 중심의 중학교 수업 문화가 서로 달라 협력적 연계를 모색하기가 쉽지 않다.

우선 교과 영역에서 초중등 연계 교육과정 운영의 의미를 정립할 필요가 있다. 여기서는 초중등 교과 연계 교육과정의 형태를 〈표 15〉와 같이 두 가지로 설정하고자 한다.

〈 표 15 〉 초중등 교과 연계 교육과정의 형태

약한 형태의 교과 연계	강한 형태의 교과 연계
초등학교와 중등학교가 서로의 교육과정을 이해하면서 각각의 교육과정을 운영	일부 과목에서 초중등 교사의 팀티칭 하에 초등학생과 중학생이 동일한 수업에 참여

'약한 형태의 교과 연계'는 초등학교와 중등학교가 서로의 교육과정을 이해하면서 각각의 교육과정을 운영하는 형태다. 이 경우 초중등 교사들이 교육과정을 함께 연구하는 학습공동체를 운영하는 것이 필수적이다. 예를 들어 초등학교 6학년 교사는 중학교 1학년 교육과정을 충분히 이해하고 초등학교 6학년 수업을 해야 하며, 중학교 1학년 교사는 초등학교 6학년 교육과정을 충분히 이해하고 중학교 1학년 수업을 해야 한다. 그래야 초등학교와 중학교의 간극을 메우며 학생의 학습을 지속적으로 도울 수 있다.

초등학교와 중학교 수학 교육과정을 살펴보면 난이도나 용어 등에서 상당한 간극이 있음을 알 수 있다. 초등학교 수학 교육과정에 나오는 '수와 연산', '도형', '측정', '규칙성', '자료와 가능성' 등은 실생활에서 볼 수 있는 대상을 측정하고 규칙성을 발견하는 것이 주된 내용이다. 반면 중학교 수학 교육과정은 고등수학 학문체계와 비슷한 '문자와 식', '함수', '확률과 통계', '기하' 등으로 구성되어 있다. 중학교 수학에는 초등학교와는 달리 x, y, $f(x)$와 같은 대수학과 해석학의 기초 용어가 나오기 시작한다. 이처럼 초6 교육과정과 중1 교육과정 사이에는 매우 큰 간극이 있기에 이 시기부터 이른바 '수포자' 현상이 발생하기 쉽다.김성수·이형빈, 2019

그렇기 때문에 교육과정상 단절이 분명한 초중등 교육과정 사이에는 일종의 매개적 단계가 필요하다. 예를 들어 중학교 수학의 경우에는 초등학교 때 배웠던 개념을 다시 익히고 그 개념을 학문적 언어로 변환하여 이해하는 단계가 필요하다.

이때 중학교 교사들은 초등학교 교사들의 도움을 받을 필요가 있다. 초중 교원 연합 학습공동체 활동을 통해 초등학교 교사의 눈높이에서 중학교 교육과정을 점검해 보아야 한다. 이는 특히 기초학력 보장에 도움이 된다. 중학교 교사들은 초등학교 교육과정을 제대로 이해하는 가운데 초등학교 교사의 도움을 받아 배움이 느린 학생에 대한 지원 방안을 마련할 수 있다. 경우에 따라 초등학교 교사가 중학교 학습 부진 학생을 지원하는 방안도 모색할 수 있다. 초등학교 교사들의 경험이 중학교 학습 부진 학생 지도에 훨씬 효과적일 수 있기 때문이다.

'강한 형태의 교과 연계'는 일부 과목에서 초등교원과 중등교원이 팀 티칭을 진행하고 초등학생과 중학생이 이 수업에 함께 참여하는 형태다. 이런 형태의 교과 연계가 필요한 영역은 크게 두 가지로 나눌 수 있다.

첫째 영역은 일정 규모 이상의 학생 수가 필요한 교과 영역이다. 음악 과목에서의 합창이나 기악 합주, 미술 과목에서의 공동 창작, 체육 과목에서의 단체 스포츠 활동이 대표적인 예다.

둘째 영역은 중등교사의 교과 전문성이 요구되는 교과 영역이다. 이는 초등학교에서 주로 교과전담교사가 담당하는 영역이기도 하다. 예를 들어 영어 회화, 다양한 실습 기자재를 활용하는 과학이나 기술·가정 등이 대표적인 예다.

이 중 초등학교 실과, 중학교 기술·가정, 정보 과목을 연계하여 운영하는 방안을 경기도교육청[2018]의 자료를 재구성하여 〈표 16〉과 같이 제시하고자 한다.

<표 16> 초중등 연계 교과 교육과정 예시(실과/기술가정)

초등학교 교육과정 분석		
과목	영역	성취기준
실과	기술 시스템	[6실04-08] 절차적 사고에 의한 문제 해결의 순서를 생각하고 적용한다.
		[6실05-06] 생활 속에서 로봇 활용 사례를 통해 작동 원리와 활용 분야를 이해한다.
중학교 교육과정 분석		
과목	영역	성취기준
과학	과학기술과 인류문명	[9과24-02] 과학을 활용하여 우리 생활을 보다 편리하게 만드는 방법을 고려하고 그 유용성에 대해 토론할 수 있다.
정보	문제 해결과 프로그래밍	[9정03-03] 논리적인 문제 해결 절차인 알고리즘의 의미와 중요성을 이해하고 실생활 문제의 해결과정을 알고리즘으로 구상한다.
		[9정03-04] 문제 해결을 위한 다양한 방법과 절차를 탐색하고 명확하게 표현한다.
기술 가정	기술 활용	[9기가05-06] 생활 속 문제를 찾아 아이디어를 구상하고 확산·수렴 사고기법을 활용하여 창의적으로 해결한다.

수업					
초등학교 6학년			중학교 1학년		
차시	교과	내용	차시	교과	내용
1-2	실과	언플러그드 활동	1	과학	미래사회와 과학기술 탐구
			2	정보	알고리즘 구성
3-4	통합 수업	로봇 작동원리와 코딩(블록 수업, 초중 교사 팀티칭)			
5-6	통합 수업	코딩 로봇 축구대회(블록 수업, 초중 교사 팀티칭)			
7	실과	로봇과 우리 생활의 관련성	7	기술 가정	우리 생활을 편리하게 할 수 있는 로봇 활용 방안

위 예시는 '약한 형태의 교과 연계'와 '강한 형태의 교과 연계'를 혼합한 것이다. 초등학교와 중학교 교육과정 성취기준을 통합적으로 재구성하고, 일부 수업은 초등학교와 중학교에서 별도로 진행하되, 일부 활동 중심 수업은 초·중 교사 팀티칭으로 함께 진행하는 방식이다.

이러한 초중등 연계 교과 교육과정이 운영되려면 교사의 교육과정 전문성과 협력적 문화가 필요하다. 그렇기 때문에 초중등 교사들의 연합 학습공동체 운영을 통해 서로의 교육과정을 충분히 이해하며 공감대를 넓히는 과정이 있어야 한다.

5. 초중등 연계 교육과정의 발전 방안

초중등 연계 교육과정은 농어촌 지역 소규모 학교의 위기를 극복하는 과정에서 제기되었다. 학생 수 감소는 분명 '위기'지만 공교육을 새로운 관점에서 재구조화하는 '기회'가 될 수도 있다. 소규모 학교만의 교육적 잠재력을 통해 미래교육의 가능성을 새롭게 모색해 볼 수 있다. 이 가능성의 대표적인 사례가 초중등 연계 교육과정이다. 이를 활성화하기 위해서는 다음과 같은 과제를 모색해야 할 것이다.

첫째, 현행 제도와 조건 속에서도 진행할 수 있는 초중등 연계 교육과정 방안을 모색해야 한다. 앞서 제시한 초중등 연계 교육과정 사례는 주로 예술·체육 교과, 창의적 체험활동 영역에서 이루어졌다. 일정 규모 이상의 학생 집단 형성이라는 현실적 필요가 있었기 때문이다. 따라서 초중등 연계 교육과정은 우선 창의적 체험활동에서부터 시작하는 것이 자연스럽고, 이후 예술·체육 등 일부 교과에서의 팀티칭 활동으로 확대할 수 있다. 또한 주지 교과에서는 기초학력 보장 차원에서 초중등 연계 교육과정을 적극적으로 모색하는 것이 필요하다. 학생 입장에서 볼 때 중학교 학습이 갑자기 어렵게 느껴지지 않도록 교육과정을 적극적으로 재구성해야 하며, 필요한 경우에는 초등학교 교사가 직접 학생에 대한 정보를 중학교 교사에게 제공하거나 이들을 직접적·간접적으로 지원하는 방법도 찾아야 한다.

둘째, 초중등 연계 교육과정을 원활히 운영할 수 있는 핵심적인 방법은 지역 내 초등교원과 중등교원이 일상적으로 교류할 수 있는 장을 마련하는 것이다. 사례 분석에서도 제시했듯이 초중등 연계 교육과정의 토대는 가까운 거리에 있는 초등학교 교원과 중등학교 교원이 연합 학습공동체를 운영하는 것이다. 또한 지역교육지원청 차원에서 지역 내 초중등 교원들이 함께 서로의 교육과정을 이해할 수 있는 연수를 마련하거나, 서로 다른 학교급의 수업을 참관할 기회를 제공해야 한다. 이는 초중등 연계 교육과정을 본격적으로 시도하기 전이라도 초등교원과 중등교원이 학생의 지속적인 성장을 돕는 교육과정을 운영하는 데 매우 큰 도움이 될 것이다.

특히 한 울타리 안에서 초등학교와 중등학교가 운영되는 통합운영학교에서는 초등교원과 중등교원이 학습공동체를 함께 운영하는 것을 의무화할 필요가 있다. 그래야 통합운영학교에서부터 내실 있는 초중등 연계 교육과정이 이루어질 수 있고, 이를 다른 학교에도 일반화할 가능성을 찾아낼 수 있을 것이다.

셋째, 국가 교육과정 자체에 연계 교육과정의 요소를 강화해야 한다. 이를 현실화하려면 국가 교육과정 개발 단계와 교과서 제작 단계에서 서로 다른 학교급 교사들이 참여할 필요가 있다. 예를 들어 유치원 교사가 초등학교 1~2학년 교과서의 내용과 수준이 적정한지, 초등학교 교사가 중학교 교과서의 내용과 수준이 적정한지 감수할 수 있게 해야 한다. 그래야 학교급 사이의 단절을 실질적으로 보완할 수 있다.

넷째, 초중등 연계 교육과정을 활성화하기 위해 중장기적으로 교원 자격, 학교 유형 등과 관련된 법령과 제도를 정비해야 한다. 현재 초등학교와 중학교, 고등학교는 학제(6-3-3), 교육과정(공통 교육과정, 선택 교육과정), 교원 자격(초등교원, 중등교원)이 서로 어긋나 있어 초중등 연계 교육과정 운영에 근본적인 한계가 있다. 향후 초·중등 연계 교육과정을 위해 제한된 범위 안의 초·중등 교원의 벽을 허물 필요는 있다. 예를 들어 소정의 연수 과정을 이수한 중학교 교원이 초등학교 일부 교과(주로 예술·체육 교과)에서 전담을 맡을 수 있도록 허용할 필요가 있다. 나아가 유치원/초등학교 저학년 복수 자격 교사, 초등학교 고학년/중학교 복수 자격 교사를 양성하는 방안도 연구해 볼 수 있다.

현행 통합운영학교는 법적 위상이 매우 불안정하다. 현행 초중등교육법에 규정되어 있는 초등학교, 중학교, 고등학교 외에 초중학교(9년제), 중고학교(6년제)를 독립적인 학교 유형으로 법제화하는 것도 검토할 필요가 있다. 이들 학교에서는 초중 9년 혹은 중고 6년 동안의 긴 호흡으로 교육과정을 운영하며 학생의 성장 과정을 누적 관리함으로써 개별화 교육의 취지를 살리도록 해야 한다. 그리고 중고 6년제 학교에서는 학생들이 별도의 고교입시 없이 6년 동안 재학할 수 있도록 보장하는 방안도 도입할 필요가 있다. 이러한 새로운 상상력을 통해 '모두를 위한 교육', '미래 사회의 변화에 능동적으로 대처하는 미래교육'의 취지를 구현하도록 해야 한다.

5. IB 교육과정 비판
_대안적 교육과정 프레임워크 모색

최근 IBInternational Baccalaureate에 대한 관심과 연구가 확산하고 있다. 일부에서는 IB 도입을 공교육 혁신의 유력한 방안으로 여기고, 몇몇 시도교육청에서는 학교 현장에 IB 도입을 권유하고 있다. 그러나 IB 의 타당성과 효과성에 대한 공유가 교육계에 폭넓게 이루어지고 있다고 보기에는 아직 이르다. IB에 대한 관심이 일시적인 유행으로 끝날 것인지 아니면 교육혁신을 위한 의미 있는 경험으로 자리 잡을지 예견하기 어렵다.

또한 'IB 교육과정을 도입한다는 것'의 의미가 명확하게 공유된 상황이 아닌 것으로 보인다. 이에 대해 다음과 같은 의문이 제기될 수 있다. IB 도입은 IB로 국가 교육과정을 대체하는 것인가, 이를 보완하는 것인가? 기존 과목을 IB 프레임워크에 따라 재구성하는 것인가, IB 과목 자체를 개설하는 것인가? IB 프레임워크는 반드시 따라야 할 절차인가, 참고 사항일 뿐인가? IB 교육과정은 개념 기반 교육과정과 동의어인가 아닌가? IB는 대입까지 연계되는 시스템인가 아닌가? IB 도입은 IBO에서 주관하는 연수, 인증, 질 관리 시스템까지 모두 수용하는 것인가, 아니면 이를 학교에서 자체적으로 운영할 수도 있는 것인가? IB 도입에 따른 효과는 IB 교육과정 자체의 효과성인가, 아니면 연수, 인증, 질 관리 시스템의 효과성인가?

근본적으로는 IB 교육과정 자체에 대한 분석을 통해 그 타당성과 효과성을 입증해야 한다. 물론 IB의 타당성과 효과성이 입증되더라도, 이것이 곧 IB 도입의 정당성까지 보장하는 것은 아니다. IB 연구 결과를 국가 교육과정 개선이나 학교 교육과정 운영을 위한 참고자료로 활용해야 하는지, 아니면 IB 교육과정 자체를 도입해야 하는지에 대해 별도의 정책적 의사결정이 필요하다.

이러한 문제에 대해 연구해야 하는 이유는 다음과 같다. 우리나라에서 IB가 주목받게 된 이유는 IB를 통해 한국 교육의 고질적 병폐, 즉 입시 위주 교육과 획일화된 평가를 극복할 가능성을 보았기 때문이다. 그런데 IB가 주목받기 전부터 교육과정-수업-평가 혁신을 위한 다양한 노력이 학교 현장에서 이루어져 왔다. 2010년 이후 혁신교육의 흐름이 확산하면서 교육과정 재구성, 배움중심수업, 성장중심평가 등의 노력이 한국 교육의 고질적인 병폐를 일부 바꿔온 것도 분명하다. 문제는 IB가 IBO나 교육청이라는 외부적 권위에 의해 학교 현장에 무맥락적으로 도입되어도 괜찮은지, 아니면 IB를 참고하여 교육과정-수업-평가 혁신의 흐름을 새롭게 진화시켜야 하는 것인지, IB를 참고로 한다면 무엇을 어떻게 참고해야 하는지 등이 혼란스럽다는 점이다.

여기서는 이러한 다양한 문제 가운데 IB 교육과정 프레임워크 자체에 대한 비판적 분석에 초점을 맞추고자 한다. 그래야 불필요한 논쟁을 줄이고 추후 본격적인 연구 및 새로운 실천에 도움이 될 수 있다. 여기서 말하는 비판적 분석이란 IB가 세계 각국에서 활용되는 맥락과 한국 교육과정 운영에 활용되는 맥락 모두를 고려하는 가운데 IB의 장단점을 분석하고, 이로부터 시사점을 도출하는 것을 의미한다.

여기서는 특히 IB의 초등학교 과정과 중학교 과정에 각각 해당하는 PYP와 MYP 프레임워크 분석에 집중하고자 한다. IB PYP와 MYP는 교육과정 프레임워크framework에 가깝고, DP는 교수요목syllabus에 가깝다. DP는 다양한 선택과목의 체계이며 이는 평가 방식이나 대학입시와 연계되기 마련이기에, 한국적 상황에서 생산적인 논의를 기대하기 어렵다. 이와 반면에, PYP와 MYP에 공통으로 나타난 요소를 중심으로 프레임워크 전반을 분석하는 것이 가능하다.

IB 프레임워크를 비판적으로 분석하려면 이에 필요한 준거가 있어야 한다. 주지하다시피, 교육과정 연구에는 '교육과정 개발 패러다임'과 '교육과정 이해 패러다임' 등 크게 두 가지 흐름이 있다.Pinar, 1975 IB는 이 중 타일러로부터 시작된 '교육과정 개발 패러다임'에 해당한다. 그렇기에 타일러가 제기했던 교육과정 개발의 논거Tyler's Rationale에서 출발하여 IB 교육과정에 대해 비판적으로 접근하는 것이 타당할 수 있다.Tyler, 1949 이러한 비판적 분석을 통해 몇 가지 시사점을 도출하고, 대안적 교육과정 프레임워크를 새롭게 모색하는 방안을 제시하고자 한다.

1. 교육과정 프레임워크

최근 들어 교육과정 프레임워크framework라는 용어가 널리 사용되고 있다. 공학에서는 이 용어를 '정보처리를 효율적으로 수행하기 위한 작업 틀'이라는 의미로, 인지심리학에서는 '인간이 세상을 인식하고 해석하는 사고의 틀'의 의미로, 그 밖의 여러 분야에서는 '어떤 일에 관해 판단하고 해결방안을 결정하는 논의의 틀'의 의미로 사용한다. 여기서는 '교육과정 프레임워크'를 '교육과정에 대해 함께 숙의하고 개발하는 틀'이라는 의미로 사용하고자 한다.

'프레임워크'의 어근인 '프레임frame'은 '대상을 바라보는 창'이라 할 수 있다. 인지심리학에서는 프레임의 역할을 다음과 같이 분석한다. 프레임은 세상을 추상화·단순화하는 심리적 표상으로, 특정한 부분을 보게 하고 다른 부분을 보지 못하게 한다. 또한 프레임은 그동안 제대로 인식하지 못했던 것을 주목하고, 새로운 것을 상상하게 하는 힘이 있다.Cukier, Mayer-Schönberger, & Véricourt, 2022

타일러 교육과정Tyler, 1949, 백워드 교육과정Wiggins & McTighe, 2000, 아이즈너 교육과정Eisner, 1979 등도 모두 교육과정을 바라보는 프레임이라고 할 수 있다. 각각의 프레임은 교육과정 중 특정 영역에 주목하게 한다.

타일러 교육과정 프레임워크는 '교육목표'에 주목하게 한다. 이에 따르면, 좋은 교육목표를 제대로 설정했느냐에 따라 교육과정의 질이 결정된다. 학습경험 선정, 학습경험 조직, 교육평가 등 나머지 교육과정 요소는 교육목표를 달성하는 데 기여해야 한다. 이처럼 타일러 교육과정 프레임워크는 "좋은 목표가 좋은 교육을 이끈다."라는 신념을 바탕으로 한다. 이는 교사들에게 매우 익숙한 프레임워크다. 국가 교육과정 등 대부분의 교육과정이 〈표 17〉 같은 타일러 교육과정 프레임워크에 기반하고 있기 때문이다.

〈 표 17 〉 타일러 교육과정 프레임워크

학교가 추구해야 할 교육목표는 무엇인가?
⇩
교육목표를 달성하려면 어떤 학습경험을 선정해야 하는가?
⇩
학습경험을 효과적으로 조직하는 방법은 무엇인가?
⇩
교육목표에 도달했는지 어떻게 평가해야 하는가?

그런데 학교 현장에서 종종 교육목표와 수업, 평가가 서로 분리되는 현상이 발생한다. 이를 극복하는 과정에서 '교육과정-수업-평가 일체화' 담론이 확산되었다. 이 담론의 이론적 근거에 해당하는 것이 백워드 교육과정이다. 백워드 교육과정 프레임워크는 타일러가 마지막 단계로 설정했던 평가를 거꾸로 끌어올려, 평가계획을 미리 설계할 것을 주문한다. 그리고 좋은 수행평가를 만드는 프레임워크인 GRASPS 모형, 좋은 수업을 진행하는 프레임워크인 WHERE 모형까지 제공하여 평가와 수업의 일체화, 과정 중심평가를 수월하게 진행하도록 돕는다. 백워드 교육과정은 "좋은 평가가 좋은 교육을 이끈다."라는 신념을 전제로 〈표 18〉과 같은 프레임워크를 제시한다.

〈 표 18 〉 백워드 교육과정 프레임워크

1단계: 바라는 결과의 확인	
설정된 목표	
진정한 이해	본질적 질문
지식	기능
2단계: 수용할 만한 증거 설정하기	
수행과제	다른 증거
3단계: 학습경험과 수업	
학습활동	

이와 달리 아이즈너는 명시적·구체적 목표를 미리 설정하는 것이 오히려 좋은 수업을 운영하는 데 방해가 된다고 본다. 수업은 교사와 학생의 상호작용에 따라 언제든지 새로운 방향으로 흘러갈 수 있으며, 그

러한 가능성을 허용해야 예술적 상상력이 넘치는 교육과정이 이루어질 수 있다는 것이다. 그렇기에 그는 행동주의적 목표보다 '표현적 결과'를 강조했다. 이는 사전에 수립된 교육목표와 달리 교수학습 과정에서 새롭게 생성되고 그 결과로 확인되는 교육목표다. 아이즈너는 "좋은 교육은 예술적인 과정이다."라는 신념을 전제로 〈표 19〉와 같은 프레임워크를 제시했다.

〈표 19〉 아이즈너 교육과정 프레임워크

행동주의적 목표	⇨	행동주의적 활동
문제 해결적 목표	⇨	문제 해결적 활동
표현적 활동	⇨	표현적 결과

이처럼 각각의 교육과정 프레임워크는 교육을 바라보는 인식의 창이자 교육과정 숙의를 담아가는 개발의 틀이다. 이 중 여기서는 타일러가 제기한 교육과정 개발의 논거에 주목하여 논의를 진행하고자 한다.

2. 타일러의 교육과정 개발 논거

타일러의 〈Basic Principles of Curriculum and Instruction〉은 교육과정 이론의 고전이라고 할 수 있다. 여기에는 당대 교육학의 연구 성과뿐만 아니라, 미국 진보주의 학교의 교육적 성과를 입증하기 위해 시도되었던 '8년 연구'를 통한 실천적 경험까지 망라되어 있다. 우리나라 국가 교육과정 문서 등 대부분 교육과정이 '교육목표, 교육내용, 교수학습, 평가'와 같은 방식으로 구성된 것도 여기서 비롯했다.

타일러가 이 책에서 염두에 둔 예상 독자는 학교 교사다. 이 점은 이 책 5장 제목인 '교사는 교육과정 개발에 어떻게 참여해야 하는가?'를 통해서도 알 수 있다. 당시 미국은 연방정부는 물론 주정부 차원에서도 통일된 교육과정이 없었다. 그렇기에 교사가 직접 학교 교육과정 개발자가 될 수밖에 없었을 것이다. 또한 이 책이 '8년 연구'의 성과를 계승한 점Aikin, 1942, 듀이가 남긴 '학습경험' 등의 개념Dewey, 1938을 주요하게 쓰는 점 등을 고려해 볼 때, 특히 진보주의 학교의 교사를 염두에 두었다고 볼 수 있다. 다시 말해 이 책은 진보주의적 관점에서 학교 교육과정을 체계화하려면 교사가 무엇을 교육과정 개발의 논거로 삼아야 하는지를 제시한다.

타일러가 제시한 교육과정 개발의 논거는 다음 네 가지 질문이다. "① 학교가 추구해야 할 교육목표는 무엇인가? ② 교육목표를 달성하려면 어떤 학습경험을 선정해야 하는가? ③ 학습경험을 효과적으로 조직하는 방법은 무엇인가? ④ 교육목표에 도달했는지 어떻게 평가해야 하는가?"이다. 타일러는 이에 대한 답변을 제시하지 않았지만, 학교에서 교사가 이 질문을 탐구하고 답을 찾아가며 교육과정을 개발하는 절차를 안내했다.

그런데 타일러가 제기한 논거가 이후 여러 참고도서에 '교육목표 수립→학습경험 선정→학습경험 조직→평가'와 같은 모델로 소개되면서, 이것이 정형화된 모델, 합리적 개발 모형으로 오인된 측면이 강하다. 그 결과 타일러 모형을 '교사 배제 교육과정'으로 보는 관점김학준, 2013마저 제시되었다. 그러나 타일러 프레임워크가 교사를 교육과정 개발의 주체에서 배제하는 동형화 모델이라는 해석은 오독이라고 할 수 있다. 타일러는 분명히 '모든 교사가 교육과정 개발에 참여하여 학교의 교육목표가 무엇이고 이를 달성하기 위한 수단이 무엇인지 이해'해야 하며, '교사 전체가 모여 토론하면서 결론을 도출하는 숙의deliberation'를 진행해야 한다고 했다. 여기에 훗날 워커가 체계화한 '숙의 교육과정'의 기본적인 아이디어가 제시되어 있다.^{Walker, 1971}

이렇게 볼 때 타일러 논거의 진정한 의의는 '교육과정 개발에 필요한 질문과 교사가 이 질문에 대한 답을 숙의하는 과정'을 제시했다는 점이다. 이러한 질문이 체계적으로 정리된 것을 타일러 프레임워크라고 할 수 있다. 물론 '교육과정에 관한 질문'이 타일러의 전유물은 아닐 것이다. 아이즈너라면 교육과정의 예술적 성격에 관한 질문^{Eisner, 1979}, 예컨대 "학생이 만든 창작품에서 어떤 표현적 결과를 확인할 수 있는가?"를, 애플이라면 교육과정의 정치적 성격에 관한 질문^{Apple, 1979}, 예컨대 "학교에서 가르치는 지식은 어느 계급 학생에게 도움이 되는가?"를 제기했을 것이다. 이는 '교육과정 이해 패러다임'에 따른 질문이다. 하지만 여기서는 IB 교육과정과 맞닿아 있는 '교육과정 개발 패러다임'의 맥락에서 타일러가 제기한 논거를 중심으로 IB 교육과정에 대한 비판적 논의를 이어가고자 한다.

3. IB 교육과정 프레임워크 분석

가. IB 교육과정 프레임워크의 특징

IB는 'International Baccalaureate'의 약자로, 세계 각국 인증학교 졸업생의 대학 입학 자격을 인정하는 국제적 교육과정 기준이다. IB는 대학 입학을 앞둔 고등학교 과정DP뿐만 아니라 해외 주재원 자녀들을 위한 유·초등학교 과정PYP, 중학교 과정MYP까지 체계화했다.

그렇다고 하여 IB가 인증학교가 속한 국가의 교육과정을 대신하는 것은 아니다. IB PYP와 MYP는 교육과정 프레임워크framework에 가깝고, DP는 교수요목syllabus에 가깝다. 그래서 IB 초등학교, 중학교에

〈표 20〉 IB 프레임워크의 전반적인 흐름

교육목표(Mission)

학습자상(Learner Profile): 탐구하는 사람, 지혜로운 사람 등 10가지

교수법(Approach to Teaching): 탐구 활동, 개념 이해 등
학습법(Approach to Learning): 사고, 연구, 의사소통 등

교육과정 내용(The Written Curriculum)

지식
(knowledge)
	• PYP 초학문적 주제(Transdisciplinary Themes) 6가지
	  예) "우리는 누구인가?" 등
	• MYP 세계적 맥락(Global Context) 6가지
	  예) '세계화와 지속가능성' 등

개념 (Concepts)	핵심 개념: PYP 7가지, MYP 18가지 예) 형태, 기능, 변화, 연결 등
기술(Skills)	사고 기술, 사회적 기능, 의사소통 기술, 자기관리 기술 등
태도(Attitudes)	감상, 협력, 창의력, 호기심 등
행동(Action)	'선택 → 행동 → 성찰'의 반복

교육과정 운영(The Taught Curriculum)

탐구 프로그램	프로그램의 흐름
탐구 단원	단원 설계의 틀

평가계획(The Assessed Curriculum)

PYP, MYP: 내부평가(총괄평가 및 형성평가), 기록 및 통지
DP: 내부평가 + 외부평가(IBO 출제)

교과 교육과정

PYP 6개 교과군 / MYP 8개 교과군 / DP 6개 교과군

기타

MYP: 봉사활동, 프로젝트 / DP: 지식론, 소논문, 봉사활동

서는 자국 교육과정을 IB 프레임워크에 따라 재구성하고, IB 고등학교에서는 IB에서 만든 과목을 선택과목으로 개설하여 자국어나 영어로 가르친다. IB PYP와 MYP 프레임워크의 전반적인 흐름은 〈표 20〉과 같다.

IB 교육과정 프레임워크에는 교육목표, 학습자상, 교수학습법과 학교에서 가르쳐야 할 지식, 개념, 기술, 태도 등이 이미 정해져 있다. 학교에서는 이를 바탕으로 '탐구 프로그램Program of Inquiry'과 '탐구 단원 Unit of Inquiry' 혹은 '단원 설계Unit Planner' 모형을 채워야 한다.

〈 표 21 〉 IB PYP 탐구 프로그램

	우리는 누구인가	우리가 속한 시간과 공간	자기 표현 방법	자기 조직의 방식	세계의 작동 방식	우리 모두의 지구
1학년						
2학년						
3학년						
4학년						
5학년						
6학년						

〈표 21〉로 제시된 '탐구 프로그램'은 6개 주제를 중심으로 통합 교육과정을 만드는 모형이다. 이를 각 학년, 각 교과에 반영하여 학년/교과 교육과정을 재구성한다. 우리나라 학교에서도 이와 유사한 방식으로 교육과정을 재구성하지만, IB에서는 이 주제를 교사가 선정하는 것이 아니라 이미 제시되어 있다. 이 주제를 PYP에서는 '초학문적 주제'라 부르고 MYP에서는 '세계적 맥락'이라 한다. 이 흐름을 바탕으로 단원 수업 계획을 설계해야 한다. MYP 단원 설계 모형은 〈표 22〉와 같다.

〈 표 22 〉 IB MYP 단원 설계 모형

핵심 개념	관련 개념	세계적 맥락
탐구 진술문		

탐구 질문	

- 사실적 질문
- 개념적 질문
- 논쟁적 질문

목표	총괄평가	
	평가 개요	탐구 진술문과의 관계
학습 접근 방법		

내용	학습 과정
	학습경험 및 교수전략
	형성평가
	개별화 학습계획
학습 자료	

성찰		
단원 지도 전	단원 지도 중	단원 지도 후

이와 같은 IB 교육과정 프레임워크의 특징을 분석하면 다음과 같다.

첫째, IB는 교육과정-수업-평가 전반을 아우르는 틀을 체계적으로 보여주고 있다. 이는 타일러가 교육과정 개발의 논거로 '교육목표 수립', '학습경험 선정', '학습경험 조직', '평가' 네 가지를 제시한 것과 마찬가지다. 그리고 백워드 교육과정이 타일러 프레임워크를 계승했듯이, IB 역시 백워드 교육과정의 특징을 담고 있다.

백워드 교육과정은 '학생이 진정한 이해에 도달하도록, 교육목표부터 평가, 수업 순으로 거꾸로 설계하는' 방식이다.Wiggins & McTighe, 2000 학생들이 '진정한 이해'에 도달하게 하는 관문이 '빅 아이디어'이고, 이를 위해 '핵심 질문'을 탐구하도록 한다. 학생이 목표에 도달했다는 것을 확인하기 위해 '평가계획'을 세우고 이를 잘 수행할 수 있도록 교수학습을 진행한다.

IB에서 말하는 '탐구 진술', '탐구 질문'이 백워드 교육과정의 '빅 아이디어', '핵심 질문'에 해당한다. 여기에 접근하는 통로가 '핵심 개념'과 '세계적 맥락(초학문적 주제)'이다. 이 목표에 도달했다는 점을 확인하기 위해 평가(총괄평가) 계획을 수립하고, 학습 과정에서 형성평가를 활용한다.

둘째, IB 교육과정 프레임워크는 '교육과정 질 관리'를 위한 체계적인 틀이다. IB 운영의 목적은 세계 각국 인증학교의 교육과정 질을 관리하여 학생의 졸업 자격을 균등하게 인정하는 것이다. 따라서 이를 위한 체계적인 틀이 필수적이다. 타일러가 네 가지 논거를 제시한 것도 진보주의 학교의 성과를 체계적으로 유지하기 위한 것이었다.

IB와 타일러 논거의 목적이 유사하지는 않으나, 그 목적을 관리하는 방식은 유사하다. 국내 초등학교와 중학교가 IB를 도입하는 목적은 졸업 자격 인증이 아니다. 그런데도 IB 프레임워크를 활용하는 이유는 이를 통해 학교 교육과정의 질을 높이고자 하는 것이다. 이때 IB 프레임워크는 체계적인 도움이 될 수 있다.

셋째, IB는 연역적 방식의 프레임워크다. 연역적 방식은 추상적·논리적 원리로부터 구체적인 상황을 만들어 간다. 타일러의 논거도 합리적 근거를 바탕으로 교육과정을 설계하는 토대다. 이를 통해 보편적 적용이 가능한 모형을 만들어 가고자 한다.

IB는 초학문적 주제, 세계적 맥락, 핵심 개념 등 선정된 원리를 바탕으로 교사가 국가 교육과정을 재구성하여 단원을 설계하는 연역적 방식의 프레임워크다. 이에 중심이 되는 것은 '개념concept'이다. 이는 구체적인 사실fact이나 여러 가지 주제topic를 관통하면서 모든 교과 단원 설계의 토대가 되는 것을 말한다.^{Erickson & Lanning, 2014} IB 교육과정에는 학교 급별로 적용될 수 있는 개념, 그리고 이를 활용해야 할 맥락global context이 목록화되어 제시되어 있다. 또한, 이 개념과 맥락을 바탕으로 교사가 교과 단원을 어떻게 설계해야 하는지 그 절차를 체계적으로 제시하고 있다.

이는 듀이나 아이즈너와는 다른 접근법이다. 주지하다시피, 듀이는 '경험'으로부터 교육과정을 출발하고자 했다.^{Dewey, 1938} 그에 따르면 교과는 인간의 지속적인 경험에서 추출된다. 교과는 선험적으로 정당화되는 것이 아니라 경험과의 관련 속에서 이해되는 것이다. 이러한 경험을 토대로 교육과정을 조직하는 과정은 과학적이어야 한다. 하지만 듀이는 그 출발점을 경험으로 본 점에서, 교육과정 개발의 출발점을 목표 수립으로 본 타일러 논거와는 다르다.

듀이와 달리 아이즈너는 교육과정 조직 자체도 예술적이어야 한다고 보았다. 그는 사전에 제시되는 목표보다 사후 도출되는 결과를 중시했다.^{Eisner, 1979} 아이즈너는 교수학습의 역동성을 중시한 점에서 듀이와 유사하나, 듀이보다도 귀납적인 측면을 강조했다.

이러한 점은 IB가 여러 가지 교육과정 프레임워크 중 하나의 접근법을 따른다는 것을 의미한다. 그렇기에 이를 절대시하는 경향은 바람직하다고 볼 수 없다.

넷째, IB 프레임워크는 교사의 교육과정 재구성과 학생의 개념 탐구 과정을 단계적으로 안내할 수 있다. 이는 타일러 논거에서 '학습경험의 조직'을 강조하는 것, 백워드 교육과정이 '교과를 위한 교과', '활동을 위한 활동' 두 가지 과실을 극복하기 위해 설계된 것과 마찬가지다. '핵심 개념'과 '탐구 질문'을 중시하는 IB 교육과정 프레임워크는 단편적 지식 습득 혹은 무의미한 활동을 넘어 전이 가능성이 높은 핵심 아이디어를 탐구하는 데 체계적인 도움이 된다. 그런데 이러한 특징은 곧 한계로 작용할 수도 있다.

나. IB 교육과정 프레임워크의 한계점

첫째, IB는 타일러 프레임워크와 마찬가지로 도구적 합리성을 주로 강조한 탈가치적 프레임워크라는 비판을 받을 소지가 있다. 이는 파이너를 비롯한 여러 학자가 타일러 이후의 흐름을 '교육과정 개발 패러다임'이라 칭하고 이를 비판할 때 제기했던 핵심 사항이다.[Pinar. 1975] 하지만 레보이치에 의하면, 타일러의 의도는 교사가 교육과정 수립에 필요한 절차에 따라 교육과정을 탐구하며 이를 개발하도록 안내하는 것이었다. 그렇기에 그는 타일러의 프레임워크를 탈가치적 도구주의라고 비판하는 것은 무리라고 보았다. 그는 타일러의 프레임워크에는 '학생에 대한 연구', '학습경험' 등 듀이가 강조한 진보주의적 요소도 있다고 했다.[Hlebowitsh, 2013] 그렇기에 도구적 효율성만 강조하는 프레임워크라고 보는 비판에서 일정 부분 벗어날 가능성이 있다. 이에 비해 IB는 그러한 여지가 상대적으로 적다.

이를 세칭 '답정너'에 비유할 수 있다. 중요한 것은 이미 정해져 있고 교사는 빈칸만 채우는 방식의 프레임워크다. IB와 유사한 틀을 지닌 백워드 교육과정에서도 중요한 교육목표에 대해서는 교사가 주도적으로 숙의하기를 유도한다. 그러나 IB 교육과정 프레임워크에서는 '학습자상', '교육과정 주제', '핵심 개념' 등 중요한 교육목표는 이미 정해져 있고, 교사는 주로 단원 설계나 평가계획 등에 집중하게 되어 있다.

둘째, IB 프레임워크에는 개방적인 질문이 생략되어 있다. 이는 타일러 프레임워크가 개방적 질문을 중심으로 구성된 것과 다르다. IB 프레임워크에는 학생에게 '사실적 질문, 개념적 질문, 논쟁적 질문'을 제기하게 되어 있으나, 정작 이 프레임워크를 활용해야 할 교사에게는 교육과정 숙의에 필요한 개방적인 질문이 제기되어 있지 않다.

타일러 논거가 개방적 질문으로 구성된 이유는 교사의 '숙의'를 활성화하기 위해서다. 교육과정 개발에 필요한 숙의란 '질문에 답하는 과정'이다. 학교가 추구해야 할 교육목표는 무엇인지, 그 목표를 달성하려면 어떤 학습경험을 선정해야 하고 어떤 방식으로 조직해야 하는지에 대해 교사들이 하나하나 답을 찾아가는 과정이다.

물론 IB 프레임워크도 교사의 교육과정 숙의를 유도할 수 있다. 그러나 프레임워크 자체만으로는 이러한 숙의와 상상력을 불러일으키기 어렵다. 그래서 IB 학교로 인증받으려면 IBO에서 개발한 장기간의 연수를 거쳐야 한다. 이 연수 과정에서 교육과정 개발에 필요한 숙의를 충분히 경험할 수 있으나, 이는 연수 효과이지 교육과정 프레임워크 자체의 효과라고 보기 어렵다.

셋째, 개방적 질문이 생략된 IB 교육과정 프레임워크는 다양한 가능성을 배제하는 폐쇄적 모델이 될 수 있다. IB 프레임워크는 '개방적인 질문' 대신 '빈칸'으로 표상되는 '체계적 틀'로 구성되어 있다. 이러한 체계성은 IB의 장점이자 폐쇄성이라는 단점이 될 수 있다.

IB 프레임워크의 체계성을 관통하는 원리는 '개념concept'이다. '개념'은 모든 학문의 기초이자, IB뿐만 아니라 다른 교육과정 모델에서도 중시되며, 오수벨의 교수학습 모형에서도 강조되는 조직자organizer 다.Ausubel, 2000 '개념'이 '조직자'로서 역할을 할 수 있는 것은, 이를 통해 개별적인 사실이나 학습 내용 등을 서로 연결할 수 있기 때문이다.Erickson & Lanning, 2014

이처럼 '개념'은 교육과정 개발이나 교수학습 과정에서 강력한 힘을 지닐 수 있다. 그러나 이 개념을 IB처럼 몇 가지로 확정하는 것은 무리일 수 있다. 물론 PYP의 7가지 개념, MYP의 18가지 개념이 미리 정해지면, 교사가 이를 염두에 두며 교육과정을 운영하기에 수월할 수 있다. 그러나 이 개념만으로는 포섭되기 어려운 개별 교과의 내용이 있을 수 있다. 교사가 개념을 스스로 생성해 내는 과정이 필요할 수도 있다. 이 과정에서 교사의 적극적인 사고와 성찰, 실천이 이루어질 수 있다. 그러나 교사가 IB 프레임워크에 제시된 개념 중 하나를 골라 교육과정 운영에 적용하는 것은, 학생에게 논술형 문항이 제시되어야 할 평가 상황에 선다형 문항이 제시된 것과 유사할 수 있다.

또한, 빈이 지적했듯이, 교육과정 조직의 중심이 될 수 있는 것은 '개념'뿐만 아니라 '화제topic', '사회적 쟁점issue', '학생의 흥미interest' 등 다양하다.Beane, 1997 핀란드 교육과정은 이를 포괄하여 '현상phenomenon 기반 교육과정'을 지향한다. 이를 고려해 볼 때, 특정 개념을 교과 통합의 원리로 명시하는 것은 다양한 가능성을 차단할 우려가 있다.

IB가 강조하는 '개념'은 브루너가 말한 '지식의 구조'와 같은 속성을 지닌다. '지식의 구조'는 학생의 사고력을 발전시키는 데 필요한 생성적 속성을 지닌다. 브루너는 학생이 이를 이해하고 탐구할 수 있도록 활동적 표상, 영상적 표상, 상징적 표상을 발달단계에 맞게 제공해야 한다고 보았다.Bruner, 1960 하지만 IB에서는 핵심 개념을 몇 가지로 확정할 뿐, 이를 학생의 발달단계에 어떻게 활용할 수 있는지는 고려하지 못하고 있다. IB 활용 과정에서 초등학생에게 다소 난해한 개념을 상징적 표상으로 제공할 위험성도 있다.

그렇기에 IB가 강조하는 개념 기반 교육과정은 자칫 인지적 영역의 교육으로 흐를 우려가 있다. 좋은 교육과정은 학생의 전인적 성장을 지향한다. 전인적인 성장은 '인지적, 정의적, 심동적 영역', '지성, 감성, 시민성' 등의 조화로운 균형을 의미한다. 발도로프 교육과정은 이런 맥락에서 영성적 차원까지를 추구한다. 하지만 IB 프레임워크로 이러한 차원을 담아내기 어렵다.

넷째, IB는 '탈맥락적 교육과정'으로 흐를 수 있다. 이는 IB가 '국제 표준 프레임워크'라는 점에서 피하기 어려운 한계다. IB MYP에서 '세계적 맥락global context'을 여섯 가지로 정해 놓은 것도 이와 관련된다. 그렇기에 각국의 고유한 현장성을 풍부히 담기 어려울 수 있다.

앞에서 언급했듯이 IB는 연역적 프레임워크이자, 개념 기반 교육과정이다. 개념 기반 교육과정은 개별적인 사실로부터 이를 아우를 수 있는 개념을 추출하여 이를 교육과정 운영의 핵심으로 삼는다.Erickson & Lanning, 2014 따라서 개념을 추출하는 과정은 귀납적이며, 그렇게 정립된 보편적 개념도 특정 맥락에서 도출된 것이다. 그러나 IB는 핵심 개념을 선험적으로 제시하는 연역적 프레임워크라는 점에서 자체 모순을 지니고 있다. 그렇기에 IB가 제시한 핵심 개념이나 세계적 맥락이 구체적인 현장과 유리된 의미, 탈맥락적인 의미로 수용될 수도 있다.

듀이가 강조했듯이 모든 학문적 개념은 일상적 경험으로부터 나온 것이므로 학생들이 학문적 개념과 자신의 생생한 경험을 연결하게 하는 '교과의 심리화'가 필요하다.Dewey, 1916 따라서 좋은 교육과정을 만들려면 '연역과 귀납', '추상과 구체'를 모두 고려해야 하며, '구체에서 추상으로, 추상에서 다시 구체로 나아가는 변증법적 사고'가 필요하다. 그러나 IB 프레임워크가 이러한 문제의식까지 포괄하기에는 한계가 있다.

다섯째, IB 프레임워크는 교사의 교육과정 재구성을 활성화하는 매개가 될 수도 있지만, 교육과정 재구성을 '빈칸 채우기 활동' 차원으로 머물게 하여 '교사의 탈전문화' 현상을 낳을 수도 있다.

태너와 태너는 교사의 교육과정 실행 수준을 '모방적 수준', '매개적 수준', '창조적 수준'으로 구분했다.Tanner & Tanner, 1980 '모방적 수준'은 기존 국가 교육과정을 있는 그대로 모방하는 수준을, '매개적 수준'은 이를 학교 상황에 맞게 변형하여 적용하는 수준을, '창조적 수준'은 교육과정을 새롭게 개발하는 수준을 말한다.

그동안 학교 현장에서 실행되었던 교육과정 재구성은 이 중 매개적 수준에 해당한다. 향후에는 교육과정 재구성을 넘어 교육과정을 새롭게 창조하는 수준으로까지 교사의 교육과정 전문성이 성장해야 한다. 그러나 특정 프레임워크의 빈칸을 채우는 방식은 오히려 교육과정 재구성을 모방적 수준으로 회귀시켜 교사의 탈전문화를 초래할 수 있다. IB에서 학생상을 명확하게 제시하지만 교사상에 대해서는 별다른 언급이 없는 것도 이와 관련 있는 것으로 보인다.

여섯째, 그 결과 IB는 '교사 배제 교육과정teacher-proof curriculum'으로 비판받을 소지마저 있다. 교사 배제 교육과정은 교사의 전문성이나 역량을 특별히 고려하지 않아도 균등한 결과가 나오기를 바라는 관점에 따른 것이다. 이는 극단적으로 말해, 주어진 틀만 잘 따르면 투입 요소(교사의 전문성)와 상관없이 동일한 산출물(학력 수준)이 나올 수 있다는 관점이다. IB 프레임워크가 이러한 한계를 지닌 근본 원인은 IB가 국제적으로 공인된 졸업 자격을 보증하는 교육과정 프레임워크이자 교육과정 질 관리 시스템이기 때문일 것이다. 그렇기에 IB의 체계적인 연수 프로그램을 이수한 교사는 IB 프레임워크를 잘 다루는 능숙한 숙련자 또는 퍼실리테이터가 될 수 있지만, 교육과정의 창의적 개발자, 학교 공동체의 숙의를 이끄는 교육과정 리더가 되는 데에는 한계가 있어 보인다.

4. 대안적 교육과정 프레임워크의 방향 모색

이상에서 언급한 IB 교육과정의 특징과 한계에 대한 분석을 바탕으로, 대안적 교육과정 프레임워크의 방향을 다음과 같이 제시하고자한다.

첫째, 교육과정 프레임워크는 교사들의 교육과정 숙의를 이끄는 역할을 해야 한다. 아무리 훌륭한 교육과정 프레임워크가 있다 하더라도, 교사의 신념과 철학을 공유하고, 쟁점에 대해 충분히 논의하는 과정이 없다면 이는 공허한 껍데기에 불과하다. 워커는 교사와 연구자들이 실제 교육과정을 개발하는 과정을 관찰하면서 토대, 숙의, 설계로 이어지는 숙의 교육과정 모델을 제시했다.Walker, 1971

숙의熟議, deliberation란 '깊이 생각하며 충분히 의논함'을 뜻한다. 숙의는 민주적 절차에 따라 집단지성을 발휘하는 과정이다. 숙의는 민주주의의 중심 원리다. 특정 개인이 의사결정을 독점하거나 다수결의 원리로 모든 문제를 해결하는 것이 아니라, 충분한 심사숙고와 의견 조율과정을 거쳐 의사결정을 하는 것이다. 숙의 민주주의는 대의제 민주주의나 다수결 원칙의 한계를 넘어 실질적 민주주의, 성숙한 단계의 민주주의로 나아갈 수 있다.

교육과정 개발에서도 마찬가지다. 국가나 전문가의 의견이 일방적으로 관철되는 것이 아니라, 교육과정 운영 주체인 교사의 의견이 반영되는 과정에서 충분한 숙의가 이루어질 때 좋은 교육과정이 개발될 수 있다.

둘째, 교육과정 숙의를 이끌기 위해서는 좋은 질문이 제시되어야 한다. 좋은 질문이 제시된 프레임워크를 통해 교사들은 더 좋은 대안을 끊임없이 탐구해 갈 수 있다. 타일러는 특히 학교가 교육목표를 수립할 때 제기해야 할 질문을 세 가지 근원(현대 사회의 분석, 학습자의 분석,

교과 전문가의 견해)과 두 가지 체(교육철학, 학습심리학)를 통해 입체적으로 제기했다. 그는 무엇이 좋은 교육목표인지 의견을 제시하지 않았지만, 교사가 이에 대해 숙의를 거듭해야 할 질문을 제기했다. 하지만 정작 그가 제시한 교육목표 이원분류표 양식은 그의 거창한 구상에 비해 너무 지엽적이다. 이러한 타일러의 한계도 고려하며 새로운 프레임워크를 만들어 가야 할 것이다.

셋째, 교육과정에 대한 새로운 상상력을 불러일으키는 프레임워크가 필요하다. 백워드 교육과정 프레임워크가 새로운 평가를 유도하는 것이 대표적인 예다. 교육과정 프레임워크를 새롭게 만들면 교육에 대해 새로운 상상을 할 수 있다. 비본질적인 것(예, 입시에 대한 강박)에 대한 논의를 배제하고, 본질적인 것(예, 학생의 전인적 성장)에 논의를 집중하며, 눈에 보이지 않는 것에 대한 상상력(예, 새로운 교과목 개발)을 펼 수 있다.

넷째, 정형화된 프레임워크가 아니라 생성형 프레임워크가 필요하다. 생성형 교육과정 프레임워크는 필요와 상황에 따라 새롭게 만들어 가는 것이다. 이는 "프레임워크를 통해 새로운 교육과정을 만들어 간다."라는 의미와 "프레임워크 자체를 새롭게 만든다."라는 의미도 지닌다. 교사의 숙의를 통해 새로운 교육과정을 생성해 가려면 주어진 질문에 대한 답을 찾아야 할 뿐만 아니라, 교사가 새로운 질문도 만들 수 있어야 한다. 예를 들어, "학생을 어떤 인간으로 성장시켜야 하나?", "그렇게 성장한 학생들이 어떤 미래 사회를 만들어야 할까?", "그러기 위해 무엇을 가르쳐야 하는가?" 등 좋은 질문을 만들어야 좋은 교육과정을 설계할 수 있다.

좋은 교육과정 프레임워크는 좋은 질문을 제시해야 하고, 교사들이 좋은 질문을 제기하도록 유도해야 한다. 좋은 질문에 대해 숙의하다 보면, 더 좋은 질문을 떠올리게 된다. 새로운 문제 제시를 폭넓게 허용해야 더 좋은 아이디어를 얻을 수 있다. 이처럼 좋은 교육과정 프레임워크란 좋은 질문을 통해 교사의 숙의를 활성화하는 프레임워크, 새로운 상상력을 불러일으키는 프레임워크, 새로운 질문을 제기하며 새롭게 고쳐나가는 프레임워크라고 정리할 수 있다.

지금까지 주로 IB 교육과정 프레임워크의 한계점을 비판적으로 분석했다. 하지만 최근 IB가 교육 당국과 학교 현장에서 주목받는 현상에 대해서도 긍정적으로 인정할 필요가 있다. IB 교육과정 프레임워크가 주목받는 이유는 국가 교육과정의 한계, 국내 혁신교육의 흐름 두 가지 맥락에서 살펴볼 수 있다.

우리나라 국가 교육과정을 IB와 비교해 볼 때, 두 가지 근본적인 차이가 있다. IB에는 체계적인 프레임워크가 제시되어 있지만, 우리나라 국가 교육과정에는 프레임워크가 특별히 제시되어 있지 않다. 다시 말해, 우리나라 국가 교육과정에는 무엇을 언제 가르치라는 내용 항목이 나열되어 있을 뿐, 이를 어떤 틀로 체계화하여 설계하고 운영할 것인지가 제시되어 있지 않다. 이른바 진도 나가기 방식의 교육과정 운영이 일상화된 것도 입시의 영향 때문만이 아니라 국가 교육과정 진술 방식 자체의 문제 때문이기도 하다.

또한, IB는 교육과정 프레임워크에 대한 배경 설명이 비교적 풍부하게 제시되어 있는 반면, 우리나라 국가 교육과정 문서에는 이러한 부분이 너무 소략하게 제시되어 있다. 일부에서는 교사들이 교육과정 문서를 제대로 읽지 않는다고 비판하지만, 반대로 교사들은 교육과정 문서에 읽을 만한 내용이 없다고 할 만하다. 이러한 국가 교육과정의 한계 때문에 일부 교사들은 IB 교육과정 프레임워크를 바탕으로 국가 교육과정을 재구성하고 있다.

다음으로 살펴볼 내용은 국내 혁신교육의 흐름과 IB의 관계다. 국내에서 교육과정 재구성이 활발하게 이루어진 계기는 혁신학교의 확산이다. 혁신학교에서는 교육과정-수업-평가의 총체적인 변화를 위해 국가 교육과정을 재구성하고 이를 바탕으로 배움중심수업을 진행하며 그 결과를 성장중심평가를 통해 확인해 왔다. 그런데 혁신학교에서 이루어져 온 교육과정 재구성은 주로 철학과 인간상 등 거시적인 측면에 주목하고, 단원 설계나 평가 모형 등 미시적인 측면에 대한 접근은 상대적으로 미흡한 면이 있다. 이에 비해 IB 프레임워크는 단원 설계나 평가 모형 등에 강점이 있다. 그래서 혁신교육에 헌신해 온 교사 중 일부가 IB의 체계적인 프레임워크를 적극적으로 활용하고 있다.

그러나 앞에서도 제기했듯이 IB 교육과정 프레임워크는 여러 가지 한계점도 지니고 있다. IB 프레임워크는 도구적 합리성 위주의 탈가치적 프레임워크, 개방적인 질문이 생략된 프레임워크, 다양한 가능성을 배제하는 폐쇄적 프레임워크, 탈맥락적 프레임워크로 볼 수도 있고, 그 결과 획일화된 교사 배제 교육과정으로 활용될 수도 있다. 따라서 전문성과 혁신성이 풍부한 교사에게는 오히려 IB 프레임워크가 자율적인 교육과정 재구성의 걸림돌이 될 수 있다.

따라서 향후 IB에 대한 냉정한 평가와 함께 대안적 교육과정 프레임워크를 개발하는 노력이 필요하다. 교육과정 프레임워크 자체가 필요 없다고 여기는 인식도 문제가 있다. 별도의 프레임워크 없이도 교사 각자의 자유로운 교육과정 상상력이 발휘될 수도 있지만, 그것을 다른 교사들도 이해할 수 있는 방식으로 정리하고 유형화하지 않으면 지속성과 확장성을 갖기 어렵다. 그렇다고 하나의 프레임워크를 정답으로 여길 수는 없다. 그렇기에 다양한 교육과정 프레임워크를 개발하려는 노력이 활성화되어야 한다. 이 연구에서 제시했던 대안적 교육과정 프레임워크의 방향을 구체화하려면 다음과 같은 노력이 필요하다.

첫째, 교육과정 숙의를 유도하는 프레임워크를 개발해야 한다. 국가가 교육과정을 독점적으로 개발하고 교사가 이를 그대로 구현하는 상황에서는 숙의가 이루어질 수 없다. 남이 만든 교육과정을 내 교실에서 이행만 하는 상황에서는 교사가 교육과정에서 소외되기 마련이다. 그렇다고 모든 교사가 교육과정 개발을 혼자 책임질 수는 없다. 교사가 함께 모여 학교의 상황과 학생의 상태를 분석하고 이에 적합한 교육과정을 심사숙고하며 집단지성을 발휘해야 한다. 이러한 집단지성을 담아내는 그릇이 프레임워크이다.

둘째, 교육과정 숙의를 유도하려면 교육과정 프레임워크에 좋은 질문을 담아야 한다. 고대 과학철학의 문제의식이 "만물의 근원이 무엇인가?"라는 질문에서 출발했고, 탈근대주의의 문제의식이 "자아는 동일성을 지닌 존재인가?"라는 질문에서 출발했듯이, 교육과정 숙의도 좋은 질문에서 출발해야 한다. 교육과정 이론의 역사도 질문의 제기, 질문의 전환을 통해 진전되어 왔다. 타일러가 "목표 달성을 위해 무엇을 가르칠 것인가?"라는 질문으로 과학적 교육과정 이론을 시작했다면, 애플은 "학교에서 가르치는 것은 누구를 위한 것인가?"라는 질문으로 교육과정사회학을 개척했다. 지금 이곳의 교육과정에 필요한 새로운 질문은 지금 이곳의 교육과정의 주체가 스스로 제기해야 한다.

셋째, 교육과정 프레임워크는 연역적 프레임워크뿐만 아니라 귀납적 프레임워크 등 다양한 형태를 취해야 한다. IB는 타일러 교육과정 프레임워크, 백워드 교육과정 프레임워크와 마찬가지로 연역적 프레임워크다. 이는 교육목표, 성취기준, 핵심 개념 등 정해진 목표나 원리로부터 출발하여 나머지 교육과정 요소를 채워가는 방식이다. 이는 체계성, 합리성, 효율성 등을 특징으로 한다. 반면 학생의 다양한 경험, 구체적인 교수학습의 상황에서 출발하여 교육목표나 학습성과를 찾아가는 귀납적 방식의 교육과정 프레임워크도 있을 수 있다. 듀이, 아이즈너, 프레이리 등이 강조한 생성적 교육과정은 귀납적 프레임워크와 어울린다.

넷째, 교육과정 프레임워크 개발 작업을 다양하게 시도하고, 이 과정에서 교사 전문성 신장을 지원해야 한다. IB의 장점은 IBO의 주관에 따라 전문적 연구를 통해 프레임워크를 개발했고, 이에 따라 교원 연수, 학교 인증, 교육과정 질 관리 등을 체계적으로 지원한다는 점에 있다. IB를 통해 좋은 효과가 나타났다면 이는 IB 프로그램 자체의 효과성 때문만이 아니라 교원 연수 등을 통한 전문성 계발 때문이기도 하다. 하지만 교원 연수보다 더욱 전문성 신장에 도움이 되는 것은 교육과정 자체를 개발하는 경험이다. 프레임워크를 만드는 과정 자체가 스스로 좋은 질문을 개발하고 이에 대한 답을 숙의하는 경험을 하는 것이고, 이를 통해 교육과정의 본질에 대해 한층 깊이 이해할 수 있다. 따라서 교육 당국은 특정 교육과정 프레임워크 도입을 강조하기보다 교사들이 스스로 한국적 현실에 적합한 교육과정 프레임워크를 개발할 수 있도록 지원해야 한다.

2부

더 나은 수업

1. 좋은 수업이란?
_교육사회학적 관점에 따른 수업의 유형

수업은 학교 교육의 중심이다. 수업은 교사와 학생, 학생과 학생 사이의 역동적인 상호관계 속에서 이루어진다. 좋은 수업의 바탕에는 좋은 교육과정이 있고, 좋은 교육과정은 수업을 통해 구현된다.

좋은 수업이 무엇인지 명확하게 정리하기는 쉽지 않다. 다만 주입식·암기식 수업으로 대표되는 과거의 관행에서 벗어나야 하는 것만은 분명하다. 과거에는 입시교육의 장벽, 학교의 경직된 문화 때문에 새로운 수업에 대한 상상력을 펼치기가 매우 어려웠다. 혁신학교 운동과 함께 수업 혁신을 위한 노력이 다양하게 이루어 왔으나 수업 혁신이 보편화된 것은 아니다. 현재 우리나라 학교 수업은 대부분 전통적인 수업과 혁신적인 수업 사이 어딘가에 존재한다고 할 수 있다.

그래서 우리나라 학교에서 진행되는 수업을 유형화하는 작업이 필요하다. 이를 통해 우리 학교의 수업, 내 수업이 어느 유형에 가까운지 성찰할 필요가 있다. 그래야 조금이라도 나은 수업을 위해 노력할 수 있다. 물론 과도한 유형화의 위험성을 피해야 한다. 그러기 위해서는 수업을 유형화하는 타당한 기준이 필요하다.

수업은 개인적인 행위이자 사회적인 행위다. 수업은 교사 개인의 역량에 크게 좌우되지만, 교사와 학생의 관계성, 학교의 문화, 사회의 구조와도 밀접한 관련이 있다. 따라서 심리적 차원, 문화적 차원, 사회적 차원을 아우르는 폭넓은 관점이 필요하다. 특히 최근 문제가 되는 수업 거부 혹은 방해 현상, 수업 부적응 혹은 소외 현상 등은 개인 심리학적 문제만이 아니라 다분히 사회학적 문제이기도 하다.

사회학적 관점에는 거시적 관점과 미시적 관점이 있다. 거시적 관점은 학교 밖 구조와 학교의 관계를 주로 다룬다. 학교를 '자본주의 사회의 불평등 구조가 재생산되는 장'이라고 보는 마르크스주의적 교육사회학이 대표적인 예이다.^{Bowles & Gintis, 1976} 미시적인 관점은 미시적 구조 안에서 주체들의 상호작용을 다룬다. 예컨대 사회적 상호작용과 개인의 정체성 형성의 관계를 다루는 미드의 상징적 상호작용 이론이 대표적인 예이다.^{Mead, 2015}

수업을 둘러싼 사회적 현상은 미시적 사회구조에 해당한다. 교실 안에서 교사-학생, 학생-학생 상호작용이 이에 해당한다. 하지만 미시적인 수업구조와 거시적인 사회구조의 관련성도 성찰해야 한다. 예를 들어 특정 수업 방식은 특정 계층의 학생들에게만 유리하거나 불리할 수 있다. 이러한 관점에 따라 수업 유형을 살펴보아야 학생의 수업 참여나 소외 문제도 올바로 이해할 수 있다. 그래야 좋은 수업이 무엇인지, 좋은 수업을 통해 학생이 어떻게 성장할 수 있는지에 대해 중요한 시사점을 얻을 수 있을 것이다.

1. 사토 마나부의 '동아시아형 교육' 모델

수업에 대한 사회학적 성찰을 위해서는 사토 마나부의 '동아시아형 교육' 논의를 참고할 필요가 있다. 특히 한국의 수업은 일본, 중국, 대만 등과 함께 전형적인 동아시아형 교육의 특징을 보여주기에 그러하다.

국내에서 사토 마나부는 '배움의 공동체'론으로 유명하다. 그리고 '배움의 공동체'는 곧 '수업 모델'로 인식되고 있다. 하지만 사토 마나부가 배움의 공동체론을 제기한 사회학적 배경을 먼저 이해할 필요가 있다.

사토 마나부가 배움의 공동체론을 주창한 배경에는 일본의 심각한 교실 붕괴 현상이 있었다. 우리나라에서도 1990년대 후반부터 '교실 붕괴' 담론이 제기되었다. 학생이 수업 시간에 잠을 자거나, 교사의 지시에 불응하거나, 학생들끼리 따돌리는 현상 등이 공교육의 심각한 위기 증후로 다가왔다. 하지만 일본은 이보다 더 심각한 문제에 부딪혔던 것으로 보인다. 한국의 '왕따'보다 더 심각한 '이지메ぃじめ' 현상, 학교에 아예 나오지 않는 '부등교不登校' 현상, 집 밖으로 나가지 않는 '히키코모리引き籠もり' 현상, 그리고 '유토리ゆとり' 교육으로 말미암은 학력 저하 논란 등이 그러하다. 사토 마나부는 이런 현상에 대해 '배움으로부터 도주하는 아이들'이라는 표현으로 설명했다.佐藤 學, 2000a

그가 보기에 '배움으로부터의 도주'는 일본에서만이 아니라 한국, 중국, 대만 등 동아시아 지역에서 공통으로 나타나는 현상이다. 이들 국가는 역사적으로도 유사한 경험이 있을 뿐만 아니라 교육 현장과 수업 형태 또한 매우 동형화되어 있다. 그는 이를 '동아시아형 교육'이라고 칭하고, 그 특징을 다음과 같이 정리했다.

첫째, 압축적 근대화다. 서양에서 수백 년에 걸쳐 진행한 근대화를 불과 100년 이내에 이루었다. 둘째, 경쟁교육이다. 압축적 근대화는 필연적으로 계층상승 욕구에 따른 치열한 경쟁교육을 유발한다. 셋째, 산업주의 교육이다. 학교교육은 공장에서 물건을 찍어내듯이 대량의 지식을 획일적으로 전달한다. 넷째, 관료주의 교육이다. 경쟁교육과 산업주의 교육을 효율적으로 유지하기 위해 중앙집권적 통제가 이루어진다. 다섯째, 국가주의 교육이다. 이러한 교육에서는 국가 이념에 순응하는 의식을 기르게 된다. 여섯째, 공적 의식의 미성숙이다. 국가주의와 경쟁교육의 기묘한 결합 속에서 국가는 권력에 복종하는 인간을 길러내고, 개인은 사적 욕망만을 추구하게 된다. 과거에는 일본과 한국에서, 지금은 중국과 인도에서 전형적인 동아시아형 교육의 특징이 나타난다고 할 수 있다.

문제는 이러한 교육이 이제 지속 가능하지 않다는 것이다. 과거에는 이러한 교육을 통해 국가적으로는 놀라운 경제성장을, 개인적으로는 계층상승 욕구를 실현했다. 하지만 이제 더 이상 '개천에서 용 나는' 교육은 가능하지도 바람직하지도 않다. 학교가 과거의 낡은 패러다임을 답습하는 한, 패자가 될 수밖에 없는 처지에 있는 학생들은 스스로 수업을 거부하거나 친구를 괴롭히거나 극단적인 선택을 하게 된다.

사토 마나부는 이에 '공부'에서 '배움'으로의 전환을 주창한다. 그가 말하는 '공부'와 '배움'의 차이는 다음과 같다.^{佐藤 學, 2000a}

공부의 세계는 아무도 만나지 않고 아무것에도 부딪치지 않고 스스로를 깨닫지 못하는 세계이며 쾌락보다 고통을 존중하고 비판보다는 순종을, 창조보다는 반복을 중시하는 세계였다. 공부의 세계는 장래를 위해 현재를 희생하는 세계이며, 그 희생의 대가를 재산이나 지위, 권력에서 찾는 세계였다. 또한 공부의 세계는 사람과 사람의 끈을 끊어버리고 경쟁을 부추겨 사람과 사람을 지배와 종속관계로 몰아가는 세계였다. 지금의 아이들은 이러한 공부 세계의 바보스러움을 잘 알고 있다.

이에 반해 배움의 세계는 대상이나 타자 그리고 자기와 끊임없이 대화하는 세계다. 자기를 내면에서부터 허물어뜨려 세계와 확실한 끈을 엮어가는 세계다. 고독한 자기성찰을 통해 사람들의 연대를 쌓아올리는 세계다. 또는 보이지 않는 땅으로 자신을 도약시켜 거기서 일어난 일을 자신의 것으로 연결하는 세계다. 그리고 스스로의 행복을 위해서뿐만 아니라 많은 타자와 함께 행복을 탐구해 가는 세계다.

'공부'와 '배움'의 차이는 '억지로 하는 것', '스스로 하는 것'의 차이가 아니라 '만남과 대화'의 유무이다. 여기서 말하는 '만남'은 세 가지 차원에서 이루어진다. '세계와의 만남', '타자와의 만남', '자기와의 만남'이다. 이러한 '만남과 대화'가 이루어지지 않는 수업은 오로지 계층상승이라는 이기적 욕망과 국가 권력에 대한 복종이 이루어지는 수업이다. 반면 '만남과 대화'가 이루어지는 수업에서는 자아가 확장되어 타자와 연대의 끈을 이루고, 세계를 올바로 탐구하며, 다시금 자아를 성찰하는 진정한 배움이 이루어진다. 이를 위해 교사는 수업 시간에 학생들이 세계와의 만남, 타자와의 만남, 자기와의 만남을 이어갈 수 있도록 매개해 주는 역할을 해야 한다. 이를 '활동적 배움(세계와의 만남)', '협력적 배움(타자와의 만남)', '반성적 배움(자기와의 만남)'이라고 할 수 있다.

이처럼 수업을 혁신한다는 것은 '공허한 공부'가 아닌 '진정한 배움'을 중심에 놓는 수업(배움중심수업)을 이루어 가는 것이자, 경쟁주의와 국가주의를 넘어 민주적 공동체를 만들어 가는 사회적 의미까지 지닌다. 따라서, 수업을 논의할 때 이러한 사회학적 의미를 배제하고 수업 모델에만 관심을 두는 것은 매우 협소하다.

2. 번스타인의 교육사회학 관점에 따른 수업 유형

사회 구조와 학교 수업의 관련성을 성찰하는 데는 번스타인의 교육사회학적 관점이 도움이 된다.[Bernstein, 1975, 1996] 그 역시 마르크스주의 교육사회학과 마찬가지로 학교를 자본주의의 계급 질서가 재생산되는 곳이라는 점을 인정했다. 하지만 그의 관심사는 거시구조와 미시구조의 연결 지점에 있었다. 즉 사회의 계급구조와 권력구조가 '무엇을 매개로' 학교의 구조와 문화에 영향을 미치는지를 치밀하게 분석했다.

번스타인의 초기 연구는 주로 '언어'에 관심을 두었다. 예를 들어 학교가 사용하는 언어는 기본적으로 노동자계급의 어법이 아니라 중산층의 어법이기 때문에 학교에서 가르치는 지식이나 그것을 전달하는 방식은 중산층 자녀에게 유리할 수밖에 없다고 했다.

그러나 그의 후기 연구는 학교의 '의사소통 방식', '분류 방식'에 관심을 두었다. 이를 '코드code'라고 불렀다. 그가 말하는 학교의 '코드'는 '분류화classification'와 '구조화framing'이다. 사회 구조와 문화는 이 코드를 통해 학교의 구조와 문화로 재맥락화된다.

번스타인이 말하는 '분류화classification'란 어떤 대상을 특정 기준에 의해 나누어 등급화하는 방식이다. 예를 들어 '육체노동/정신노동'같이 어떤 대상을 특정 범주로 나누는 것 자체에 이미 육체노동보다 정신노동이 우월하다는 인식이 담겨 있다. 분류화classify는 곧 대상을 등급class으로 나누어 불평등한 구조를 공고히 하려는 권력 의지이다.

번스타인이 말한 '구조화framing'란 일정한 틀frame에 따라 의사소통이나 상호작용이 이루어지는 방식을 의미한다. 예를 들어, 권력을 갖고 있거나 연장자인 사람이 일방적으로 말하고 다른 사람은 이를 수동적으로 듣기만 하는 모습을 일상생활에서 흔히 볼 수 있다.

'분류화'와 '구조화'는 다시 '강한 분류화', '강한 구조화', '약한 분류화', '약한 구조화'로 나눌 수 있다. 그리고 이는 서로 밀접하게 연결된다. 우열이 명확하게 나타나는 관계(강한 분류화)에서는 소통 방식도 일방적(강한 구조화)인 경우가 많다. 반대로 우열이 명확하게 나타나지 않는 관계(약한 분류화)에서는 소통 방식도 상대적으로 대화적(약한 구조화)인 경우가 많다.

또한 사회의 거시적 구조와 미시적 구조가 이 '코드'를 매개로 조금씩 다른 모습을 보일 수 있다. 사회와 학교의 관계도 그러하다. 대체로 사회가 불평등하고 비민주적이라면 학교도 그런 모습을 보이기 마련이나, 그 둘을 연결하는 '코드'가 달라지면 학교가 '상대적인 자율성'을 지닐 수 있다. 다시 말해 사회구조가 불평등하고 비민주적이더라도 학교는 이보다 '상대적으로 더 평등하고 민주적인 공간'이 될 수 있다.

학교 수업도 마찬가지다. 수업에서 '분류화'와 '구조화'의 양상에 따라 수업 구조와 문화가 바뀌고 이 속에서 학생의 권력관계와 인정구조, 정체성이 달라질 수 있다.

번스타인이 말한 '분류화'와 '구조화'는 교육과정-수업-평가의 유형에도 적용될 수 있다.성열관, 2012 이를 바탕으로 여기서는 수업 유형을 '교사와 학생의 관계', '학생과 학생의 관계', '교사와 교사의 관계' 차원에서 살펴보고자 한다.

'교사와 학생의 관계' 차원에서는 '강한 구조화'에서 이루어지는 수업과 '약한 구조화'에서 이루어지는 수업으로 유형화할 수 있다. '구조화'란 교사와 학생 사이에 이루어지는 의사소통 양상이다. '강한 구조화'에서 이루어지는 수업은 전통적인 방식, 즉 교사가 일방적으로 말하고 학생은 이를 수동적으로 받아들이는 수업이다. 이와 반대로 '약한 구조화'에서 이루어지는 수업은 학생이 적극적으로 참여하여 자신의 목소리를 드러내는 방식이다.

'학생과 학생의 관계' 차원에서는 '강한 분류화'가 이루어지는 수업과 '약한 분류화'가 이루어지는 수업으로 유형화할 수 있다. '강한 분류화'가 이루어지는 수업은 학생 사이에 우열 관계가 명확히 나타나고 협력적 관계가 형성되지 않는 수업이다. 이와 반대로 '약한 분류화'가 이루어지는 수업은 학생 사이에 우열 관계가 아닌 협력적 관계가 형성되는 수업이다.

'교사와 교사의 관계'에서도 '강한 분류화' 혹은 '약한 분류화'가 나타날 수 있다. 교사 사이에 '강한 분류화'가 형성되어 있는 학교에서는 수업이 온전히 개별 교사의 몫으로 맡겨진다. 이와 반대로 교사 사이에 '약한 분류화'가 형성되어 있는 학교에서는 교사 사이에 수업 혁신을 위한 공동체적 협력이 일상적으로 이루어진다.

이러한 수업의 유형을 〈표 23〉으로 정리할 수 있다.

〈표 23〉 교육사회학의 관점에 따른 수업의 유형

범주	강함	약함
[교사-학생] 구조화	• 교사는 일방적으로 강의를 하고 학생은 이를 수동적으로 듣는다.	• 교사와 학생 사이에 대화적 관계가 형성된다.
	• 교사의 언어는 독백적, 통제적이다.	• 교사의 언어는 대화적, 배려적이다.
	• 교사는 빠른 속도로 진도를 나가는 방식으로 수업을 진행한다.	• 교사는 학생들의 학습 과정을 살피며 적절한 도움을 준다.
	• 학생은 흥미를 잃거나 잠을 자는 등 수업에 소극적으로 임한다.	• 학생은 수업에 적극적으로 참여하며 자기 의견을 표현한다.
[학생-학생] 분류화	• 학생 사이에 우열 관계가 뚜렷하고 협력적 관계가 형성되지 않는다.	• 학생 사이에 우월 관계가 아닌 협력적 관계가 형성된다.
	• 교사는 학생의 협력을 조성하기 위한 별다른 노력을 하지 않는다.	• 교사는 협력적인 과제를 제시하며 학생들의 협력학습을 지원한다.
	• 일부 학생들만 수업에 참여하고 나머지 학생들은 수업에서 소외된다.	• 학생들이 역동적으로 상호작용을 하며 수업에 적극적으로 참여한다.
[교사-교사] 분류화	• 교사 사이에 고립과 단절의 문화가 형성되어 있다.	• 교사의 협력적인 학습공동체가 구축되어 있다.
	• 수업은 개별 교사의 몫으로 맡겨진다.	• 교사들이 함께 협력하며 수업을 혁신하는 노력을 한다.

3. 연구 대상 학교의 수업 유형

이러한 수업 유형에 따른 특징을 분석하기 위해 기존 수업 방식과 새로운 수업 방식의 특징을 대표적으로 보여주는 3개 학교(A중학교와 B중학교, 장곡중학교)를 연구 대상 학교로 선정했다. 이는 '의도적 표본추출' 방법을 적용하여 연구 대상을 선정하는 방식이다. '의도적 표본추출'이란 연구 문제의 중심 현상을 잘 드러낼 수 있는 표본을 연구자의 시각에서 의도적으로 선정하는 것을 말한다.Creswell, 2007

A중학교는 일반적인 학교의 전형적인 모습을 보여주는 학교다. 교사 위주의 일제식 수업이 주로 이루어지며, 수업 혁신을 위한 공동체적인 노력은 상대적으로 미약하다. B중학교는 혁신학교 시작 단계의 학교이다. 교사들이 수업 혁신을 위해 많은 노력을 하지만, 아직 성과가 무르익지 않았다. 장곡중학교는 혁신학교 성숙기 단계의 학교이다. 이 학교는 '배움의 공동체'의 원리에 기반을 둔 수업 혁신 사례가 각종 언론에 보도되는 등, 그 성과가 널리 알려져 있다.

연구자는 연구 대상 학교를 1년 동안 월 2회 이상 방문하여 수업을 참관했다. 한 학급을 선정하여 1~6교시의 모든 수업을 참관하고 수업 유형과 학생 참여 양상을 분석했다. 그리고 수시로 교사와 학생을 대상으로 인터뷰를 했다. 그리고 각 학교 수업의 특징을 명확하게 파악했다고 판단할 수 있는 시점, 즉 '이론적 포화' 상태에 도달했다고 판단할 수 있는 시점에서 〈표 23〉에 따른 수업 특징을 〈표 24〉와 같이 정리했다.

A중학교 수업에서는 '강한 구조화 및 강한 분류화'가 일관되게 관찰되었다. 거의 모든 수업에서 교사는 일방적인 강의 위주의 일제식 수업을 진행했고, 학생과 학생 사이에 협력학습은 일부 교사의 수업에서만 이루어졌으며, 수업 나눔 모임 같은 교사의 협력적 관계도 거의 나타나

<표 24> 수업의 특징

범주	거의 나타나지 않음	가끔 나타남	일관되게 나타남
교사와 학생 관계에서 '약한 구조화'	A중학교		
		B중학교	
			장곡중학교
학생과 학생 관계에서 '약한 분류화'	A중학교		
		B중학교	
			장곡중학교
교사와 교사 관계에서 '약한 분류화'	A중학교		
			B중학교
			장곡중학교

지 않았다.

장곡중학교 수업에서는 '약한 구조화 및 약한 분류화'가 일관되게 관찰되었다. 거의 모든 수업에서 교사와 학생의 소통이 원활하게 이루어졌으며, 모둠별 협력학습 등 학생과 학생의 협력도 활발하게 이루어졌다. 그리고 이러한 수업 원리는 수업 나눔 모임 등을 통해 일상적으로 교사들 사이에 공유되고 있었다.

B중학교는 A중학교와 장곡중학교 수업의 특징을 모두 보여주었다. 대체로 교사가 일방적으로 수업을 진행하는 일제식 수업의 모습이 보였지만, 부분적으로 모둠활동을 통해 학생의 참여와 협력을 독려하는 모습도 나타났다. 하지만 교사들은 수업 나눔 모임 등을 통해 수업 혁신을 위해 노력하는 모습을 보였다.

4. 교사와 학생의 관계

가. 교사의 언어

인간은 언어를 통해 타인과 소통하고 세상과 만남을 이어가는 언어적 존재다. 러시아 기호학자 바흐찐은 인간의 의사소통에서 일어나는 다양한 담론적 특징을 언어사회학적 관점에서 분석했다.Bakhtin, 1981 그가 특히 주목한 것은 언어의 대화적 속성이다. 그는 인간의 언어를 크게 독백적 언어와 대화적 언어로 구분했다. 독백적 언어는 권위를 가진 존재의 일방적인 언어, 타자와의 만남이 이루어지지 않는 폐쇄적인 언어다. 이와 달리 대화적 언어는 타자를 인정하는 언어, 다양한 주체 사이에 자유로운 소통이 이루어지는 언어다. 이러한 대화적 언어가 활성화되어야 폐쇄적 사회가 개방적 사회로 바뀔 수 있다.

교실 수업은 교사와 학생, 학생과 학생의 언어적 소통을 통해 이루어진다. 이러한 의사소통의 양상을 분석하는 것은 수업 연구에 매우 중요하다. 수업에서 의사소통 방식은 일상생활과 차이가 크기 때문이다.

교실 수업은 교사와 학생의 일대다—對多 관계의 의사소통에서 이루어진다. 이는 일대일—對— 관계의 의사소통을 기본으로 하는 일상생활과는 매우 다른 양상이다. 교사와 학생의 의사소통은 교사가 일방적으로 말하고 대다수 학생은 이를 수동적으로 수용하는 경우가 많다. 이것이 일대다 관계의 의사소통 기본 형식이다. 교회 설교나 집회 연설 등도 일대다 관계의 의사소통이지만, 이는 애초부터 대화적 관계를 전제하지 않는다.

물론 일대다 관계의 의사소통에서도 때로는 질의와 응답, 발표와 평가 등 상호작용적 대화가 이루어지기도 한다. 이 경우에도 특정 학생들을 대상으로 하는 대화, 전체 학생들을 대상으로 하는 대화가 구분될 수 있다. 명시적인 대화가 이루어지지 않는 순간에도 학생들은 공감, 반감, 호응, 무관심 등 다양한 반응을 나타내기도 한다. 이와 반대로 교사가 학생에게 말을 건네는 듯하지만 실제로는 내적 독백에 불과한 때도 있다.

또한, 교사와 학생의 의사소통은 비대칭적인 관계에서 이루어진다. 교사와 학생 사이에는 이미 권력관계가 형성되어 있기 때문이다. 이처럼 교사와 학생의 의사소통은 기본적으로 '비대칭적 일대다—對多 관계 속 의사소통'이라 할 수 있다. 이 속에서는 교사 중심의 일방적 의사소통, 학생의 개별성이 사라지는 몰인격적 의사소통, 대화적 언어가 아닌 독백적 언어가 지배하는 의사소통이 되기 쉽다.

따라서 교사의 언어적 특징에 따라 학생과 소통적 관계가 형성될 수도 있고 그렇지 않을 수도 있다. 교사가 강압적이고 일방적인 언어를 사용하면 소통적 관계가 형성되기 어렵고, 이와 반대로 교사가 경청과 배려의 언어를 사용하면 소통적 관계가 형성될 수 있다.

(1) 독백적 언어와 대화적 언어

교사는 설명 위주의 강의를 이어가다가도 학생에게 말을 건네거나 이해 여부를 확인하기 위해 질문을 하기도 한다. 그러나 학생 중 아무도 대답하지 않는 경우도 많다. 그래서 어떤 교사는 "학생들이 도통 반응이 없어서 수업을 진행하기 힘들다."라는 고충을 토로한다. 그러나 교사의 언어 중에는 바흐찐의 표현을 빌리자면 '대화를 가장한 독백', '분열된 자아 사이의 대화'인 경우도 적지 않다. 특히 '이미 정해진 답을 강요하는 질문'인 경우가 많다. 바흐찐은 이러한 언어를 '타자와의 대화적 관계가 확보되지 않은 언어', '논박의 여지가 없는 신성불가침의 언어'인 '독백적 언어'로 보았다.Bakhtin, 1981

다음은 B중학교 어느 학급에서 확인한 교사의 언어적 특징이다. B중학교 교사들은 이 학급에 대해 "학생들의 반응이 너무 없어 수업하기 힘들다."라고 하고 있었다. 연구자도 이 학급의 수업을 관찰하면서 이러한 평가에 공감할 수 있었다. 그러나 교사에 따라 학생들이 적극적으로 수업에 참여하는 모습이 관찰되기도 했다.

교사는 교실에 들어오자마자 "오늘 어디 할 차례니?"라고 학생들에게 묻고 곧바로 수업을 진행했다. 그러고는 빠른 속도로 수업을 이어갔다. 교사는 간간이 학생들에게 질문을 했지만, 학생이 대답할 틈도 주지 않고 곧바로 답을 말해 주었다. 전형적인 자문자답自問自答이다.

교사는 능숙한 모습으로 교과서 문제 풀이를 했다. 그러나 학생들과는 별다른 소통을 시도하지 않았다. 교사는 혼자 문제를 풀고 학생들은 그것을 구경하는 듯한 광경이었다. 교사는 유창하게 설명을 이어갔지만 녹음기를 틀어 놓은 듯한 어조를 지니고 있었다.

교사는 수업이 끝나기 전 학생들에게 각자 교과서 문제를 풀도록 지시했다. 그러고는 2분 만에 본인이 문제의 정답을 설명하기 시작했다. 학생들은 가만히 앉아 교사의 설명을 듣기만 했고, 몇몇 학생은 책상에 엎드리기 시작했다.

_B중학교 2학년 ○반 1교시 수업 참관 일지

교실에 들어온 교사는 몇몇 학생에게 이러저러한 사적인 이야기를 던졌다. 학생들은 그 교사를 친근하게 맞으며 이러쿵저러쿵 대화를 나누었다.

교사는 학생들이 지난 시간에 배운 내용을 잘 기억하는지 확인했다. 교사의 언어는 학생들과 일상적인 대화를 나누는 듯한 어조였다. 학생들의 답변은 이전 시간에 비해 훨씬 활발해졌다. 교사는 상냥하게 웃는 표정으로 학생들과 눈을 맞추며 이야기를 나누었다.

교사는 학생들에게 학습활동지 문제를 풀도록 지시했다. 교사는 학생들에게 질문을 던진 후 학생들의 반응을 충분히 기다려 주었다. 그리고 그 발표에 대해 적절히 피드백을 제공하고, 그 발표 내용을 다른 학생들도 이해하고 있는지 확인했다. 그 과정에서 몇몇 학생들은 '아!'라며 이해했다는 반응을 보였다.   _B중학교 2학년 ○반 3교시 수업 참관 일지

B중학교의 수업은 대체로 전통적인 강의 위주의 일제식 수업이었고, 간혹 학습활동지를 활용한 탐구 수업이나 모둠활동이 이루어지고 있었다. 그런 만큼 교사와 학생 사이 일대다 관계의 의사소통이 일반적이었다. 교사가 간혹 질문하더라도 학생들은 별다른 반응을 나타내지 않았다. 하지만 위에 기술했듯이 1교시 수업과 3교시 수업에서 나타난 학생들의 모습은 사뭇 달랐다.

1교시 수업 교사는 "오늘 어디 할 차례지?"라는 말로 수업을 시작할 만큼 '진도 나가기'에 대한 압박을 크게 느낀 것으로 보였다. 그래서인지 수업 시간 내내 매우 빠른 속도로 진도를 나갔다. 학생에게 종종 질문을 했지만, 학생이 대답할 시간을 충분히 주지 않는 자문자답식 언어를 이어갔다. 학생에게 문제 풀이 시간을 주었지만 그 시간은 매우 짧았고, 학생의 풀이 과정을 확인하거나 피드백을 제공하는 여유를 갖지 못한 채 문제 풀이를 혼자 이어갔다.

반면 3교시 수업 교사는 학생들과 사소한 일상의 이야기를 나누며 수업을 시작했다. 이는 야콥슨이 언어의 여섯 가지 기능 중 하나로 분류한 '친교적 언어'라 할 수 있다.Jakobson, 1987 이는 전달하려는 메시지 자체를 중시하는 '지시적 언어'와 달리, 수신자와의 관계를 중시하는 언

어 기능이다. 이러한 친교적 언어를 통해 교사와 학생 사이에 친밀감을 형성할 수 있다. 특히 이 교사는 상냥한 표정과 눈빛 등 '비언어적 표현'을 적극적으로 활용하고 있었다.

이 교사의 언어에서 가장 특징적인 것은 학생과의 대화에서 '틈'을 잘 활용한다는 것이었다. 학생에게 질문한 후 충분한 시간을 갖고 학생의 반응을 기다리기도 했고, 학생의 발표 내용을 다른 학생들도 잘 이해하고 있는지 확인하면서 '틈'을 활용한 대화를 이어갔다.

바흐찐에 의하면 진정한 대화란 '주체의 단일한 목소리' 속에 타자를 종속시키는 '권위적 담론'을 통해 이루어지는 것이 아니라, '타자와의 차이'를 인정하는 가운데 '동화 과정'을 시도하는 '내적 설득의 담론'을 통해 이루어진다.Bakhtin, 1981 따라서 '틈'이 없는 빠른 진도, 자문자답식 언어에서는 '대화적 관계'가 형성되기 어렵다.

이러한 대화적 관계가 중요한 이유는 단지 원활한 의사소통을 위해서만이 아니다. 교실에서 비권위주의적, 탈중심적 소통을 통해 학생들의 목소리를 경청하기 위함이다. 그래야 수업에서 소외되는 학생 없이 모두가 자신의 존재를 인정받는 경험을 할 수 있다. 이처럼 대화적 언어는 그 자체로 교육적 기능을 수행한다.

(2) 통제적 언어와 배려의 언어

앞서 언급했듯이, 교실 수업의 언어는 교사와 학생 간 '비대칭적 일대다—對多 의사소통'을 기본으로 한다. 교사의 언어를 '일대다 의사소통'이라는 측면에서 보면, 위에서 분석한 독백적 언어와 대화적 언어로 구분될 수 있다. 반면, 교사의 언어를 '비대칭적 의사소통'이라는 측면에서 보면, 통제적 언어와 배려의 언어로 구분될 수 있다.

교사의 언어는 통제적인 경우가 많다. 교사와 학생 사이에는 기본적으로 권력관계가 형성되어 있기 때문이다. 또한 교사의 언어가 통제적인 방향으로 흐르기 쉬운 이유에는 다인수 학급을 지도해야 하는 여건, 많은 양의 지식을 짧은 시간에 전달해야 하는 교육과정의 문제 등도 있다. 교사들이 흔히 "떠들지 마라.", "자는 학생들 일어나라.", "교과서를 펴라." 같은 금지, 명령, 지시 등 통제적 언어를 일상적으로 사용하는 것도 이런 이유 때문이다.

> 교사는 교실에 들어오자마자 "자는 애들 일어나라."라는 말로 수업을 시작했다. 그러고는 "숙제 안 해온 사람 자리에서 일어나라."라고 지시하고 숙제 검사를 시작했다.
>
> 숙제 검사를 하는 중에 소란스러운 분위기가 연출되자 교사는 "모두 복도로 내보낼까? 내가 몇 번을 이야기해야 조용해지겠니?"라며 야단을 쳤다. 교사가 "숙제를 해오는 것도 기본적인 성의다."라며 훈계를 지속하자 학생 사이에는 쥐 죽은 듯한 침묵이 흐르기 시작했다.
>
> 교사가 숙제를 안 해온 학생에게 "왜 숙제를 안 했니?"라고 묻자 그 학생은 "시간이 없었어요."라고 대답했다. 교사는 "그걸 변명이라고 하냐?"라고 꾸중하며 훈계를 이어갔다.
>
> _A중학교 수업 참관 일지

위와 같은 풍경은 일반적인 교실에서 흔히 볼 수 있는 모습이다. A중학교 교사들은 "자는 애들 일어나라.", "조용히 해.", "숙제 안 해온 사람 일어나."와 같이 명령적, 통제적 언어를 자주 구사했다. 숙제를 안 해온 학생에게는 '숙제를 해오는 것도 기본적인 성의'라는 전제 조건에서 "왜 숙제를 안 했니?"라고 다그쳤다. 이 말은 질문이라기보다 사실상 질책에 가까웠다. 숙제를 하지 못한 특별한 사정이 있었는지, 학업에 어려움을 겪고 있는지 등을 배려하는 언어라기보다는 "무슨 일이 있어도 숙제는 반드시 해야 한다."라는 신성불가침의 언어다. "시간이 없었어요."라는 학생의 답변에 대해 "그걸 변명이라고 하나?"라는 질책은 어떠한 반론도 허락하지 않는 통제적 언어에 해당한다.

이러한 교사의 통제적 언어는 교사와 학생의 대화적 관계를 가로막는다. 실제로 위와 같은 질책이 이어진 후 수업 분위기는 매우 침체되었고, 학생들은 수업 시간 동안 질문하지 않고 교사의 강의에 별다른 반응을 보이지 않는 어색한 분위기가 형성되었다.

장곡중학교 교사들의 언어는 상대적으로 통제적 언어가 적었다. 대신 학생의 질문이나 반응을 경청하고 이를 격려하는 언어가 상대적으로 많았다. 이는 교사 개인의 특성이라기보다는 장곡중학교의 일반적인 문화로 보였다. 이는 1~6교시까지 한 학급의 모든 수업을 참관한 결과를 통해 확인할 수 있었다.

> 교사의 설명이 어느 정도 진행된 후 모둠활동이 시작되었다. 책상에 엎드려 잠을 자던 학생도 모둠활동이 진행되자 잠에서 깨어나 활동에 참여했다. 교사는 그 학생에게 "오늘은 ○○이가 자지 않고 참여해 줘서 고마워요."라고 이야기해 주었다.
>
> _장곡중학교 2학년 ○반 1교시 수업 참관 일지

> 학생들이 모둠별로 나눈 이야기를 발표했다. 학생들이 소란해지자 교사는 "다른 학생들이 이야기할 때 경청해 주세요."라고 말했다. '경청'은 이 학교에서 일상적으로 사용하는 언어다. 학생들은 곧 조용한 분위기에서 다른 모둠 학생들의 발표를 들었다. _장곡중학교 2학년 ○반 2교시 수업 참관 일지

> 한 학생이 "이 시 너무 어려워요."라고 투정하자 교사는 "그

렇지. 이 시는 너무 어려운 시야."라고 맞장구쳐 주었다. 그러고는 "그 시가 어렵다는 것을 알아낸 것도 중요한 것을 발견한거야."라며 학생들의 탐구를 독려했다.

_장곡중학교 2학년 ○반 3교시 수업 참관 일지

한 학생이 모둠활동 결과를 발표했다. 교사는 "다시 한번 천천히 이야기해 줄래? 친구들이 모두 잘 들었으면 좋겠어."라고 이야기한다. 이 학생이 발표를 다시 하자 교사는 "○○이의 발표에는 중요한 포인트가 세 가지 있어요. 그것이 무엇인지 이야기해 볼까요?"라고 말한다. 교사는 지목한 학생이 제대로 답변하지 못하자 "틀려도 괜찮아. 자기 생각을 이야기해 봐."라고 격려해 주었다. 그 학생이 끝내 답변을 못하자 "그 모둠의 다른 친구가 발표해 볼까?"라고 이야기했다.

_장곡중학교 2학년 ○반 4교시 수업 참관 일지

모둠활동이 진행되기 전, 교사는 모둠별로 발표자를 한 명씩 추천하라고 했다. 어떤 모둠에서는 추천받은 학생이 계속 소극적인 모습으로 그 역할을 맡기를 꺼리고 있었다. 그러자 교사는 "○○이가 힘들어하네. 그 모둠의 다른 친구가 좀 도와주자."라고 했다. _장곡중학교 2학년 ○반 5교시 수업 참관 일지

장곡중학교 교사들의 언어에는 '격려하기', '돌려 말하기', '경청하기', '협력을 유도하기' 같은 특징이 일상적으로 관찰되었다. "자는 애들 일어나라."라는 말보다는 "오늘은 자지 않고 참여해 줘서 고마워요."라고 격려하기, "떠들지 마."라고 이야기하기보다 "다른 친구들이 말할 때 경청해 주세요."라고 돌려 말하기, "○○이의 발표에는 중요한 포인트 세

가지가 있어요."라고 경청하기, "○○이가 힘들어하네. 다른 친구가 좀 도와주자."라고 협력을 유도하기 등이 그러하다.

이는 교사 개인의 특징이 아니라 장곡중학교 교사 대부분의 수업에서 일관되게 발견되는 문화적 특징이다. 학생들은 자신이 존중받는다고 느끼며 수업에 적극적으로 참여하며, 나아가 수업에서 소외되는 친구를 도와주려는 협력 문화가 형성되고 있었다. 그리고 이 문화는 교사 사이에서도 긍정적인 영향을 주고 있었다.

> 교사가 된 지 한 달 지난 신규 교사예요. 오늘 참관한 수업 참 감동적이었어요. 선생님이 굳이 목소리를 높이지 않아도 학생들이 모두 수업에 참여하고 있었어요. 이를 통해 저 자신을 돌이켜보게 되었어요. 제 수업에서 가장 힘들었던 때는 학생들이 시키는 걸 하지 않고 떠들기만 할 때예요. 저는 학창 시절에 수업 시간에 떠든다는 걸 상상도 할 수 없던 범생이였어요. 그래서 무척 화가 났어요. 몇 번이고 소리를 질렀어요. 하지만 이제는 소리를 치르지 않게 되었어요. 이제는 아이들을 야단치기보다는 모두를 참여시키는 방법이 무엇인지 고민하게 되었어요.
> _장곡중학교 수업 나눔 모임

신규 교사의 이 발언을 살펴보면 장곡중학교 교사들이 일상적으로 사용하는 존중과 배려의 언어가 다른 교사의 성장에도 긍정적인 영향을 미치고 있는 것을 알 수 있다. 경력이 적은 젊은 교사일수록 학생들의 상황을 이해하지 못하고 큰 목소리로 윽박지르는 등 통제적 언어를 사용하기 쉽다. 하지만 이 교사는 장곡중학교의 학교문화에서 자연스럽게 자신의 수업을 성찰하는 모습을 보였다. 그리고 교직을 시작한 지 불과 한 달 만에 목소리를 낮추고 학생들을 참여시키는 방법을 모색하게 되었다.

장곡중학교의 이러한 모습은 나딩스가 말한 '돌봄의 교육'이 일상적으로 정착된 것으로 볼 수 있다.Noddings, 1992 가정과 학교를 각각 돌봄과 훈육의 영역으로 구분하는 전통적인 관념을 비판한 나딩스는 학교교육의 주요 목적은 지식 습득뿐만 아니라 타인에게 돌봄을 베풀 줄 아는 인간을 형성하는 것이라 했다. 그리고 교사가 이러한 돌봄의 관계를 형성하려면 대화, 경청, 동기 부여, 모델링 등이 필요하다고 했다.

흔히 혁신학교를 '배움과 돌봄의 책임교육 공동체'로 규정하는데, 여기서 말하는 돌봄이란 보육이나 복지의 차원을 넘어 '배려의 관계를 구축하는 공동체적 학교문화'를 말한다.성열관·이순철, 2010 이러한 돌봄 문화의 출발은 교사가 사용하는 배려의 언어라고 할 수 있다.

나. 교사와 학생 사이의 구조화

앞에서 언급했듯이, 교육사회학자 번스타인은 학교의 문화와 규범을 '구조화framing'와 '분류화classification'라는 코드로 분석했다. 교사와 학생 사이에는 기본적으로 '구조화'의 코드가, 학생과 학생 사이에는 '분류화'의 코드가 작동하기 마련이다. 강한 구조화에서는 비민주적 문화가, 강한 분류화에서는 불평등한 관계가 형성된다. 따라서 좋은 수업이 이루어지려면 '약한 구조화'와 '약한 분류화'를 지향해야 한다.

교사와 학생 사이에 '강한 구조화'가 형성되어 있는 수업에서는 교사는 일방적으로 가르치고 학생은 가만히 듣는 모습이 일반적이다. 반면 '약한 구조화'가 형성되어 있는 수업에서는 학생의 참여가 적극적으로 이루어진다.

교사는 강의 위주 수업을 이어갔다. 수업 진도는 빠른 편이고, 영어 본문의 난도는 꽤 높아 보였다. 수업이 진행된 지 10

분 만에 10여 명에 가까운 학생들이 책상에 엎드려 잠을 자기 시작했다.

　교사는 본문 해석을 끝내고 이와 관련된 영상 자료를 보여 주었다. 그러자 잠을 자던 아이들이 고개를 들고 영상 자료를 보기 시작했다. 몇몇 학생들은 영상 내용에 이런저런 반응을 보였지만, 교사는 학생들의 반응에 별다른 언급을 하지 않았다. 잠시 깨어났던 학생들은 다시 고개를 숙이고 잠을 청하기 시작했다.

　영상이 끝나자 교사는 다시 어휘, 문장, 문법 등을 설명했다. 교사의 설명이 미처 마무리되지 못한 채 수업 종료를 알리는 종이 울렸다. _A중학교 영어 수업 참관 일지

위 수업은 교사 주도의 강의식 수업, 난도가 높은 교육내용, 빠른 속도의 진도 등을 특징으로 하고 있다. 그 속에서 상당수의 학생이 엎드려 자는 등 수업에서 소외되고 있었다. 잠을 자던 학생들이 유일하게 관심을 보인 순간은 교사가 잠시 영상 자료를 보여줄 때였다. 그러나 그 영상 자료가 학생들의 흥미를 유도한 것은 불과 몇 분이 되지 않는 짧은 시간이었다. 교사는 영상 자료를 학생의 흥미를 끌기 위한 보조자료로 제시했을 뿐, 학생들에게 의미 있는 학습경험을 제공해 주지는 못했다. 빠른 속도로 수업을 진행하는 데 급급한 것으로 보아 교사는 진도에 대한 부담으로 학생들과의 충분한 소통을 이루지 못한 듯하다. 이런 상황에서는 학생의 수업 참여를 유도하기에는 근본적인 한계가 있음을 알 수 있다.

장곡중학교에서는 이와 다른 수업 양상이 일관되게 관찰되었다. 교사들이 공동으로 추구하는 '배움의 공동체' 수업에서는 교사의 역할을 '경청하기', '연결하기', '확장하기', '되돌리기' 등으로 보고 있다.손우정,

²⁰¹² 교사는 일방적으로 말하는 역할에서 벗어나 학생들의 다양한 반응을 경청하고, 한 학생이 발표한 내용을 다른 학생들에게 공유시키고, 나아가 학생의 생각들을 서로 연결하여 더 고차원적인 탐구로 확장하는 역할을 하게 된다.

> 교사는 먼저 학생들에게 현대소설 〈운수 좋은 날〉의 줄거리를 발표하게 했다. 교사는 학생들이 발표한 줄거리 내용을 서로 연결하면서 점점 더 풍부한 줄거리를 완성해 갔다.
>
> 다음으로는 학생들이 모둠별로 모여 '작품에 대한 의문점을 찾기' 활동을 했다. 교사는 각 모둠에서 학생들이 나누는 이야기를 듣고 그중 의미 있는 질문을 골라 칠판에 적었다. 그리고 학생들이 제기한 질문을 또 다른 질문과 연결했다. 예를 들어 "김첨지는 왜 이날만 돈을 잘 번 것일까?"라는 질문을 "작품의 제목이 왜 '운수 좋은 날'인가?"라는 질문과 연결했다. 또한 그 질문을 "그 시대의 서민들이 가난한 이유는?"이라는 시대적 배경과 연결하여 생각해 보도록 주문했다.
>
> 다음으로 교사는 이러한 질문에 대한 답변을 모둠별로 찾아보게 했다. 학생들은 다시금 모둠별로 열심히 토론을 했다. 모둠별 토론 내용을 발표하고 교사가 이를 정리한 후 수업이 끝났다.
>
> **_장곡중학교 국어 수업 참관 일지**

위의 수업 장면에는 장곡중학교가 추구하는 '배움의 공동체' 수업에서 교사의 역할이 잘 드러난다. 우선 이 수업은 일반적인 일제식·강의식 수업과 달리 교사의 역할보다 학생의 활동이 부각되고 있다. 특히 교사가 제시한 문제에 학생들이 답을 찾는 방식과도 달리, 학생들이 '이 작품에 대한 의문점'을 스스로 제기하고 이를 탐구하는 방식으로 수업이 진행되었다.

　교사의 역할은 '경청하기', '연결하기', '되돌리기'에 집중되어 있었다. 우선 학생들이 이 작품의 줄거리를 발표하게 한 후 그 내용을 서로 연결하여 작품의 골격을 풍부하게 완성해 갔다. 또한 학생들의 토론 내용을 잘 경청한 후 그중 의미 있는 내용을 고르고 다른 학생들이 토론한 내용과 연결했다. 그리고 작중 주인공이 겪은 경험을 작품 제목과 연결하여 생각하게 했고, 이를 작품의 사회적 배경과 연결하여 탐구하게 했다. 이러한 질문을 다시 모둠별 활동을 통해 해결하게 했다.

　이런 과정에서 졸거나 딴짓하는 학생이 거의 없고 모든 학생이 수업에 적극적으로 참여하는 모습을 보였다. 그런 가운데 학생들은 사토 마나부가 말한 세 가지 차원의 만남佐藤 學, 2000b, 즉 소설 속 세계를 통한 '대상과의 만남', 다른 학생들과 협력적인 학습활동을 하는 가운데 '타자와의 만남'을 이루고 있었다. 그리고 이 만남이 자기 삶에 대한 성찰로 이어지면 '자기와의 만남'을 통해 자아 성장을 이룰 수 있다. 교사는 이러한 만남을 매개하는 역할을 하고 있었다.

4. 학생과 학생의 관계

　수업에서 교사와 학생의 관계가 '구조화'의 범주에 해당한다면 학생과 학생의 관계는 '분류화'의 범주에 해당한다. 학생 사이의 분류화가 강한 수업은 학생 사이에 의미 있는 협력 관계가 이루어지지 않는 수업으로, 능력별 편성에 따른 수준별 수업이 분류화가 가장 강한 수업이라 할 수 있다. 반면, 학생과 학생 사이의 분류화가 가장 약한 수업은 소규모 이질집단에서 협력이 활발히 이루어지는 수업이라고 할 수 있다.

가. 동질집단에서의 고립

A중학교에서는 영어 교과와 수학 교과에서 이른바 수준별 이동수업을 하고 있었다. 다음은 A중학교에서 진행된 영어 교과 '하'반의 수준별 수업 장면이다.

> 수업을 알리는 종이 울리고 나서도 교실 분위기는 매우 어수선했다. 교사는 학생들에게 교과서 학습활동을 하도록 했다. 절반 정도 학생만 학습활동을 하고, 나머지 학생은 떠들고 장난치거나 엎드려 있었다. 교사는 PPT 화면으로 준비한 자료를 보여주면서 학습활동 과제의 답을 확인해 주었다. 교사가 불러주는 답을 필기하는 학생은 몇 명에 불과했다.
> 교사는 미국 드라마의 한 장면을 보여주었다. 드라마가 시작되자 2/3 정도의 학생이 관심을 갖고 보기 시작했다. 하지만 시간이 흐를수록 학생들은 관심을 거두고 엎드려 자거나 딴짓하기 시작했다. 수업 시간이 끝날 즈음에는 1/3 정도의 학생만 드라마를 보고 있었다. _A중학교 영어 수업 참관 일지

A중학교 수준별 이동수업 '하'반에는 일반학급의 절반 이하에 해당하는 15명 정도의 학생이 배정되었다. 그럼에도 이 학급에서는 내실 있는 수업이 거의 진행되지 못했다. 이 학급 담당 교사는 학생의 흥미를 유발할 만한 여러 가지 보조자료를 준비했으며, 천천히 쉽게 수업을 진행하기 위해 애를 썼다. 그러나 학생들은 학습 내용에 좀처럼 흥미를 보이지 않았다. 미국 드라마를 상영할 때도 처음에만 잠시 관심을 나타낼 뿐, 시간이 지날수록 엎드려 자는 학생이 늘어났다.

이 학생들은 학업성취 수준이 유사한 학생들끼리 모였다는 점에서 동질 집단이라 할 수 있다. 그러나 수준별 이동수업 '하'반에 편성되어

있다는 것 자체가 일종의 '낙인 효과'가 되어 학습 의욕 자체를 거의 보이지 않았다. 15명 남짓의 적은 인원이 모였지만 교사와 학생, 학생과 학생 사이에 의미 있는 소통과 협력이 이루어지지 않고 있었다. 이 학생들이 모둠활동을 하더라도 서로의 활동을 독려하며 모둠활동을 원활히 이끌 만한 학생이 없기에 의미 있는 협력학습이 이루어지기 어려울 것으로 보였다. 이는 수준별 수업이 비교육적 낙인을 줄 뿐만 아니라 학업성취도 향상 측면에서도 별다른 효과를 거두지 못한다는 연구결과성열관, 2008: 백병부, 2010에서도 확인할 수 있는 점이다.

나. 이질집단에서의 협력

A중학교와 달리 B중학교와 장곡중학교에서는 수준별 수업을 하지 않았다. 학업 수준에 따른 동질집단이 형성된 수준별 학급과 달리 일반학급에서는 다양한 학업 수준의 학생이 모인 이질집단이 형성된다.

이질집단이란 학업 수준뿐만 아니라 학습 성향, 관심 분야, 성격, 교우 관계 등 여러 측면에서 다양성이 확보된 집단을 말한다. 교육은 자신과 다른 특성을 지닌 타자에 대한 공감과 소통 능력을 기르는 것을 목적으로 하기에, 수업은 기본적으로 이질집단을 대상으로 이루어지는 것이 바람직하다. 하지만 단순히 이질적인 학생이 모여 있다 하여 의미 있는 교육이 이루어지는 것은 아니다. 이들 학생 사이에 실질적으로 협력적 관계가 형성되어야 한다.

이질집단에서 학생 간 협력이 가장 활발하게 이루어지는 수업은 소규모 모둠을 활용한 수업이다. 장곡중학교에서는 모든 교과 수업에서 모둠활동을 중심으로 한 협력 수업이 일상적으로 진행되었다.

수학 시간에 최소공약수, 최대공약수에 대한 학습이 진행되었다. 교사는 지난 시간에 배운 내용을 확인하고 몇몇 학생들에게 칠판으로 나와 문제를 풀어보게 했다. 몇몇 학생이 칠판에서 문제 푸는 시범을 보였다. 학생들이 그 과정을 경청하며 잘 이해되지 않는 내용에 대해서는 질문하고, 이에 대해 발표하던 학생이 보충 설명을 해주었다.

교사가 새로운 학습활동지를 제시했다. "최대공약수나 최소공배수를 이용하여 풀 수 있는 문제를 만들고, 해결 과정을 써 봅시다."라는 도전적인 과제를 모둠별 활동을 통해 해결하도록 했다. 어떤 학생이 모둠활동을 하다 "자연수가 뭐야?"라고 물었다. 학생들은 모르는 것을 친구들에게 묻는 것을 꺼리지 않는 분위기였다.

_장곡중학교 수학 수업 참관 일지

위의 수업 장면은 장곡중학교에서 일상적으로 관찰되는 모습이다. 다양한 학업성취 수준을 지닌 학생들이 모둠별로 서로 협력하며 주어진 과제를 해결하고 있었다. 교사는 학생들이 기본적인 개념을 익힌 후, 문제를 모둠별로 해결하게 하고 이를 학급 전체에 공유하는 방식으로 수업을 진행했다.

위에서 인용했듯이 어떤 학생은 "자연수가 뭐야?"라며 모르는 내용을 거리낌 없이 친구에게 물어보고, 이 개념을 아는 학생은 친구에게 쉬운 언어로 설명해 주는 모습을 보였다. 일제식 수업이라면 수학 교사 대부분은 학생들이 당연히 자연수라는 개념을 알 거라고 전제하고 수업을 했을 것이다. 그런 분위기였다면 그 학생은 자신이 자연수의 개념을 모른다는 것을 드러내기 어려웠을 것이다. 교사 중심 수업에서는 간과되기 쉬운 부분이 학생들의 협력학습 과정에서는 자연스럽게 드러남에 따라 수업에서 소외되는 학생들이 줄어든 것이다.

장곡중학교의 모둠별 협력학습에서 의미 있게 봐야 할 것은 이른바 '점프 과제'의 중요성이다. 장곡중학교의 수업은 대체로 '교사의 개념

설명 → 학생의 모둠활동 → 모둠활동 공유, 교사의 피드백 → 점프 과
제 제시 → 모둠활동 공유, 교사의 피드백 → 마무리'의 흐름으로 디자
인되어 있다. 그리고 이러한 흐름이 학습활동지에 명확히 구조화되어
있다.

'점프 과제'란 고차원적인 문제 해결 능력이 요구되는 과제다. 장곡중
학교 교사들은 학생들이 기본적인 개념을 충분히 익혔다고 판단한 후
이를 제시했다. 그렇다고 '점프 과제'가 '어려운 문제'를 의미하는 것만
은 아니다. 학생들의 수준에 비해 다소 어렵지만 협력하면 충분히 해결
할 수 있는 수준의 과제, 학생들의 삶과 연계되어 있어 흥미로우면서도
도전적인 의욕을 불러일으키는 과제를 의미한다. 이는 비고츠키의 용어
를 빌리면 '근접발달영역을 창출하는 과제'다.Vygotsky, 1978

수준별 수업 '하'반의 경우 흔히 가장 기초적인 개념을 반복하여 익
히는 방식으로 교육과정이 구성되기 마련이다. 그러나 이 경우 학생들
은 늘 비슷비슷한 과제만 접하게 될 뿐, 흥미롭고 도전적인 성취 경험을
하지 못하게 된다. 반면, 배움이 느린 학생들도 흥미롭고 도전적인 과제
를 접하고 다른 학생들과 협력하는 가운데 이 과제를 해결하는 경험을
하면 지적 희열과 성취 경험을 통해 자존감과 학습 의욕을 회복할 수
있게 된다.

이질집단의 협력학습 과정에서 도전적인 점프 과제를 학생들이 흥미
롭게 해결하는 모습은 B중학교에서도 관찰되었다.

교사가 마지막으로 제시한 과제는 이른바 '점프 과제'였다.
"디오판토스는 일생의 1/6을 소년으로, 일생의 1/12을 청
년으로 보냈다. 일생의 1/7은 자식이 없는 결혼생활을 했고,
5년 후 아들을 낳았다. 그러나 아들은 아버지 인생의 반만 살
다가 세상을 떠났고 디오판토스는 슬퍼하며 4년을 지내다 삶

을 마쳤다. 디오판토스가 생을 마감한 때의 나이는?"

대단히 어려운 문제일 텐데 학생들은 의외로 아주 적극적인 모습을 보였다. 학생들이 서로 토론하는 목소리가 높아져 교실이 몹시 소란스럽게 느껴질 정도였다.

_B중학교 수학 수업 참관 일지

연구자: 선생님은 모둠활동을 원만하게 이끄시던데, 특별한 비결이 있나요?

교사: 모둠 수업을 하면 자는 아이는 없어요. 학생들끼리 서로 편하게 물어보고 가르쳐주는 환경이 조성될 수 있으니까요. 이런 점에서 수업에서는 지식적인 측면뿐만 아니라 관계적인 측면이 중요하다고 봐요. 공부 못하는 아이도 어려운 문제에 도전할 권리가 있고, 이것을 함께 해결하게 하는 게 중요하다고 생각합니다.

_B중학교 수학 교사 인터뷰

위에서 인용된 교사의 발언에는 이질집단에서 협력학습의 원리에 대한 인식이 명확하게 드러난다. '서로 편하게 물어보고 가르쳐주는 환경'에서 학생들이 서로 협력하는 '관계적인 측면'을 조성함으로써 학생들의 성장을 보장하는 것이 그러하다. 실제로 학생들은 이러한 관계 속에서 주어진 과제에 매우 적극적으로 도전하려는 모습을 보였다. 그리고 "공부 못하는 아이도 어려운 문제에 도전할 권리가 있다."라는 교사의 인식이 특히 인상적이다. 이는 수학 교과처럼 학생들 간 성취 격차가 벌어지기 쉬운 교과에서도 협력학습을 통해 모든 학생의 배움을 보장하는 것이 불가능하지 않다는 것을 입증하고 있다.

5. 교사와 교사의 관계

수업은 교사와 학생의 관계에서 이루어진다. 그러나 또 다른 측면에서 살펴보아야 할 것이 교사와 교사의 관계다. 교사 사이에 협력적 관계가 구축되어 있으면 바람직한 수업 개선을 위한 공동체적 노력이 이루어질 수 있지만, 단절적 문화가 형성되어 있으면 수업은 온전히 개별 교사의 몫으로 돌아간다.

학교에는 교실과 교실 사이에, 교과와 교과 사이에 보이지 않는 장벽이 존재한다. 로티는 이러한 교직사회의 모습을 '달걀판'에 비유했다.Lortie, 1972 달걀들이 칸막이 사이에 고립되어 있듯이, 교사 역시 보이지 않는 벽에 의해 단절과 고립 상태에 놓여 있다는 것이다.

이러한 단절과 고립의 악순환을 극복하기 위해 제시된 대안이 '교사 전문적 학습공동체'다. 교사 전문적 학습공동체는 교사들의 자발성과 협력에 기반을 두고 학년협의회, 교과협의회, 수업 나눔, 독서 모임, 연수 등 다양한 연구 활동을 통해 교사 스스로 교육과정과 수업을 개선하기 위한 모임이다.

장곡중학교에서는 배움의 공동체의 원리에 따라 일상적으로 수업을 공개하고 동료 교사들이 이를 참관하며 수업을 개선하는 문화가 정착되어 있다. 격주 수요일 오후 모든 교사가 공개수업을 참관하고 교사의 수업과 학생의 배움의 과정에 대해 함께 논의하는 협의가 진행되고 있었다.

> 교사 1: 3모둠에는 소극적인 학생들이 좀 있었어요. ○○는 가만히 앉아 있기만 했고, ××는 주위 눈치를 보기만 했어요. 하지만 △△가 이야기를 시작하자 ××가 따라 하기 시작했어요.
> 교사 2: 처음에는 모둠활동이 활발히 이루어지지 않더라고

요. 선생님이 별다른 설명 없이 바로 학습활동에 들어가서 그런 것 같아요. 하지만 아이들이 어려워하니까 선생님이 학습활동 과제에 대해 다시 자세히 설명해 주셨어요. 그러니 아이들도 곧바로 이해하더라고요. 모둠활동이 잘 이루어지려면 친절한 안내가 필요하다는 걸 배웠어요.

교사 3: 저는 4모둠에서 ○○하고 ××가 나누는 대화를 지켜봤어요. 제 수업시간에 ○○는 늘 말이 없고 조용한 아이였어요. 하지만 이번 수업시간 모둠활동을 할 때 ○○가 적극적으로 참여해서 모둠활동이 활발히 이루어졌어요. 이 학생의 새로운 면을 발견할 수 있었어요. 저도 이 아이를 꾸준히 지켜보고 도와야겠다고 생각했어요. _장곡중학교 수업 나눔 모임

위에서 알 수 있듯이 장곡중학교의 수업 나눔 모임에서는 동료 교사의 수업을 참관하고 이에 대한 자신의 견해를 자유롭게 나누는 분위기가 형성되어 있었다. 특히 수업을 참관한 동료 교사들이 주로 학생들이 어떤 모습을 보이는지 관찰하고 있다는 점이 중요하다.

기존 공개수업 참관 방식은 '도입-전개-결말 구조를 제대로 갖추고 있는지, 교사의 발문은 적절한지, 시간 배분은 정확히 지켜졌는지' 등 주로 '교사의 수업 기술'을 눈여겨본다. 이와 달리 장곡중학교의 수업 나눔 모임에서는 '학생의 배움'을 관찰하는 것을 중시한다. 위에 인용한 교사들의 발언에도 누가 배움에 적극적으로 참여하고 소외되는지, 교사는 학생의 배움을 잘 매개하고 있는지 등을 주목하는 모습이 나타난다. 또한 교사들은 학생들이 자신의 수업과 다른 교사의 수업에서 어떻게 다른 모습을 보여주는지를 확인하면서, 이를 통해 자신의 수업을 성

찰하고 있었다.

　교사들의 협력은 B중학교에서도 확인할 수 있었다. B중학교에서는 전체 교사가 참여하는 공식적인 모임인 공개수업 연구모임 외에도 10여 명의 교사가 자발적으로 모여 수업을 연구하는 학습모임이 있었다. 이 모임에서 주로 진행하는 것은 여러 교과 교사들이 모여 타 교과 학습활동지를 검토하는 작업이다.

> 연구자: 공개수업 연구모임 외에 또 다른 모임이 있나요?
> 교사: 우리 학교에서는 여러 교과 선생님이 모여 다른 교과 선생님들이 만드신 학습활동지를 사전 검토하는 모임을 하고 있어요. 10명 정도가 자발적으로 모여서 모임을 운영하고 있어요. 다른 교과 선생님이 만든 학습활동지를 보며 "이 내용은 제가 보기에도 이해하기 어려워요.", "이 활동의 의미는 뭐예요?"라는 의견을 드려요. 다른 교과 비전공자 선생님의 눈으로 학습활동지를 보니 자연스럽게 학생의 눈으로 보게 되는 거죠. 그러면 학습활동지를 만든 선생님은 그 의견을 모아 학습활동지를 수정하고 공개수업을 진행해요. 공개수업을 참관하고 나면 수업을 진행하신 선생님에게 해 드릴 이야기가 더 풍성해졌어요.
>
> _B중학교 교사 인터뷰

　이러한 모임의 장점은 '다른 교과 비전공자의 눈'으로 학습활동지를 검토하는 과정에서 자연스럽게 '학생의 눈'으로 수업을 보는 관점을 얻게 되었다는 점이다. 예를 들어 학생들이 이해하기 어려운 과제라든지 학습 목표 자체가 지나치게 교과 전문 영역에 치우치는 경우를 발견할 수 있다. 또한 학습활동지에 대해 미리 의견을 나누고, 공개수업 참관 후 다시 피드백하는 과정을 거칠 수 있다.

이러한 범교과적 수업 모임의 원리를 '수업 교사의 고민에서 시작하기, 학생의 눈으로 다른 교과 활동지 풀기, 교과 중심적 관점 극복하기, 작은 아이디어에서 도전 과제 구상하기' 등으로 볼 수 있다.남경운 외, 2014 이런 과정을 거쳐 학생의 배움을 실질적으로 돕는 학습활동지를 설계할 수 있고, 이후 수업 참관을 통해 다시금 수업 개선 방안을 함께 모색할 수 있었다.

6. 수업 혁신이 학생에게 주는 의미

가. 배움이 느린 학생에 대한 배려

학생의 수업 참여 양상은 수업의 유형이 어떠한가와 밀접한 관련성이 있다. '강한 구조화'를 지닌 수업에서는 교사가 가르치는 내용, 진도 나가는 속도 등을 정한 채 일방적인 강의식 수업이 진행된다. 이 경우 배움이 느린 학생은 수업을 따라가기 어렵다. 특히 학습 결손이 누적된 학생은 전에 배운 내용도 제대로 이해하지 못한 채 새로 배워야 할 내용에 큰 부담을 느낀다. 그 결과 마치 빠른 속도로 돌아가는 컨베이어 벨트 같은 속도감에 소외된 채 눈을 뜬 채 멍하니 있거나 잠을 자면서 무의미한 시간을 보내게 된다.

> 연구자: 아까 수업 시간에 조는 학생들이 많네요.
> 학생 1: 저도 반쯤은 졸았던 것 같아요.
> 연구자: 선생님들이 어떤 방식으로 수업하면 좋을 것 같
>   아요?

학생 2: 선생님들이 말로만 수업하면 한 시간 내내 꼬박 듣기 힘들어요. 모르는 거 물어보기 힘들고, 말도 빨라서 따라가기 힘들어요. 같이 동영상도 보고 활동도 하면 좋겠어요.

연구자: 국어 수업 시간에는 자는 학생들이 별로 없던데?

학생 2: 국어 시간에는 안 자게 돼요. 우리가 직접 발표도 하고, 선생님이 우리가 하는 거 잘 봐주시니까 시간이 빨리 가는 거 같아요.

학생 1: 다른 시간에는 아는 게 거의 없는데, 국어 시간에는 뭔가 할 수 있는 게 있어서 좋아요.

_A중학교 학생 인터뷰

A중학교에서는 대체로 모든 시간에 교사가 빠른 속도로 일방적인 설명을 하는 강의식 수업이 진행되고 있었다. 학생들은 수업 시간마다 적게는 5명 정도가 많게는 10명 이상이 책상에 엎드려 있었으며, 멍하니 앉아 있거나 딴짓하는 학생들도 적지 않았다.

하지만 이 학생들도 활동 위주 수업에서는 적극적인 참여의 모습을 보였다. 학생들은 대체로 '교사가 말로만 하는 수업'보다는 '같이 활동하는 수업'을 선호하고 있었다. 예를 들어 국어 시간에는 거의 모든 학생이 적극적으로 참여하는 모습을 보였다. 학생들은 '직접 발표'하면서 '선생님이 우리가 하는 거 잘 봐주는' 수업에서는 '시간이 빨리 가는 것'을 느꼈다. 이렇게 학생들의 활동 위주 수업에서는 배움이 느린 학생들도 참여할 수 있는 공간이 열리게 된다. 이런 수업은 '아는 게 거의 없는' 학생도 '뭔가 할 수 있는 게 있는' 수업이 되기 때문이다.

수업에서 가장 소외되기 쉬운 학생은 이른바 학습 부진 학생 등 배움이 느린 학생들이다. 그런데 학습 부진 학생에 대한 기존 정책은 대체로 진단평가를 통해 기초학력 미달 학생을 선별하고 이 학생들에 대해 추가적 보충학습이나 수준별 수업을 하는 것이었다. 그러나 이런 방식이 학습 부진 예방에 그다지 도움을 주지 못한다는 것이 공통적인 연구 결과다.[백병부, 2010] 따라서 이들에게 실질적인 도움을 주려면 이들을 선별하여 별도의 학습을 부가하는 '배제적 방식'에서 벗어나, 수업 혁신을 통해 일상적인 수업 자체에서 처지는 학생들이 없도록 하는 '포괄적 방식'을 지향해야 한다.[이혜정 외, 2013]

이런 과정에서 중요한 것이 돌봄과 배려의 윤리다. 사회·경제적 여건이 불리하고 배움이 느린 학생들은 학교에서 자신의 가치가 평가절하되고 배제되는 느낌을 받는다. 시혜적 차원의 교육복지 사업이나 추가적 보충학습은 오히려 이런 느낌을 더욱 조장할 수 있다. 이들을 진정으로 위하는 방법은 일상적인 수업에서 돌봄과 배려의 관계를 형성하는 것이다.

학생과 학생 사이의 분류화가 강한 수업은 이 학생들을 관계적 측면에서 소외시키며, 교사와 학생 사이의 구조화가 강한 수업은 이 학생들을 억압적 구조에 침묵시킨다. 반면, 학생과 학생 사이의 분류화가 약한 수업은 학생 사이에 협력적 관계를 형성하고, 교사와 학생 사이의 구조화가 약한 수업은 이 학생들의 목소리에 귀를 기울인다. 이러한 돌봄과 배려의 윤리가 일상적으로 정착된 수업에서는 배움이 느린 학생들도 학교 구성원으로 정당하게 인정받게 된다.

나. 참여와 협력을 통한 관계 형성

학생 사이에 협력이 가장 활발하게 이루어지는 수업은 학생이 모둠활동을 통해 주어진 과제를 서로 도우며 해결하는 형태다. 이는 '소규모 이질집단에서의 협력학습' 속에 모든 학생의 배움이 보장되는 모습이라 할 수 있다. 이는 '대규모 동질집단 속에서의 일제식 수업'과는 상반된 모습이다. 이질집단에서 협력학습의 장점은 인지적 영역과 정의적 영역으로 나누어 볼 수 있다.

인지적 영역에서 볼 때, 학업성취 수준이 낮은 학생은 동료 학생들의 또래 언어를 통해 자신이 모르는 내용을 쉽게 이해할 수 있다. 학업성취 수준이 높은 학생들은 동료 학생에게 자신이 아는 내용을 가르쳐 줌으로써 막연하게 알고 있던 내용을 명료하게 내면화하는 메타인지를 발휘할 수 있다. 정의적 영역에서 볼 때, 학생들은 협력학습을 경험하면서 '협력, 경청, 존중의 의미'를 자연스럽게 배울 수 있다. 이런 과정은 일종의 잠재적 교육과정이다. '이질집단의 협력학습'의 의미는 곧 '학생에게 긍정적 의미의 잠재적 교육과정이 실현되도록 교사가 이를 의도적으로 계획하는 것'이라는 역설적 표현으로 설명할 수 있다.

이러한 이질집단의 협력을 통해 비고츠키가 말한 '근접발달영역'이 형성될 수 있다.Vygotsky, 1978 동질집단에서는 근접발달영역이 형성되기 어렵다. 수준별 수업 '하'반에서 보이는 학생들의 무기력한 모습은 근접발달영역이 형성되지 않기 때문에 나타나는 모습이다. 반면, 소규모 이질집단에서 의미 있는 관계성이 성립하면 근접발달영역이 창출될 수 있다. 자기가 모르는 것을 부끄러워하지 않고 친구에게 물어볼 수 있는 분위기가 일상적으로 형성되는 것, 이런 과정을 통해 혼자 할 수 없던 것을 해결하는 성취감을 느끼는 것, 나아가 이러한 협력적 관계가 일상적으로 정착되는 것이 근접발달영역이 형성된 모습이라 할 수 있다. 이 속에서 학생들은 현재의 '실제적 발달수준'을 넘어 '잠재적 발달수준'으로 도약하게 된다.

> 연구자: 모둠활동이 공부에 도움이 되나요?
> 학생 1: 모둠활동 시간에는 학습지를 보면서 토의할 시간을
> 많이 주니까 생각을 나눌 수 있고 사고력이 깊어지

는 것 같아요.

연구자: 모둠활동을 할 때 소외되는 아이는 없나요?

학생 2: 소외되는 아이도 있죠. 그 아이도 참여하도록 같이 유도해요.

학생 1: 선생님들이 모둠을 배치할 때 잘하는 아이와 그렇지 않은 애들을 섞어 놓아서, 그 아이들을 잘 이끌어 갈 수 있게 해요. _B중학교 학생 인터뷰

연구자: 여러분은 모둠활동을 어떻게 생각해요?

학생 1: 효과 만점이에요. 모르는 것을 친구들이 배우고 가르쳐 줄 수 있으니까요.

연구자: 모둠활동에 잘 참여하지 않는 학생이 있으면 어떻게 해요?

학생 1: 우리 반에 원래 굉장히 소극적인 아이가 있었는데, 일부러 말을 자꾸 걸어줘요.

학생 2: 그 아이가 요즘 많이 나아졌어요. 말을 걸면 웃기도 하고, 대답도 하고. _장곡중학교 학생 인터뷰

B중학교나 장곡중학교 학생들은 대부분 모둠활동을 긍정적으로 생각했다. 학생들은 모둠활동의 장점으로 서로 가르치고 배우면서 사고력도 깊어지고 더욱 친해지는 것 등을 꼽았다. 이러한 모둠활동은 학습뿐만 아니라 인간관계, 공동체성 형성에도 긍정적인 영향을 주는 것으로 볼 수 있다. 수업에 소극적인 모습을 보이는 동료 학생을 배려하면서 수업에 참여하도록 돕는 모습이 일상적인 문화로 자리 잡고 있었다. 교사들의 증언에 의하면, 이렇게 수업 시간에 서로 배려하고 협력하는 문화가 형성됨으로써 따돌림 현상이나 학교폭력 문제를 해결하는 데도 긍

정적인 영향을 미쳤다고 한다.

특히 청소년기 학생들에게 참여와 협력을 통한 교우 관계 및 사회적 관계성 형성은 매우 중요한 의미를 지닌다. 비고츠키는 아동의 발달과 성장을 이끄는 '선도 활동'의 중요성을 강조했다. 선도 활동이란 특정 연령대에 처음 등장하여 심리적 특성의 기반을 형성하는 활동을 말한다.

비고츠키의 이론을 계승한 다비도프는 신생아기의 '직접적인 정서적 소통', 1~3세 아동기의 '대상 조작적 활동', 3~6세 아동기의 '놀이 활동', 6~10세 아동기의 '학습 활동', 10~15세 청소년기의 '사회 활동', 성인기의 '노동 활동' 등을 발달을 이끄는 선도 활동으로 보았다.Davydov, 2008 청소년기의 '사회 활동'에는 생산적 노작 활동, 사회적 조직 활동, 예술 활동, 스포츠 활동 등이 있다. 청소년은 사회 활동을 통해 사회에 참여하고자 하는 욕구를 발달시키고, 또래와의 사회적 상호작용 속에서 자기 행동을 돌아보며 자아의 잠재력을 스스로 성찰하는 능력을 계발하게 된다.

그런데 특정 연령대의 선도 활동을 충분히 경험하지 못하면 이는 다음 단계의 연령대에 부정적인 영향력을 미치게 된다. 비고츠키에 의하면, 한 연령대에서 발달의 중심이 되는 과정이 다음 연령대에서의 발달의 곁가지가 되고, 반대로 한 연령대에서 발달의 곁가지였던 과정은 다음 연령대에서는 발달의 중심 과정이 되기 때문이다.Vygotsky, 1978 따라서 청소년기의 학생을 교실에 가만히 앉아 있게 하고 교사의 수업만 수동적으로 받아들이게 하는 것은, 청소년기의 선도 활동을 경험하지 못하게 함으로써 전인적 발달의 지체 현상을 낳게 한다.

이런 점에서 수업 시간에 일상적으로 이루어지는 모둠활동은 매우 중요한 의미를 지닌다. 모둠활동은 지식을 탐구하는 효율적인 방법일 뿐만 아니라 동료 학생과 사회적 관계를 형성하며 청소년기에 꼭 필요한 선도 활동을 수행하는 과정이기도 하다. 이러한 기회는 일상적인 수업에서 풍부히 구현되어야 한다. 이러한 사회적 관계성 형성은 자아를 인정받고 정체성을 확인하는 중요한 토대가 된다.

7. 수업 혁신을 위한 과제

이 글에서는 수업 유형을 '교사와 학생 사이의 구조화', '학생과 학생 사이의 분류화', '교사와 교사 사이의 분류화'의 정도에 따라 살펴보았다. A중학교와 같이 구조화와 분류화가 강한 수업의 경우 학생 대부분이 수업 시간에 잠을 자는 등, 수업에서 소외되고 있었다. 그러나 장곡중학교와 같이 구조화와 분류화가 약한 수업의 경우 학생 대부분이 수업에 적극 참여하고 서로 협력하며 성장하는 모습을 보였다. 이러한 분석을 바탕으로, 수업 혁신을 위한 과제를 다음과 같이 제안할 수 있다.

첫째, 교사와 교사의 협력을 기반으로 하는 전문적 학습공동체를 구축해야 한다. 그동안 수업은 개별 교사 차원에서 진행되는 영역으로 인식되어 왔다. 그러나 수업 혁신은 교사들의 자발성과 협력에 의한 공동체적 실천을 통해 학교의 구조와 문화 자체가 변화할 때 가능하다.

B중학교에서 여러 교과 교사가 모여 타 교과의 학습활동지를 함께 검토하는 모습이나, 장곡중학교에서 수업 나눔 모임이 일상적으로 진행되는 모습은 매우 의미가 있다. 이러한 전문적 학습공동체의 공동체적 실천이 있을 때 모든 교사의 수업에서 수업 혁신의 원리가 일관되게 적용될 수 있다.

둘째, 수업에 대한 기술공학적 접근을 넘어 사회학적 성찰이 이루어져야 한다. 여전히 상당수의 학교에서는 일제식·주입식 위주의 수업이 이루어지며 학생들은 잠을 자는 등, 수업 참여를 기피하는 모습이 나타난다. 이런 현상을 교사나 학생의 개인적인 문제로만 보지 않고 사회학적인 문제로 성찰할 필요가 있다. 이는 거시적 차원에서 볼 때 입시 위주 경쟁교육이 학생들을 구조적으로 소외시키는 문제이며, 미시적으로 볼 때 수업의 과정에서 비민주적 통제와 불평등한 질서가 일상적으로 학생들을 소외시키는 문제이다.

따라서 수업을 바람직한 방향으로 변화시키려면 수업 기법을 바꾸는 것만으로는 부족하다. 수업 과정에서 나타나는 일상적 질서 자체가 학생들을 어떻게 참여시키거나 배제하는지, 그 속에서 학생들은 어떤 경험을 하는지에 대한 성찰이 필요하다. 이 글에서 제시한 '분류화'와 '구조화'에 따른 수업 유형 분석은 특히 학교와 교사가 자신의 수업을 일상적으로 성찰하는 데 도움이 될 것이다.

셋째, 배움이 느린 학생들이나 사회경제적으로 불리한 처지에 있는 학생들에 대해 우선적인 관심과 배려가 필요하다. 그리고 이러한 관심과 배려를 통해 학교를 보다 평등하고 민주적인 공간으로 만듦으로써 사회 불평등을 일정 정도 완화하는 것을 지향해야 한다. 이때 교사에게 요구되는 덕목은 자신의 수업 방식에 따라 학생의 사회경제적 배경에서 오는 격차를 일정 부분 줄일 수 있다는 것을 알고 이를 실천하는 것이다. 예를 들어 적극적인 교육과정 재구성을 통해 배우는 분량이나 난이도를 조정하고, 진도 나가는 속도를 적절히 조절하고 협력학습을 도입함으로써 배움이 느린 학생들도 배려하는 것 등이 교사들이 실천해야 할 점이다.

이 글에서는 세 학교의 수업 분석 결과를 통해 수업 유형의 변화에 따라 학생의 참여 양상이 상당히 달라질 수 있음을 확인했다. 수업 유형과 질서가 바뀌면, 학생들은 교실이라는 작은 사회에서 참여와 협력 방법, 타인을 배려하고 자신을 인정받는 방법을 배우며 전인적인 성장의 경험을 하게 될 것이다.

2. 학생의 수업 참여와 소외
_현상학적 연구를 통한 수업 이해

　수업 시간에 자는 학생이 많다는 것은 어제오늘의 일이 아니다. 국제 비교연구에 의하면 한국 학생들은 학업성취 수준과 상급학교 진학률이 매우 높지만, 행복지수는 매우 낮은 편이다. 고등학교 진학률 98%, 국제학업성취도평가PISA 최상위권에 빛나는 대한민국 교실에서, 이처럼 많은 학생이 수업 시간에 자는 현상은 매우 역설적이다.

　이는 2000년도에 사토 마나부가 일본 공교육의 위기를 상징하는 징후로 언명했던 '배움으로부터 도주하는 아이들' 현상과 유사하다. 그는 일본, 한국 등의 국가에 나타난 교육 위기가 '압축적 근대화, 경쟁교육, 산업주의, 관료주의, 국가주의, 공적 의식의 미성숙'으로 대표되는 '동아시아 교육 모델'이 더 이상 지속 가능하지 않다는 점에서 비롯되었다고 진단했다.佐藤 學, 2000a

　이 글에서는 '수업 시간에 자는 현상'을 '수업 소외' 문제로 보고자 한다. 즉 수업 시간에 잔다는 것은 수업에 흥미를 잃거나 수업을 따라가지 못하는 학생 개인의 문제만이 아니라, 수업이라는 규범과 질서에 참여하지 못하는 구조적 문제에 해당하는 것이다. 따라서 학생들이 특히 어떤 상황이나 여건에서 자는지, 이들 학생을 수업에 참여시키려면 교육과정과 수업에 어떤 변화가 있어야 하는지 등에 대한 섬세한 접근이 필요하다.

1. '수업 소외'의 의미

일반적인 관점에 따르면, '수업 소외'는 학생이 학업에 흥미를 느끼지 못하고 수업에서 요구되는 것과 동떨어진 행동을 보이는 것이고, '수업 참여'란 학생이 학업에 흥미를 느끼고 수업에서 요구되는 것을 적극적으로 따르는 것이다. 이런 관점에서는 주로 학생의 자존감, 학습 동기와 같은 개인 심리적 문제나 동기 부여, 수업 전략과 같은 교수학습 방법을 중시한다.김낭규, 2011; 정우식·이호철, 2003

소수의 학교 부적응이나 학습 부진 문제에 대해서는 학습 흥미나 동기 차원에서 접근하는 것이 효과적일 수 있다. 하지만 수업 소외 문제를 심리학적 관점으로만 접근하는 것은 한계가 있다. 수업 시간에 자거나 멍하니 있는 모습이 상당수의 학생에게 나타나는 현상을 설명하기에는 심리학적 접근만으로는 부족하다. 이를 보완하려면 교육인류학, 교육사회학적 접근이 필요하다.

교육인류학에서는 교사의 가르치는 행위보다 학생의 실제적인 경험을 중시한다. 서근원2007은 수업 소외를 '교사와 학생이 수업 시간에 물리적으로는 같은 시공간에 존재하지만, 실제 경험에서는 서로 다른 시공간에 머물러 있으면서 교육적 관계를 형성하지 않는 것'으로 보았다. 그는 특히 학습 목표와 수업 과정이 설계도처럼 완벽하게 계획된 수업에서도 학생들이 수업에서 소외될 수 있다고 보았다. 이런 관점은 수업 소외 현상을 교사와 학생의 관계성 차원에서 바라본다는 점에서 의미가 있다.

교육사회학자 번스타인은 학교의 질서에 따른 학생 참여 유형을 '전념commitment', '무관심detachment', '간극estrangement', '소외alienation' 등 네 가지로 구분했다.[Bernstein, 2000] 이를 수업에서 참여와 소외 양상 차원에도 적용해 볼 수 있다. '전념'은 수업에 흥미를 갖고 적극적으로 참여하는 모습으로, '무관심'은 수업에는 참여하지만 별다른 의미를 찾지 못하는 모습으로, '간극'은 수업에 참여하고 싶으나 학업능력이 부족하여 참여하지 못하는 모습으로, '소외'는 수업에 관심도 없고 학업능력도 없어 무기력하게 지내는 모습으로 볼 수 있다.

'수업 시간에 자는 현상'은 번스타인이 말한 '간극'이나 '소외'와 유사한 범주로 볼 수 있다. 수업에 열심히 참여하고 싶어도 수업 내용을 이해할 수 없어 자기도 모르게 잠에 빠지는 학생은 '간극'에 해당한다. 수업 시간이 자신에게 아무런 의미가 없다고 생각하여 대놓고 자는 학생은 '소외'에 해당한다.

철학에서는 '소외'를 '인간이 자신을 주체로 인식하지 못하고 오히려 자신이나 타인, 세상을 낯설게 여기는 것'으로 본다.[Fromm, 1961] 이 글에서는 이러한 철학적 개념과 번스타인의 교육사회학 이론을 활용하여 '수업 소외'를 '학생이 자신을 수업의 주체로 경험하지 못하는 다양한 현상'으로 지칭하고자 한다. 그리고 '수업 시간에 자는 현상'을 수업 소외 현상의 대표적인 예로 보고자 한다.

학생이 자신을 수업의 주체로 경험하지 못하는 것은 다양한 원인이 있을 수 있다. 이는 학업에 대한 자신감이 부족한 것뿐만 아니라, 교실의 구조와 문화가 일부 학생을 소외시키는 문제일 수도 있다. 수업에서 배우는 내용이 자기 삶에 별다른 의미를 주지 못한다고 느끼기 때문일 수도 있다. 이와 달리 '수업 참여'란 '수업이 자기 삶에 어떠한 의미가 있는지 깨닫고, 학업을 성공적으로 수행할 수 있다는 자아 개념을 갖고, 이에 적극적으로 참여하는 태도'로 볼 수 있다.

이렇게 본다면 '수업 소외'에서 벗어나 진정한 '수업 참여'가 이루어지기 위해서는 몇 가지 조건이 필요하다고 할 수 있다. 우선 학생들이 "학교가 나를 위해 존재한다.", "수업에서 배우는 내용은 내 삶에 의미가 있다."라는 점을 느끼게 해야 한다. 이는 학교의 구조와 문화, 교육과정 등이 총체적으로 변화할 때 가능하다. 또한 학생들이 "나도 수업에 잘 참여할 수 있다."라는 자기효능감과 "내가 배움에 어려움을 느낄 때 선생님과 친구들이 도와줄 것이다."라는 신뢰감을 느끼게 해야 한다. 이는 수업 방법이 바뀌고 교사와 학생, 학생과 학생의 관계성이 근본적으로 새로워질 때 가능하다.

2. 현상학적 방법으로 수업 관찰하기

학생들이 수업 시간에 어떤 경험을 하는지 있는 그대로 관찰하려면 학생과 똑같은 입장에서 수업에 참여해야 한다. 이를 위해 연구자는 한 학급을 대상으로 1교시부터 마지막 수업 시간까지 학생들과 똑같은 일정으로 수업에 참여하는 방법을 택했다. 수업에 참여하면서 가급적 교사의 교수 행위보다는 학생의 모습을 관찰했다. 이렇게 함으로써 한 학급에서 진행되는 각 과목 수업의 양상을 확인하고 어느 시간 어떤 과목에서 학생들이 자는 현상이 늘어나는지 혹은 반대 현상이 늘어나는지를 관찰했다. 이를 바탕으로 학생의 수업 참여와 소외 양상을 분석했다.

학생들의 수업 참여와 소외 양상을 기술하고 분석하기 위해 현상학적 연구방법론을 택했다. 수업에서 중요한 것은 '교사의 의도'보다 '학생들이 실제로 경험한 세계'다. 30명의 학생이 교실에 있다면 여기에는 30개의 서로 다른 '경험 세계'가 존재하기 마련이다. 연구자는 이 경험 세계의 본질을 통찰하는 눈이 있어야 한다. 이 경험의 의미를 밝히는 학문 분야가 '현상학'이다.

현상학은 질적 연구 방법론 중 하나로, 어떤 현상에 대한 개인의 체험적 의미를 기술하여 그것의 보편적 본질을 탐구하는 것을 목적으로 한다.Creswell, 2007 교육학 분야에서 현상학적 연구는 특히 교사와 학생의 구체적인 상호관계에 어떤 경험이 형성되고 그것의 실존적 의미가 무엇인지를 탐구한다.이근호, 2012 이러한 현상학적 연구는 크게 '현상학적 기술'과 '현상학적 범주 분석' 두 가지 기본 절차를 수행한다.

현상학의 출발점은 인간이 실제로 겪은 '체험lived experience'의 세계다. 이에 대한 '현상학적 기술'을 하려면 우선 '현상학적 환원'이 필요하다. 이는 연구자의 편견이나 선입관을 최대한 배제한 채 어떤 현상을 있는 그대로 바라보는 것을 말한다. 이를 기술하는 것은 곧 세계와 인간 존재의 본래 관계를 직접적으로 드러내려는 시도이다.Manen, 1990 이런 태도를 바탕으로 연구자는 가급적 교사의 의도나 연구자의 경험보다는 학생과 동일한 처지에서 학생이 수업 시간에 경험하는 현상을 있는 그대로 기술하고자 노력했다. 또한 같은 수업이라 할지라도 학생마다 그 의미가 다르게 경험될 수 있다는 것도 염두에 두고자 했다.

'현상학적 기술' 다음으로 필요한 것은 '현상학적 범주 분석'이다. 인간의 원체험은 날것 그대로의 체험이기 때문에, 여기에 어떤 의미를 부여하려면 현상학적 범주가 필요하다. 매넌은 모든 인간의 생활세계는 '시간성', '공간성', '신체성', '관계성' 등 네 가지 기본적인 범주에 따라 이루어진다고 보았다.Manen, 1990

여기서 말하는 '시간성'은 시계가 나타내는 물리적 시간이 아니라 인간이 주관적으로 체험하는 시간이다. 동일한 물리적 시간일지라도 인간의 경험적 상황에 따라 빠르게 흐를 수도 있고 더디게 흐를 수도 있다. 사랑하는 사람과 보내는 하루와 군대에서 보내는 하루는 다르게 경험될 수밖에 없다. 또한 인간은 과거에 대한 회상이나 미래에 대한 기대 속에 삶을 재구성한다. 이처럼 시간성은 인간의 존재론적 기반이 된다.

'공간성'은 물리적 공간과 달리 인간이 어떤 공간에서 느끼는 주관적인 경험이다. 인간은 특정 공간에서 안락함이나 성스러움, 낯섦이나 위협을 느낄 수도 있다. 어린 시절의 추억이 담긴 골목길, 힘들 때 찾아가던 예배당이나 사찰, 해직 노동자의 일터, 낯선 도시 등은 각각 다른 의미로 다가가기 마련이다. 이렇게 인간은 공간성을 통해 자기 체험에 대한 실존적 의미를 찾기도 한다.

'신체성'은 어떤 대상을 접하면서 느끼는 생생한 경험을 의미한다. 예를 들어 엄마의 따뜻한 품, 날카로운 첫 키스의 추억, 자유를 빼앗긴 채 결박된 포로의 몸 등 인간의 신체적 경험은 가장 원초적이고 직접적인 경험이다.

'관계성'은 타인과의 관계를 통해 형성되는 경험의 속성이다. 이는 단순한 인간관계를 말하는 것이 아니라 그 관계에서 드러나는 정체성을 의미한다. 인간은 어떤 집단에서 누구와 어떤 관계를 맺느냐에 따라 자신을 새로운 존재로 인식하기 마련이다. 부모와 자녀, 교사와 학생, 친구와 부부 등 타자와의 관계 속에 형성되는 관계성은 자신의 정체성을 확인하는 실존적 기반이 된다.

학교 수업도 이러한 시간성, 공간성, 신체성, 관계성 속에 이루어진다. 이러한 현상학적 범주에 따라 수업을 분석해 보면, 학생들이 수업에서 어떤 경험을 하는지 이해하는 데 도움이 될 것이다.

이를 바탕으로 A중학교와 장곡중학교의 수업을 연구했다. 앞 장에서도 언급했듯이 A중학교는 평범한 중학교이고 장곡중학교는 수업 혁신의 모범으로 널리 알려진 학교다. 연구자는 두 학교의 수업 양상을 있는 그대로 기술한 후 위에서 언급한 네 가지 범주에 따라 이를 현상학적으로 분석했다. 그리고 네 가지 범주를 관통하는 주제를 찾는 노력

을 통해 학생들의 수업 참여와 소외 양상의 의미가 무엇인지 밝히고자
했다.

3. A중학교 수업의 특징과 수업 소외

연구자는 A중학교 3학년 한 학급을 대상으로 1교시부터 마지막 시간
까지 수업을 참관하면서 수업 형태와 학생들의 참여 양상을 관찰했다.
1교시 수학, 2교시 과학, 3교시 국어, 4교시 기술, 5교시 사회, 6교시 영
어, 7교시 역사 순으로 편성되어 있었다.

1교시는 수학 수업이었다. 수업이 시작되었을 때 두 학생이 자고 있
었다. 수업은 교사의 설명 위주로 이루어졌고 진도 나가는 속도는 빠른
편이었다. 수업이 진행되면서 자는 학생이 점차 늘었다. 하지만 교사는
별다른 신경을 쓰지 않고 수업을 진행했다. 15분쯤 지날 무렵 자는 학
생이 여섯 명으로 늘어났다. 교사는 간혹 학생들에게 질문을 하기도 했
다. 몇몇 학생이 대답을 했으나 교사는 이에 대해 별다른 피드백 없이
진도를 이어갔다. 수업 말미에는 수업 내용과 관련된 동영상 자료를 보
여주었다. 내내 자던 학생 중 몇 명은 일어나서 영상 자료를 보았다. 이
수업은 대체로 교사의 일방적 설명 위주의 빠른 강의가 진행되었고, 학
생 중에는 아예 귀를 닫고 자는 학생들, 귀는 열어 놓은 채 자는 학생
들, 자다 깨다를 반복하는 학생들 등 다양한 모습이 보였다.

2교시 과학 수업은 과학실에서 진행되었다. 학생들은 과학실로 이동
하는 중에 매우 소란을 피웠다. 교사는 어려운 화학 용어를 나열하며
혼자 설명을 이어갔다. 학생들은 여전히 소란스러웠고, 교사는 큰 소리
로 학생들을 통제하느라 애를 먹었다. 이 와중에도 자는 학생이 두 명
생겨났다. 수업 내용은 굳이 과학실로 이동해야 할 이유를 찾기 어려운

것이었다. 기자재를 활용하거나 실험을 하는 것이 아니라 교실 수업과 다를 바 없는 강의 위주 수업이었다. 소란스러운 분위기는 수업이 끝날 때까지도 가라앉지 않았다.

3교시는 담임교사의 국어 수업이었다. 교사는 교과 내용과 실생활을 연결한 질문을 하고, 학생의 대답에 피드백을 하며 수업을 진행했다. 1, 2교시와 달리 학생 대부분이 수업에 참여했다. 하지만 1, 2교시 내내 잠을 자던 용주(가명)는 조금 지나자 다시 엎드리기 시작했다. 교사는 학생들에게 학습활동지를 나누어 주고, 엎드려 있던 학생을 일으켜 학습활동을 독려했다. 자던 학생도 학습활동지에 뭔가를 써 보려는 노력을 보였다. 이 수업은 1, 2교시 수업과 여러 면에서 차이가 있었다. 담임교사는 학생들과 친밀감이 형성되어 있었고, 교과 내용을 실생활에 연관시키는 학습활동이 제시되었으며, 이를 학생들이 협력해서 해결하는 모둠활동이 진행되었다. 이 수업 시간에 자는 학생은 거의 없었다.

4교시는 실습실에서 기술 수업이 진행되었다. 실습실에 오니 다시 소란스러운 분위기가 형성되었다. 용주(가명)는 가장 늦게 실습실로 들어오더니 다시 자리에 엎드려 자기 시작했다. 실습실에는 학생들이 서로 마주 볼 수 있는 테이블이 배치되어 있었다. 실습 내용은 종이를 접어 다리를 만드는 것이었다. 교사는 튼튼한 다리를 만드는 방법을 모둠별로 탐구하라고 했다. 본격적으로 다리 제작을 시작하니 소란스러운 분위기가 차분해지며 다들 활동에 몰입하기 시작했다. 교사는 각 모둠을 순회하며 학생들의 활동에 도움을 주었다. 용주도 일어나 활동에 참여하며 친구들에게 의견을 말하기도 했다.

5교시는 사회 수업이었다. 점심시간 내내 활기 있게 뛰놀던 학생들은 수업이 시작되어도 여전히 소란스러운 분위기를 보였다. 교사는 학생들을 간신히 진정시키며 수업을 시작했다. 경제의 주요 개념을 강의식으로 설명해 갔지만 곧바로 자는 학생이 생기기 시작했고, 시간이 지날

수록 자는 학생이 늘었다. 교사는 "자는 애들 깨워라."라는 지시를 자주 했다. 하지만 자는 학생들을 적극적으로 깨우는 학생은 없었다. 교사도 자는 학생들을 깨우려는 노력을 포기하는 듯한 분위기였다. 수업이 끝날 때쯤에는 절반이 넘는 학생들이 자고 있었다. 교사와 학생 사이에 의미 있는 소통은 거의 이루어지지 않았고, 교사가 질문을 해도 답하는 학생이 거의 없었다. 1교시 과학 수업과 마찬가지로 교사는 빠른 속도로 강의 위주 수업을 이어갔고, 학생의 참여는 거의 이루어지지 않았다.

6교시는 영어 수업이었다. 수업이 시작될 때 이미 10명 정도의 학생들이 자고 있었다. 교사는 모든 학생을 깨우고 수업을 시작했다. 그러나 시간이 흐를수록 자는 학생은 늘어갔다. 절반 가까운 학생이 자기 시작했다. 수업 진도는 5교시 수업보다도 빨랐고, 교사가 학생과 소통하려는 모습은 거의 보이지 않았다. 교과서에 제시된 영어 문장의 난도는 꽤 높아 보였다. 교과서 내용은 카카오 농장에서 일하며 제대로 임금을 받지 못하는 아동들의 이야기였다. 하지만 교사는 이런 내용을 아동노동 인권 문제, 사회 불평등 문제 등과 연관 짓기보다는 영어 문장 해석만 이어갔다. 수업 후반부에는 교사가 교과 내용과 관련된 동영상 자료를 보여주었다. 자는 학생 중 몇 명이 고개를 들고 동영상 자료에 관심을 보이더니 이내 다시 엎드리기 시작했다. 몇몇 학생이 동영상 자료의 내용에 관심을 보였지만 교사는 그들의 반응에 별다른 피드백을 하지 않고 다시 빠른 속도로 진도를 나갔다.

7교시는 역사 수업이었다. 수업이 시작될 때 학생 5명이 자고 있었다. 교사는 근대 초기 역사를 강의식 위주로 수업을 했다. 여러 가지 복잡한 역사적 흐름을 매우 짧은 시간에 압축적으로 설명하느라 진도 나가는 속도도 무척 빠른 편이었다. 5교시와 6교시에 자는 학생이 많았다면, 7교시는 떠드는 학생들이 많았다. 수업이 시작되었을 때 자던 학생들이 점점 깨어나기 시작했고, 그와 동시에 소란스러운 분위기가 더해 갔다. 소란스러운 분위기는 좀처럼 잡히지 않고 학생에 대한 교사의 통제력은 거의 상실된 상황이었다. 7교시가 끝나는 종이 울리니 모든 학생이 잠에서 깨어났다. 5~7교시 내내 잠만 자던 용주도 자리에서 일어났다. 학생들은 하교 시간만 기다리는 눈치였다.

A중학교 학생 면담

연구자는 하루 종일 교실에서 잠만 자던 용주(가명), 수업 시간에 자다 깨다를 반복하던 성대(가명)와 면담을 했다. 용주는 학교 공부보다는 컴퓨터 게임에 흥미를 느껴 장래 진로도 컴퓨터 게임 프로그래머로 정한 학생이다. 고등학교도 컴퓨터학과가 있는 특성화고등학교에 진학하려 한다. 그는 학교에서는 주로 자고 하교 후에는 컴퓨터 게임을 하느라 밤 2시까지 자지 않는다고 했다. 용주가 유일하게 좋아하는 과목은 일주일에 세 시간 배정된 체육 수업이라고 했다.

> 연구자: 매일 체육 시간이 있으면 좋겠는데 아쉽겠네요?
> 용주: 네. 체육 시간이 없는 날은 그냥 자요.
> 연구자: 그 시간이 아깝지는 않나요?
> 용주: 타임머신 탔다고 생각하면 되니까. 학교 와서 쭉 자다
>   가 점심 먹고, 다시 쭉 자니 끝날 시간이 되는 거죠.
>   체육 시간이 있는 날은 그 시간을 위해 자면서 체력
>   을 비축해요.
> 연구자: 어떻게 보면 밤을 위해 낮을 아껴둔 거네요?
> 용주: 그렇게 됐네요. 체육 시간을 위해 미리 자 두듯이.

용주에게 수업 시간은 별다른 의미가 없는 시간이었다. 단지 저녁 시

간이나 체육 시간을 위해 체력을 비축하는 시간이었다. 용주는 자는 시간을 '타임머신'을 탄 시간이라고 했다. 그의 경험에서 수업 시간은 실제로 존재하지 않은 시간이나 마찬가지였다.

연구자는 학생들이 자지 않고 주로 떠들기만 했던 과학 수업 시간에 대해 어떻게 생각하는지 물었다.

> 연구자: 아까 과학 시간에는 왜 그렇게 학생들이 떠드는 것
>   같아요?
> 성대: 음, 그냥, 일단은 교실을 벗어났다는 생각에? 또 과학
>   실에 가면 친한 친구들끼리 모여 앉아 떠들게 되거든
>   요. 그리고 아이들이 선생님 수업 방식을 별로 좋아하
>   지 않아요.

성대의 답변은 연구자가 과학 시간을 관찰하며 느낀 점과 다르지 않았다. 학생들은 교실이라는 좁은 공간에서 벗어나 다른 공간으로 이동했다는 해방감 때문에 매우 소란스러운 분위기를 형성했다. 게다가 학생들이 관심 가질 만한 과학실습도 이루어지지 않았다. 그래서 이 시간에는 자는 분위기보다는 매우 소란스러운 분위기가 형성되었다.

> 연구자: 성대는 주로 무슨 시간에 잠을 자나요?
> 성대: 역사. 영어.
> 연구자: 왜죠?
> 성대: 들어도 이해되지도 않고…. 영어는 포기했어요.
> 연구자: 대학 안 가요?
> 성대: 안 갈 거예요. 고등학교 때 하고 싶은 공부를 하고 바
>   로 취직하는 게 좋을 것 같아요.

연구자: 그럼 중학교 다니는 게 어떤 의미가 있을 것 같아요?

성대: 음…. 시간 때우기.

연구자: 역사 시간에는 왜 자요? 역사는 대충 이해가 되지
않나요?

성대: 아니에요. 역사는 너무 어려워요.

용주: 흥선대원군 다음 고종인 건 알겠는데, 고종 다음은
가물가물해요. 뭐가 뭔지 모르겠어요. 뭐 애가 애를
낳고, 애가 배신하고, 사촌이 배신해서 왕이 되고, 누
가 유배 가고 어쩌고저쩌고 이러쿵저러쿵, 이건 뭐 어
쩌라는 건지 모르겠어요.

성대는 수업에 조금이나마 참여하려고 애쓰는 학생이다. 하지만 그에
게 영어나 역사는 좀처럼 이해하기 어려운 과목이다. 학습 부진이 계속
누적되다 보니 중학교 3학년 때 이미 영어를 포기하게 되었다. 역사 과
목의 경우 지식의 난이도보다는 교육과정과 수업 형태가 문제가 되는
듯했다. 용주의 진술에 의하면 복잡한 역사적 사건이 나열되는 역사 수
업은 '이건 뭐 어쩌라는 건지 모를' 수업이었다. 즉 이 학생은 교과 수업
내용을 자기 삶과 아무런 관련이 없는 것으로 여기고 있었다.

용주나 성대는 중학교 3학년에 이미 대학 진학을 포기한 학생들이다.
성대는 진로를 불투명하게 생각하지만, 용주는 컴퓨터 게임 프로그래
머로서 진로를 구체적으로 설정하고 있었다. 하지만 용주는 중학교 수
업이 미래 진로에 별다른 도움을 주지 않는다고 생각했다.

연구자: 용주는 남들보다 진로를 먼저 깨달았네. 컴퓨터 게
임 프로그래머가 되고 싶은 이유는 뭐예요?

용주: 저는 공부와 상관없이 혼자 상상하는 걸 좋아해요.

글도 많이 써 봤고요. 지구에 중력이 없어지면 어떻게 될까, 내가 무슨 능력이 생기면 어떨까, 내가 감정이 없는 사이코패스라면 어떨까 상상해 보고….

연구자: 그 상상력을 컴퓨터 게임으로 구축해 볼 수 있겠네요?

용주: 네. 게임에서는 현실에서 이룰 수 없는 것이 가능하잖아요.

연구자: 그럼 중학교 수업이 자기에게 도움 되는 건 없나요?

용주: 도움 되는 거요? 없어요. 솔직히.

용주는 상상력도 풍부하고 책 읽기와 글쓰기도 좋아하는 학생이다. 그리고 그러한 재능을 컴퓨터 게임을 통해 표출하려는 꿈이 있다. 하지만 용주는 중학교 교육과정이 적성과 능력을 계발하는 데 도움이 되지 않았다고 단언한다. 그래서 용주는 수업 시간에 늘 자며 '타임머신'을 타고 있었다.

이처럼 수업 자체에 별다른 의미를 찾지 못해 잠을 통해 현실로부터 도피하고 있는 용주의 모습은 번스타인이 말한 '소외'에 해당한다. 용주와 달리 성대는 열심히 수업에 참여하려고 노력은 한다. 하지만 영어와 역사는 도저히 자기 뜻대로 되지 않는다고 했다. 이처럼 학업에 참여하려 하지만 그럴 만한 능력이 되지 않아 스스로를 안타깝게 생각하는 성대의 모습은 번스타인이 말한 '간극'에 해당한다. 교실에서 이들은 사실상 존재하지 않는 존재이고, 이들에게 수업 시간은 존재하지 않는 시간이나 마찬가지다.

4. 장곡중학교 수업의 특징과 학생 참여

연구자는 A중학교에서와 마찬가지로 장곡중학교 1학년 한 학급을 대상으로 1교시부터 마지막 시간까지 수업을 참관했다. 1~2교시 수학, 3교시 음악, 4교시 과학, 5교시 국어, 6교시 도덕, 7교시 체육으로 수업 시간표가 편성되어 있었다.

1교시는 수학 시간이었다. 교사는 우선 지난 시간에 배운 내용을 확인했다. 한 학생이 교실 앞으로 나와 지난 시간에 배운 내용을 설명했다. 교사는 이 학생의 설명이 잘 이해되는지 학생들에게 확인해 보았다. 어떤 학생이 이해가 안 되는 부분을 말하자, 다른 학생이 이에 대해 자기 나름의 설명을 했다. 그러자 또 다른 학생이 이에 대해 설명을 덧붙였다. 교실이 'ㄷ'자로 배치되어 있어, 학생들이 세미나를 하는 듯한 분위기가 형성되었다. 학생들은 이러한 대화 방식이 익숙해 보였다. 교사는 학생의 대화를 이어받아 그 문제에 대한 해설을 마무리했다.

이후 모둠활동이 진행되었다. 학생들은 'ㄷ'자로 배치되어 있던 책상을 앞뒤로 돌려 4명씩 8모둠을 형성했다. 교사는 학습활동지를 배부했다. 학습활동지에는 벌집, 보도블록 등에 나타난 도형의 원리를 찾는 문제가 제시되었다. 학생들은 모둠별로 문제 해결을 위한 토론을 했다. 간혹 분위기가 소란스러워지기도 했지만, 문제 해결을 위한 몰입과 활기가 적절한 균형과 긴장을 이루고 있었다.

2교시도 1교시에 이어 수학 수업이 진행되었다. 1교시에 진행되었던 모둠활동을 마무리하고 모둠별 활동 결과를 공유했다. 교사는 모둠활동 결과 발표를 경청하고, 모둠 발표 내용에서 서로 차이가 나는 부분에 대해 다시 모둠 간 토론을 유도했다. 학생들의 토론만으로 해결되지 않는 부분에 대해서는 교사가 다시 개념을 설명하며 학생들이 이해할 수 있게 했다.

2시간 동안 진행된 학습 활동을 살펴보니 학생들의 흥미 유발에서 시작하여 원리 이해 및 적용, 탐구에 이르는 과정이 구현되고 있었다. 특히 다소 난해한 개념을 실생활의 문제와 통합적으로 다루어 학생들이 수학의 원리를 흥미롭게 탐구하도록 하는 것이 인상적이었다. 교사의 진도 나가는 속도도 적절한 편이었다. 동일한 학습 내용을 개념 설명, 문제 풀이, 모둠 토론, 발표 등 다양한 과정을 통해 반복했기 때문에 뒤처지는 학생은 거의 발견되지 않았다. 교사와 학생 간 소통, 학생들끼리의 협력, 실생활과 연관된 탐구 과정이 진행되는 동안 자는 학생은 아무도 없었다.

3교시는 음악 시간이었다. 단원은 '세계 각국의 민요 배우기'였다. 교사가 컴퓨터와 모니터로 악보를 제시하고 반주를 연주하자 학생들은 이에 따라 노래를 불렀다. 교사는 이 노래에 얽힌 역사적 배경에 대해 짤막한 동영상 자료를 보여주었다.

30분이 지나자 교사는 모둠 편성을 지시했다. 교사가 제시한 학습 활동은 민요 공연 계획을 세우는 것이었다. 각 나라의 특징이나 민요의 내용에 어울리는 의상과 소품을 준비하고 그 특성이 잘 드러나는 방식으로 공연을 할 예정이라고 했다. 학생들은 모둠별로 열심히 대화를 나누었다. 1, 2교시와 마찬가지로 교사가 제시한 학습 활동에 적극적으로 참여했고, 자는 학생은 한 명도 없었다.

4교시는 과학 시간이었다. 학습주제는 '힘의 평형'이었다. 교사는 전 시간의 학습 내용을 상기시키며 주요 개념을 설명하고, 학습활동지를 배부하며 학생들이 각자 풀게 했다. 몇몇 학생이 학습활동을 어려워하며 딴짓하거나 엎드리기 시작했다. 그러자 교사는 모둠별 배치를 지시하고 학생들이 함께 학습활동을 해 보라고 했다. 학생들은 곧 활기를 띠고 이 문제에 대해 서로 토의하기 시작했다. 그 과정이 매우 자연스럽고 익숙해 보였다.

어느 정도 시간이 지나자 교사는 모둠을 풀고 원래 자리로 돌아가게 했다. 그리고 나니 수업 분위기가 다시 차분해졌다. 교사는 모둠별 활동 내용을 발표시켰다. 한 학생이 다소 빠른 속도로 발표하자 교사는 "다시 한번 천천히 이야기해 줄래? 친구들이 모두 잘 들었으면 좋겠어." 라고 했다. 학생이 발표를 마치자 교사는 그 학생의 발표에 피드백하고, 다른 학생에게도 발표를 시켰다. 그 학생이 제대로 발표를 못 하자 교사는 "틀려도 괜찮아. 자기 생각을 이야기해 봐."라며 독려했다. 이런 과정을 통해 학생들을 탐구 과정으로 안내했다.

1~4교시까지 진행된 수업에서 일정한 패턴을 발견할 수 있었다. 교사가 강의할 때는 학생들이 경청하고, 각자 문제를 풀거나 모둠별로 해결해야 할 때는 서로 대화를 나누었다. 교사의 설명을 듣는 시간, 개별적으로 학습하는 시간, 모둠활동하는 시간이 45분의 수업에서 교차 반복되었다. 이처럼 '반복과 변화'를 보이는 것이 장곡중학교 수업의 일반적인 시간적 패턴이었다.

5교시는 국어 시간이었다. 연극 수행평가를 발표하는 시간이었다. 교사가 '관람대형'으로 배치할 것을 지시했다. 학생들은 책상을 뒤로 밀고 가운데 자리를 비워서 발표 공간을 만들었다. 닫힌 'ㄷ'자 배치가 열린 'ㄷ'자 배치로 바뀌면서 무대 공간이 만들어졌다. 이렇게 교실 공간에 변화가 생기면서 학생들은 연극 공연이라는 신체적 활동을 하게 되었다.

한 모둠의 공연이 시작되었다. 하지만 준비가 제대로 되어 있지 않아 다소 미숙한 공연이 진행되었다. 공연이 끝나자 학생들은 평가를 했다. "어제 공연과 오늘 공연에 별로 달라진 게 없어.", "대사 전달이 잘 되지 않았어." 등 부정적인 평가가 많았다. 그러자 교사는 "전학 온 학생이 있어서 새로 준비하느라 힘들었을 거야."라고 위로했다. 좁은 교실에서도 새로운 공간 배치를 통해 연극 공연을 하면서 학생들의 적극적인 참여를 유도하는 교사의 노력이 돋보이는 수업이었다.

6교시는 도덕 수업이었다. 전 시간 수업들과 달리 주로 교사의 강의 위주로 진행되었다. 교사가 설명하는 개념은 간단히 언급해도 충분히 이해될 만한 쉬운 개념이었다. 하지만 교사는 다양한 사례를 들면서 이 개념에 대해 장황한 설명을 이어갔다. 시간이 흘러감에 따라 학생들은 지루해하는 모습이 역력했다. 한 학생이 대놓고 자기 시작했고, 몇몇 학생들도 자다 깨다 하는 모습을 보였다.

수업 시간 후반부에 교사는 학습활동지를 나눠주고 학생들에게 자기 생각을 쓰게 했다. 하지만 학습활동지의 내용은 학생들의 실생활과 별 연관성이 없는 추상적인 내용이었다. 6교시라 학생들이 신체적으로 힘들어할 시간이기도 했지만, 다른 수업과 달리 강의 위주로 진행되는 수업 탓에 자는 학생들이 많아졌다. 그러다가 수업 시간 종료 직전에는 자는 학생이 줄어들었다. 다음 시간인 체육수업을 기대하는 눈치였다.

7교시는 체육 수업이었다. 학생들은 모두 활기를 되찾고 체육복을 갈아입으며 운동장에 나갈 준비를 했다. 이 수업에는 모든 학생이 활기를 갖고 열심히 참여했다.

장곡중학교 학생 면담

연구자는 이 학급 학생인 준호(가명), 희준(가명)과 면담을 했다. 연구자가 학생들과 교실에서 생활하며 자연스럽게 친해진 학생들로, 수업 시간에 특별히 돋보이지도 않고 딴짓하지도 않는 평범한 학생들이다.

> 연구자: 이렇게 'ㄷ'자로 앉아 있는 게 좋아요?
> 준호: 앞을 보고 앉아 있으면 선생님만 쳐다보게 되는데, 이
> 렇게 앉으면 옆의 애들과 생각을 많이 나눌 수 있어요.

희준: 아이들끼리 토의도 하고 공유도 하니까 좋아요.

연구자: 아까 보니까 모둠활동하면서 서로서로 잘 알려주
     는 것 같아요. 늘 그래요?

희준, 준호: 네.

연구자: 처음부터 그랬나요, 많이 하다 보니 그렇게 된 건
     가요?

준호: 처음엔 어색했지만 한두 달 정도 지나서 익숙해졌어요.

연구자: 초등학교와 중학교가 뭐가 다른 것 같아요?

희준: 초등학교 때는 토의 같은 걸 많이 안 했는데 중학교
     때는 많이 하고요. 초등학교 때는 선생님이 설명만
     했는데 지금은 학생들이 한 번 더 생각하게 해요.

연구자: 수업 분위기는?

준호: 초등학교 때는 수업 시간에도 떠들고 그랬는데 여기
     는 안 그러고 다들 경청해요.

연구자: 내가 보니까 수업 시간에 자는 애들이 없어요. 늘
     그래요?

희준: 한두 명씩 있거나, 아니면 없거나 그래요.

　두 학생과의 면담 내용은 연구자가 수업을 참관하며 관찰한 바와 크
게 다르지 않았다. 주목할 만한 것은 학생들이 초등학교 때보다 중학교
때를 더 좋아한다는 점이다. 그 이유는 수업 시간에 학생들끼리 서로
협력하며 공유한다는 점, 그리고 교사가 일방적으로 설명하기보다는 학
생들이 스스로 생각하도록 돕는다는 점이다.

　물론 학생들도 처음에는 모둠별 협력학습을 어색해했으나 곧 적응하
게 되었고, 학생들끼리 도와가며 공부하는 것에 높은 만족도를 보였다.
이 학생들은 '배움의 공동체'의 원리를 나름대로 잘 이해하고 있었으며,

'토의', '공유', '경청' 같은 어휘를 일상적으로 활용하고 있는 것도 인상적이었다.

5. 수업 참여와 소외 양상에 대한 현상학적 분석

지금까지 두 학교 수업의 양상과 이에 대한 학생들의 반응을 있는 그대로 기술했다. 매넌이 제시한 현상학적 범주인 시간성, 공간성, 신체성, 관계성에 따라, 두 학교 학생의 수업 참여와 소외 양상을 〈표 25〉와 같이 정리할 수 있다.

〈 표 25 〉 수업 참여와 소외 양상에 대한 현상학적 분석

범주	A중학교	장곡중학교
시간성	분절적·인위적 시간성 직선적 시간성 빠른 진도 속도	분절적·인위적 시간성 반복과 변화의 시간성 적절한 진도 속도
공간성	단절적 공간성 고정적 공간성	관계적 공간성 유동적 공간성
신체성	억압적 신체성 무질서한 신체성의 폭발	활동적 신체성 관계 형성을 위한 신체성
관계성	교사 주도의 일방성 학생 사이의 고립 교과와 학생 삶의 단절	교사와 학생의 소통 학생과 학생의 협력 교과와 학생 삶의 통합

가. 시간성

학교의 물리적 시간성은 '시간표'로 상징된다. 시간표의 특징은 '분절성'과 '인위성'이다. 학교의 시간표는 자연스러운 시간의 흐름을 40분(초등학교), 45분(중학교), 50분(고등학교) 단위로 끊어서, 1교시부터 6~7교시까지 서로 다른 과목을 배치한다. 이는 인간의 자연스러운 신체 리듬

과 어긋난 것으로, 특히 어린 학생에게 고도의 인내력을 요한다.

이러한 시간 배치는 근대 자본주의의 속성과 관련이 깊다. 이는 최소 비용으로 최대 이윤을 얻어내기 위해 공장 노동자의 움직임을 정확한 시간 단위로 통제하는 '포드-테일러주의' 시스템과 유사하다. 이에 적합한 노동력을 배출하기 위해 학교에서는 정해진 시간과 규율에 따라 움직이는 인간상을 추구했다. 이런 점에서 학교의 시간표는 그 자체로 잠재적 교육과정을 형성한다.

학교 시간표의 또 다른 특징은 서로 다른 과목이 임의로 배치되어 있다는 점이다. 왜 1교시가 수학이고 2교시가 체육이며 3교시가 미술인지 합리적 근거를 찾을 수 없다. 학생의 하루 일과는 이처럼 인위적이고 분절적으로 배치된 시간표에 따라 이루어진다. 학생 입장에 볼 때 쉬는 시간 10분을 사이에 두고 전혀 다른 세계로 넘나드는 경험을 하게 된다.

이러한 인위적, 분절적 시간의 흐름은 A중학교나 장곡중학교나 마찬가지다. 하지만 그 속에서 느껴지는 주관적 시간성은 조금 다른 양상을 보였다.

A중학교 수업은 '분절적·인위적 시간성'에 더하여 '직선적 시간성', '빠른 진도 속도'를 보였다. '직선적 시간성'이란 수업 시간 45분 내내 교사의 일방적 강의 방식으로만 수업이 진행되었음을 말한다. 게다가 교사의 강의는 대체로 '빠른 진도 속도'로 이루어졌다. 교사들은 많은 분량의 교육과정을 모두 쏟아붓기 위해 학생의 반응을 살필 겨를 없이 빠른 속도로 수업을 이어갔다.

이러한 시간성 속에서 A중학교 학생들은 거의 매일 수업 시간마다 동일한 패턴을 보였다. 1교시 이후 시간이 흐를수록 자는 학생들이 늘어나다가 점심시간 직전에 줄어들고, 5교시에 최고치로 늘다가 종례 시간이 다가올수록 학생들이 깨어나기 시작했다. 용주(가명)의 표현에 의하면 자는 시간은 집에 가기만 기다리며 '타임머신'을 타고 훌쩍 시간 이동을 하는 때이기 때문에 그에게는 실제로 존재하지 않는 시간이나 마찬가지였다.

이처럼 교사가 일방적으로 수업을 진행하고, 그 속도가 빠를수록 수업에서 소외되는 학생은 많아진다. 이는 '포드-테일러주의' 시스템에 따라 물건을 대량으로 빠르게 찍어내는 공장의 모습과 유사하다. 그 속도를 애써 따라가는 학생도 힘겹고, 그렇지 못하는 학생은 아예 소외된다. 이는 마치 영화 〈모던 타임즈〉에서 노동자가 빠른 속도로 돌아가는 컨베이어 벨트 속도를 따라가지 못하고 톱니바퀴에 끼어 버리는 모습과 유사하다.

하지만 동일한 45분 수업이라 하더라도, 진도 속도가 적절하고, 학생이 참여하는 시간이 어느 정도 보장되면 학생들은 전혀 다른 시간성을 경험하게 된다. 45분이 덜 지루하게 느껴지고, 그 시간이 의미 있는 시간으로 다가온다. A중학교에서도 진도 속도가 적당하고 학생들의 협력적 활동이 보장되는 국어, 기술 수업에서는 늘 자던 학생도 수업에 어느 정도 참여하는 모습을 보였다.

장곡중학교 역시 시간표가 '임의적·분절적 시간성'에 따른 것임은 마찬가지다. 하지만 장곡중학교 수업에서는 A학교와 달리 '반복과 변화의 시간성', '적절한 진도 속도'가 나타나 있었다.

'반복과 변화의 시간성'은 45분 수업 시간이 교사의 일방적인 강의로만 진행되는 것이 아니라 '교사의 안내 → 학생의 개별 학습 → 학생의 소집단(모둠) 학습 → 발표와 피드백 → 교사의 정리'와 같은 흐름으로 이루어짐을 의미한다. 이 흐름을 통해 유사한 학습 내용이 반복되기도 하고 심화되기도 하는 다양한 변주를 이루었다. 45분이라는 물리적 시간이 10분~20분 정도의 단위를 이루고 의미 있는 변화를 형성하면서 서로 다른 시간성이 나타났다. 그 속에서 학생들은 수업을 지루해하지 않고 능동적으로 참여하고 있었다.

또한 장곡중학교 수업은 대체로 학생들이 참여하기에 적절한 진도 속도를 유지하고 있었다. 교사들은 많은 분량을 빠른 속도로 가르치기보다는, 적극적인 교육과정 재구성을 통해 불필요한 분량을 덜어내고 그 자리에 학생이 참여할 수 있는 시간적 여유를 확보했다. 이러한 시간적 여유를 토대로 수업의 공간성, 신체성, 관계성이 새롭게 변화할 수 있었다.

나. 공간성

수업의 시간성을 상징하는 것이 '분절적·임의적 시간표'라면, 수업의 공간성을 대표하는 것은 '일렬로 배치된 책상'이다. 이러한 공간 배치에서 불균등한 권력이 작동한다. 학교와 군대, 감옥이라는 공간의 유사성에 주목한 푸코는 이 속에서 감시와 통제에 순응하는 주체가 양성된다고 보았다.Foucault, 1975 예를 들어 교사가 교단 위에 서서 수업을 하고 모든 학생이 교사를 향해 일렬로 앉아 있는 공간 배치가 권력 관계를 나타낸다. 이런 공간성 속에서 학생은 교사가 전달하는 지식을 수용하는 존재가 되기 때문에 교사와 학생 간에 의미 있는 소통이 어렵게 된다.

A중학교의 교실 좌석 배치는 이른바 '시험 대형'이었다. 학생들은 각각 혼자 앉아 교사의 강의를 가만히 듣는 공간 배치였다. A중학교가 이러한 교실 좌석 배치를 한 이유는 학생들이 서로 잡담하지 못하도록 하기 위함인 것으로 보였다. 그래서인지 수업 시간에 잡담하는 학생은 거의 없었다. 하지만 상당수의 학생은 멍하니 앉아 있거나 엎드려 자는 모습을 보였다. 교사와 학생 사이에, 학생과 학생 사이에 의미 있는 소통은 거의 이루어지지 않았다. 이를 '단절적 공간성', '고정적 공간성'이라고 할 수 있다. 교실이라는 거대한 바다에서 각자 무인도에 혼자 앉

아 있는 듯한 모습이었다.

A중학교의 공간성에 변화가 생기는 시점은 학생들이 교과 교실로 이동할 때였다. 하지만 앞에서 서술했듯이 학생들이 과학실로 이동하면서 활기를 되찾았지만, 정작 과학실에서는 의미 있는 학습활동이 진행되지 않았기에 소란스러운 분위기만 연출되었다. 반면 기술 수업의 경우 교과 교실에서 협력적 학습활동이 이루어지면서 학생들이 수업에 적극적으로 참여하는 모습을 보였다. 이처럼 A중학교에서는 교과 교실로 이동함에 따라 긍정적 혹은 부정적 효과가 나타났다.

반면 장곡중학교 수업은 'ㄷ'자 좌석 배치에 따른 새로운 공간성 속에 진행되었다. 'ㄷ'자 배치는 학생들이 서로의 얼굴을 마주 보며 자연스럽게 대화를 나눌 수 있는 구조이다. 이러한 공간성은 그 자체로 '학생 사이에 관계성이 형성되는 공간 배치'다. 학생들은 강의가 진행되는 동안 교사의 질문에 적극적으로 대답하거나 이에 대해 서로 이야기를 주고받는 모습을 보였다. 이처럼 학생 간 대화와 소통이 자연스럽게 이루어질 수 있었다.

또한 장곡중학교 수업에서는 교실 안에서 다양한 공간 이동이 이루어졌다. 'ㄷ'자 배치는 조금만 움직여도 쉽게 4명씩 한 모둠을 편성할 수 있는 구조다. 교사의 지시에 따라 익숙하게 모둠을 편성하고 학습 과제를 협력적으로 해결하는 토의를 했다. 때로는 '작은 ㄷ자 배치'가 '커다란 ㄷ자 배치'로 바뀌기도 했다. 예를 들어 국어 시간에 모둠별 연극 공연을 할 때는 'ㄷ'자 가운데를 크게 비워 무대로 활용하기도 했다. 이러한 공간성을 '관계적 공간성', '유동적 공간성'이라 할 수 있다. 이는 학생들이 활발히 몸을 움직이는 신체성, 학생들 사이에 협력적 소통이 이루어지는 관계성의 토대가 되었다.

다. 신체성

어린 학생들은 대부분 몸을 움직이는 것을 좋아한다. 유아교육은 유아들이 몸을 활발히 움직이는 놀이 중심 교육과정으로 이루어진다. 초등학교에서도 놀이 교육의 중요성이 강조된다. 놀이와 학습은 분리되지 않으며, 충분히 몸을 움직여 놀아야 공부도 잘할 수 있다는 인식이 확산되어 왔다. 사춘기의 절정으로 치닫는 중학생 역시 몸을 움직이는 활동을 선호하는 연령대다. 중학생 대부분이 체육 과목을 선호하는 까닭이 여기 있다.

그러나 학교 수업은 기본적으로 '신체성의 억압'을 특징으로 한다. 학생들은 쉬는 시간만 되면 교실에서 몸을 움직이며 놀이를 즐기지만, 10분이라는 분절된 시간이 끝나면 다시 고정된 자리에 앉아 신체성을 훈육 당하게 된다. 학생들은 이런 상황에서 딴짓하며 신체성을 회복하려 하든가, 아니면 자면서 별도의 시공간으로 탈출을 시도하게 된다.

이렇게 신체성이 억압되어 있다가 특정한 계기가 생기면 '신체적 움직임의 표출에 따른 부정적인 혼란'이 나타난다. A중학교 학생들이 교과교실로 이동했을 때 매우 소란스러운 모습을 보이는 이유도 여기 있다. 이는 성대(가명)가 이야기했듯이 학생들은 일단 '교실에서 벗어났다는 생각' 때문에 억압되어 있던 신체성을 폭발적으로 발산하여 매우 소란스러운 분위기를 연출하게 된 것이다. 특히 과학 수업의 경우 교과 교실로 이동했지만 별다른 학습활동이 부여되지 않았기 때문에 신체적 이동으로 인한 부정적인 혼란이 극대화되었다. 이처럼 적절한 학습활동이 부여되지 않거나, 협력학습이 일상적이고 자연스러운 문화가 되지 못한 경우에는 신체적 움직임이 표출되더라도 부정적 혼란이 형성된다.

반면 장곡중학교의 경우 'ㄷ'자 배치로 형성된 공간성에서 '적절한 신체적 움직임'을 보였다. 수업 시간 내내 제자리에 앉아 교사의 설명을 수동적으로 듣기만 하는 것이 아니라, 개별학습과 협력학습, 발표 및 토의 등 시간성의 변주에 따라 모둠을 배치하는 등 공간성의 변화가 생겨나고, 이에 따라 학생들은 몸을 움직여 학습활동지에 무언가를 쓰고 동료 학생들과 얼굴을 마주하고 토론하는 등 신체성의 변화를 경험하게 된다. 이렇게 장곡중학교에서는 '신체적 움직임을 통한 학생 간 관계성 형성'이 이루어졌다. 그래서 신체적 움직임이 표출되었을 때도 A중학교와 같은 부정적인 혼란이 형성되는 게 아니라 학생 간의 긍정적인 관계성이 형성될 수 있었던 것이다.

라. 관계성

인간은 혼자 사는 존재가 아니라 타자와 관계를 이루며 사는 존재다. 교실이라는 작은 사회에서도 마찬가지다. 수업은 관계의 공간이어야 한다. 수업에서는 교사와 학생, 학생과 학생의 관계가 중요하다. 학생이 교사나 다른 학생과 별다른 관계를 형성하지 못하면, 온라인 공간에서 홀로 학습하는 것이나 다름없다. 나아가 수업에서 배우는 내용이 학생의 삶과 어떤 관계성을 형성하는지도 중요하다.

전통적인 일제식 수업에서는 '교사와 학생의 단절'이 나타난다. 소수의 학생만 수업에 참여할 뿐, 학생 대다수는 멍하니 있기, 딴짓하기, 잠자기 등의 형태로 수업에서 소외된다. 학생 대부분이 자는 수업에서는 학생만이 아니라 교사도 소외된다. A중학교의 수업에서 대부분 이런 모습을 확인할 수 있었다.

학생과 학생 사이의 관계성 형성도 학생들의 수업 참여 양상에 큰 영향을 미친다. 학생들이 일렬로 앉아 교사의 설명을 듣고 있어야 하는 상황에서는 '학생과 학생 사이의 단절'이 나타난다. 학생들이 수업 외적 상황에서 개인적 교우 관계를 형성하더라도, 수업 내적 상황에서는 의미 있는 관계성을 형성하기 어렵다.

교과와 학생 간의 관계성은 "이 교과가 나에게 의미가 있다."라는 인식, "나는 이 교과 학습을 성공적으로 할 수 있다."라는 자아 개념이 형성되는 것을 의미한다.Munns & Woodword, 2006; 성열관, 2013 수업에 왜 참여해야 하는지 모르거나 그 수업을 따라갈 자신이 없다면 '교과와 학생의 단절'이 나타난다. 수업 시간에 늘 자는 용주(가명)는 "수업 시간에 배우는 내용이 나에게 도움이 되는 것이 전혀 없다."라고 단언할 정도였다. 그렇기에 용주는 거의 모든 시간에 자며 아예 수업으로부터 도피하고 있었다.

교과와 학생 사이에 관계성이 형성된다는 것은 또한 교과가 실생활이나 사회적 가치와 연계되어 '지식-탐구-실천'의 유기적 관련을 형성하는 것을 의미한다.Wehlage, Newman & Secada, 1996; 성열관, 2012 A중학교 수업에서는 대부분 이러한 관계성을 찾아보기 어려웠다. 일례로 영어 수업의 경우 '카카오 농장의 아동 노동'에 대한 텍스트를 다루고 있었음에도, 그것이 학생의 삶이나 사회 문제와 의미 있는 관련을 맺지 못한채 단순한 영어 독해 자료로 활용될 뿐이었다. 또한 역사 수업에서도 과거의 역사와 현재의 사실이 접목되지 않은 채 단순한 사실이 나열될 뿐이었다. 그렇기에 상상력이 풍부한 용주(가명)에게도 역사 수업은 '얘가 얘를 낳고, 누가 누구를 배신해서 왕이 되고, 어쩌고저쩌고 이러쿵저러쿵, 이건 뭐 어쩌라는 건지 모르는' 이야기로 다가왔다.

장곡중학교 수업은 A중학교와 다른 관계성을 형성하고 있었다. 장곡중학교 교사들은 대부분 강의 위주의 일제식 수업을 하기보다는 학생의 배움의 과정을 중시하는 수업을 했다. 물론 개념 설명이 필요할 때는 학생들에게 '경청'을 요구했지만, 수업이 진행되면서 학생들의 다양한 참여를 유도하고 이에 대해 적절한 피드백을 했다. 이런 과정에서 '교사와 학생의 소통'이 형성되었다.

장곡중학교의 'ㄷ'자 배치는 공간성 그 자체로 '학생과 학생 사이의 협력'이 형성되는 토대가 되었다. 같은 공간에 있는 학생들이 서로에게 무의미한 타자가 아니라, 얼굴을 마주보고 앉아 소통의 분위기가 형성되면서 서로에게 의미 있는 타자로 존재하게 되었다. 모둠별 배치가 이루어지면 학생들 사이에 더욱 대면적이고 협력적 관계가 형성된다. 준호(가명)와 희준(가명)이 "이렇게 앉으면 생각을 많이 나눌 수 있다.", "못 따라오는 애들에게 알려 줄 수 있다."라고 했듯이, 이 속에서 배움으로부터 소외되는 학생들은 급격하게 줄어들게 된다.

장곡중학교에서는 교과와 학생의 관계에서도 '교과와 실생활, 지식-탐구-실천의 통합'이 형성되어 있었다. 수학과 같은 주지 교과 수업에서도 수학의 원리를 실생활과 연관 지어 탐구하는 활동이 이루어졌고, 음악과 같은 예술 교과 수업에서도 학생들의 표현 활동을 각 나라의 역사나 문화와 연계하는 방식이 돋보였다. 모든 수업에서 이런 양상이 나타나는 것은 아니지만, 대체로 교과와 삶이 통합되고 지식-탐구-실천이 연계되는 방향으로 교육과정이 구성되어 있음을 알 수 있었다.

5. 수업 소외 극복을 위한 실천적 과제

좋은 수업이란 모든 학생이 참여하고 배움의 즐거움을 느끼며 성장을 경험하는 수업일 것이다. 이는 결코 쉽지 않다. 교실에는 수업의 의미를 발견하고 적극적으로 참여하는 학생, 수업에 열심히 참여하려 하지만 이를 이해하기 어려워하는 학생, 수업을 이해하지만 이로부터 별다른 의미를 발견하지 못하는 학생, 눈은 뜨고 있지만 머리는 딴 세상에 가 있는 학생, 눈을 감고 있지만 잠은 자지 않는 학생, 아예 대놓고 자는 학생 등 다양한 학생들이 있다.

A중학교와 장곡중학교 수업을 관찰하면서 이런 양상을 현상학적으로 분석해 보았다. 두 학교의 수업 모두 학별 중심의 입시교육, 획일화

된 교육 여건, 다인수 학급 등 근본적인 한계에서 벗어날 수 없었다. 그러나 이런 여건에서도 두 학교는 서로 다른 수업 양상을 나타냈고, 그 속에서 학생들은 서로 다른 현상을 경험하고 있었다.

A중학교의 경우 대부분 수업이 강의 위주의 빠른 진도로 이루어졌으며, 학생들은 닫힌 공간성 속에서 신체성을 억압당한 채 교사와 학생, 학생과 학생, 교과와 학생 사이에 의미 있는 관계성을 형성하지 못하고 있었다. 반면 장곡중학교의 경우에는 대부분 수업이 반복과 변화의 시간적 흐름을 보이면서 적절한 속도의 진도를 유지했으며, 학생들은 다양한 공간적 이동을 경험하면서 적절한 신체적 움직임을 보였다. 그 결과 교사와 학생 사이에는 의미 있는 소통이, 학생과 학생 사이에는 협력적 배움이, 교과와 학생 사이에는 통합적 관계가 일정 부분 형성되어 있었다. 이는 일정한 구조적 한계 속에서라도 교육과정과 수업이 변화하면 더 많은 학생을 배움으로 초대할 수 있음을 시사한다.

학생의 수업 소외 극복을 위한 시사점을 다음과 같이 정리할 수 있다. 첫째, 교사의 의도보다는 학생들의 경험을 중시하는 것, 둘째, 학생들의 신체성을 일깨우기 위해 수업의 시간성과 공간성에 변화를 주는 것, 셋째, 수업 과정에서 교사와 학생, 학생과 학생 사이에 소통과 협력적 관계를 형성하는 것, 넷째, 교육과정과 학생의 삶을 통합하고 지식과 탐구, 실천 과정을 유기적으로 연계하는 것 등이다. 이는 곧 "학교가 나에게 의미가 있다."라는 믿음과 "나는 학업을 성공적으로 수행할 수 있다."라는 자아 개념을 불러일으켜 학생을 수업의 주인으로 참여시키는 것이다.

교실에 30명의 학생이 있다면 그 속에는 30개의 경험 세계가 존재한다. 이 학생들을 교사 혼자 책임질 수는 없다. 하지만 학생들이 대부분 자는 수업이라면 교사도 그 수업에서 소외되기는 마찬가지다. 자는 학생을 깨우는 낮은 수준의 방법은 흥미를 유발하는 자료를 활용하는 것이다. 중간 수준의 방법은 학생의 상호작용을 높이는 협력형 활동을 하는 것이다. 가장 높은 수준의 방법은 모든 학생이 존중받는 수업 문화를 구축하고, 학교 교육과정이 학생 삶에 의미 있도록 하는 것이다.

그러나 냉정하게 인정해야 할 것은, 학교만의 노력으로 자는 학생을 온전히 깨울 수 없다는 것이다. 학교가 사회적 선별 장치로 존재하는 한, 다시 말해 승자와 패자를 가려내는 역할을 충실히 수행하는 한, 자신은 패자가 될 수밖에 없는 운명임을 간파하는 학생이 있을 것이다. 이들은 수업 시간에 눈을 뜨고 있다 하더라도 사실상 잠들어 있는 존재나 마찬가지다.

하지만 학생이 엎드려 있다고 하여 아예 잠들어 있는 것도 아니다. 그러니 학교와 교사는 학생을 일깨워 삶의 주인공과 미래 사회의 변혁가로 성장시키는 노력을 포기할 수 없다. 깨워야 할 대상은 수업 시간에 자는 학생이 아니라 학교의 낡은 관행, 그리고 사회적 문제를 애써 외면하고 있는 사람이다.

3. 1수업 2교사제[*]
_한 명도 포기하지 않는 책임교육

공교육의 목적은 소외되는 학생 없이 모두가 전인적으로 성장하도록 돕는 데 있다. 과거에는 소수 상위권 학생을 변별하는 엘리트주의가 강조되었으나, 최근에는 '한 명도 포기하지 않는 책임교육'이 강조되고 있다. 여기서 말하는 '책임'은 특히 상대적으로 불리한 처지에 있는 학생, 배움에 특별한 어려움을 겪는 학생 등에 대한 책임을 강조한다.

'한 명도 포기하지 않는 책임교육'이라는 담론은 교육개혁의 모범으로 널리 알려진 캐나다 온타리오주의 교육에서 영향을 받았다. 캐나다 온타리오주는 '한 명도 포기하지 않는 교육'을 목표로 설정하고, 이를 구현하는 방법으로 '보편적 학습설계Universal Design for Learning, UDL'와 '개별화 학습Differentiated Instruction, DI'을 제시한다.[Hargreaves & Shirley, 2012]

우리나라에서도 최근 보편적 학습설계와 개별화 학습에 대한 관심이 높아지고 있다. 하지만 국내에 소개된 자료는 대부분 해외 특수교육 현장에서 개발된 것으로, 이를 일반적인 초중등학교에 적용하기에는 어려움이 있다. 특히 다인수 학급에서 일제식 수업에 익숙해져 있는 교사들

---

[*] 공동연구자: 강에스더 박사

이 그 구체적인 방법을 찾기는 쉽지 않다.

하지만 한국의 초중등학교 현장에서도 보편적 학습설계와 개별화 학습의 원리를 적용하려는 시도가 조금씩 확산하고 있다. 이를 뒷받침하는 제도가 협력교사제 수업이다. 2010년대 초중반 일부 교육청에서 시작했던 협력교사제 수업은 '정규 교육과정 운영 중 일부 교과에 협력교사를 투입하여 담임교사와 협력교사의 협력수업을 진행하고, 이를 통해 모든 학생이 소외되지 않고 참여하는 수업 전략을 구사하며, 특히 배움이 느린 학생에 대한 개별화된 지원을 제공하는 제도'^{서울특별시교육청, 2015}를 의미한다. 이후 협력교사제 수업은 '1수업 2교사제'라는 국정과제로까지 확대되었으나, 최근에는 시도교육청 자체 사업으로 축소되었다. 이 과정에서 거둔 성과와 한계를 객관적으로 분석할 필요가 있다.

이 글에서는 세 초등학교에서 진행된 1수업 2교사제의 특징을 분석했다. 이를 바탕으로 1수업 2교사제의 취지를 온전히 실현하는 방법, '한 명도 포기하지 않는 책임교육' 구현을 위한 방향성을 제시하고자 한다.

1. '책임교육'의 의미와 방향

우리나라 학교 현장에서 '책임교육'이라는 용어가 널리 확산한 것은 2010년부터 본격화된 혁신학교 운동을 통해서다. 혁신학교는 '배움과 돌봄의 책임교육 공동체'로 규정할 수 있다. 이에 따르면 책임교육이란 '한 학생도 소외되지 않고 잘 배울 수 있도록 협력과 참여의 교육을 실현하는 것', '한 학생도 배움의 과정에서 소외된 채 남겨놓지 않겠다는 교육적 의지가 반영된 것'이다.^{성열관·이순철, 2010}

혁신교육의 확산과 함께 여러 시도교육청에서는 '단 한 명도 소외되지 않는 책임교육'이라는 문구를 교육지표로 선정해 왔다. '책임교육'이라는 담론은 '경쟁과 차별'을 극복하고 '협력과 지원'을 중시하겠다는 교육철학, 입시 위주의 경쟁교육에서 소외되어 온 학생에 대한 각별한 지원을 강조하고자 하는 정책적 의지를 담고 있다.

'책임교육'에서 말하는 '책임responsibility'은 신자유주의 교육정책에서 강조하는 '책무성accountability'과는 구분되는 개념이다. '책무성'은 서비스 공급자와 소비자의 관계를 전제로 하여, 서비스 공급자가 자신의 성과를 정량적으로 측정count하여 이를 입증account할 의무가 있다는 개념이다. 대표적인 사례가 교원능력개발평가, 교원성과급 등의 정책이다. 이와 달리 '책임'은 교육적 요구에 기꺼이 '응답response'하려는 윤리 의식에서 나온 개념이다. 이는 특히 학업에 어려움을 겪는 학생, 장애가 있는 학생, 사회·경제적으로 열악한 처지에 있는 학생들의 특별한 필요에 적극적으로 대처하는 교육자의 자질에 해당한다. 이처럼 '책임'은 '윤리 의식' 차원에서 논의되어야 한다.

이러한 '책임윤리'를 특별히 강조한 학자가 베버다.[Weber, 1919] 정치인이 지향해야 할 덕목으로 '신념윤리'와 함께 '책임윤리'를 제시한 그는, 정치인은 마땅히 자신의 신념에 따라 행한 결과뿐만 아니라 의도하지 않은 결과에도 책임지는 태도를 지녀야 한다고 강조했다. 책임윤리 개념을 과학기술시대에 적용한 요나스는 인간이 과학기술을 통해 의도했던 행위의 결과뿐만 아니라 의도하지 않았던 결과까지 책임질 의무가 있다고 보았다.[Jonas, 1979] 이에 따르면 책임의 대상은 인간 사회뿐만 아니라 지구상에 존재하는 모든 생명체까지 확대되어야 하며, 책임의 범위 역시 현재 세대뿐만 아니라 미래 세대까지 확장되어야 한다. 그는 이러한 논의를 통해 책임의 세 가지 요소로 '총체성', '연속성', '미래성'을 제시했다. 총체성은 모든 영역에 대한 책임을, 연속성은 중단 없이 지속되는 책임을, 미래성은 미래를 위해 지금 해야 할 사전 예방적 책임을 의미한다.

'책임교육'은 이러한 '책임윤리'를 구현하는 교육이라 할 수 있다. 학교와 교사는 기본적으로 학생의 전인적 성장을 위해 책임질 의무가 있으며, 의도했던 교육활동의 결과뿐만 아니라 의도하지 않은 결과에도 책임을 져야 한다. 특히 우리나라 교육은 입시를 위한 경쟁교육에 종속되어 있어 불가피하게 성적 우수 학생에 대한 지원에 역량을 쏟아왔다. 이에 따라 학교와 교사가 의도하지 않았다 하더라도 수많은 학생이 이로부터 소외되고 좌절감과 무기력에 빠진 결과가 발생했다. 그리고 입시와 상대평가라는 명목으로 이들을 사실상 방치하고 책임지지 않은 것도 사실이다.

책임교육이란 이러한 의도하지 않은 결과까지 주목하는 데서 출발한다. 예를 들어 지나치게 높은 난도의 교육과정, 빠른 속도의 일제식 수업, 변별중심의 평가는 성적 상위권 학생에게 도움이 될지 몰라도 대다수 학생을 소외시키는 결과를 의도하지 않더라도 낳게 된다. 이와 반대로 적정한 교육과정, 학생 참여형 수업, 성장중심 평가 등을 통해 학습부진 학생들까지도 도움을 줄 수 있어야 '총체성'의 책임윤리를 구현할 수 있다. 또한 이러한 도움이 일회적인 프로그램에 의해서가 아니라 지속적인 시스템을 통해 이루어져야 '연속성'의 책임윤리를 구현할 수 있으며, 학습 부진이 발생한 이후가 아닌 예방적 조치를 할 때 '미래성'의 책임윤리를 구현할 수 있다. 이러한 책임교육을 구현하고자 하는 제도 가운데 하나가 '1수업 2교사제'다.

2. 기초학력 보장 정책

학교 교육의 목적은 모든 학생이 소외되지 않고 성장하도록 지원하는 것이다. 그럼에도 학생들은 개인별·집단별 학력 격차를 보이며, 학교는 이들을 체계적으로 지원하는 데에 한계를 보이고 있다. 학생들은 같은 학년이라 할지라도 발달단계에서 차이를 보이며 배우는 속도도 다르다. 입시 위주 경쟁교육 풍토, 고난도 교육과정과 학습량, 과밀학급과 일제식 수업 등 고질적인 한국교육 여건에서 특히 학습 부진 학생 등 배움이 느린 학생들의 교육권은 제대로 보장되기 어렵다.

이러한 문제의식에서 교육당국 및 학교에서는 모든 학생의 기초학력을 보장하기 위한 다양한 정책과 프로그램을 운영해 왔다. 하지만 학습 부진의 예방보다는 사후 처방에 치우쳐 문제를 조기에 방지하지 못했다는 지적이 제시되었다.[이화진, 2009] 또한 진단평가가 정량적 측정 위주여서 학습 부진의 원인을 정확히 알아내기 어렵고[임유나, 2013], 이들 학생에게 보충학습을 제공하는 방식은 낙인 효과만 줄 뿐 별다른 실효성이 없다는 지적도 제기되었다.[백병부, 2010] 또한 고난도 교육과정 및 획일화된 수업 자체로 양산되는 학습 부진 학생 문제에는 근본적인 해결책을 마련하지 못하고 있다는 비판도 제기되었다.[김미숙·김유상, 2014]

이처럼 과거에는 표준화된 검사를 통해 기초학력 미달 학생을 선별하고 이들에게 보충학습을 제공하거나 수준별 수업을 하는 '배제적 방식'이 주로 이루어졌다. 이후에는 교육과정과 수업 혁신을 통해 모든 학생의 배움을 보장함으로써 학습 부진을 예방하는 '포괄적 방식'으로 패러다임이 변화해 왔다.[이혜정 외, 2013] 이러한 패러다임의 변화는 크게 보아 다음과 같은 방향을 지향한다.

첫째, 사후 지도에서 사전 예방으로 변화하고 있다. 읽기, 쓰기, 셈하기 등 일부 영역에 대한 표준화된 진단 도구를 통해 학습 부진 학생을 선별하여 지도하는 것이 아니라, 인지적 영역과 정의적 영역을 포괄하여 관찰하는 진단 활동을 통해 여러 이유로 학습에 어려움을 겪는 학생을 찾아 지원하고 있다.

둘째, 지원이 필요한 학생의 범위를 확대하고 있다. 전에는 3~4%에 해당하는 기초학력 미달 학생에게 보충 학습을 제공했으나, 최근에는 20% 내외에 해당하는 학생에게까지도 개별화된 지원을 제공하는 것을 목표로 한다.

셋째, 교육과정 및 수업 방식을 바꿈으로써 모든 학생의 배움을 보장하고 소외되는 학생이 없게 하는 것을 목표로 한다. '고난도 교육과정 → 교사의 일방적인 강의식 수업 → 뒤처지는 학생에 대한 배려 부재 → 학습 부진 누적'이라는 악순환을 극복하고, '교육과정 재구성(적절한 분량과 난이도) → 학생의 참여와 협력이 보장되는 수업 → 뒤처지는 학생에 대한 배려 → 학습 부진 예방'이라는 선순환 과정을 지향한다.

이와 관련해 핀란드와 스웨덴 등 북유럽 교육을 참고할 수 있다. 이들 국가에서는 기초학력 보장을 위한 지원이 조기부터 적극적으로 이루어지며 지원 대상도 매우 광범위하다. 그 결과 핀란드는 국제학업성취도평가PISA의 모든 영역에서 우수한 성적을 나타낼 뿐만 아니라 상위권 학생과 하위권 학생 사이의 학업성취 격차를 적극적으로 좁히는 성과를 낳았다.

이들 국가에서는 학생들의 수준에 따라 적극적인 맞춤형 지원을 하는 개별화 교육계획Individual Education Plan, IEP이 보편화되어 있다. 개별화 교육계획이란 학생 개개인의 특성에 맞게 학습 목표를 정하고 이에 대한 지원을 하는 일련의 프로그램을 의미한다. 장애 학생이나 학습 부진 학생에게는 전문적 교사에 의한 특별지원이, 그 밖의 이유로 학업의 어려움을 겪는 학생들에게는 집중지원이 제공되며, 이를 바탕으로 모든 학생을 위한 중층적 지원 시스템이 구축되어 있다.

핀란드에서 체계화되어 있는 중층적 지원 시스템은 특별지원special support, 집중지원intensified support, 일반지원general support 등 세 층위로 이루어져 있다.[Thuneberg et al., 2013] 특별지원은 장애 학생을 위한 특수교육을 확대한 것으로, 장애뿐만 아니라 그 밖의 이유로 특별한 어려움이 있는 학생을 위해 전문가로 구성된 복지팀이 다양한 지원을 하며, 약 5%의 학생을 대상으로 한다. 집중지원은 특별지원과 일반지원 사이 약 20%의 학생을 대상으로, 정규수업 외에 다양한 형태의 보충학습 기회를 제공하는 것이다. 일반지원은 모든 학생을 대상으로 교육과정, 진로진학 지원, 학생복지, 동아리 활동 등 총체적인 지원을 하는 것이다.

이처럼 국내외의 기초학력 보장 정책은 소수의 학생을 대상으로 하는 선별적 지원에서 모든 학생을 대상으로 하는 보편적 지원으로 확대되어 왔다. 그리고 학생의 개별적 특성과 요구에 따른 중층적 지원 시스템을 갖추어 가고 있다. 이러한 지원은 모든 학생을 위한 책임교육을 지향한다. 1수업 2교사제는 이러한 포괄적인 지원 가운데 하나로, 특히 교실 수업에서 어려움을 겪는 학생을 세심하게 돕기 위한 교수법에 해당한다.

3. 1수업 2교사제 수업 모델

'1수업 2교사제 수업'은 본래 '한 교실에서 두 교사가 함께 수업을 진행하는 협력적 교수법'을 의미하며, 이는 보통 통합학급에서 담임교사와 특수교사의 협력적 교수법 혹은 외국어 수업에서 교과교사와 원어민교사의 협력적 교수법을 지칭하는 용어였다. 특수교육이나 외국어교육 외의 분야에서 1수업 2교사제가 적용되는 사례는 매우 적었다. 그래서 1수업 2교사제 수업 모델에 대한 연구는 거의 이루어지지 않았다.

앞에서 언급했듯이 핀란드의 중층적 지원 시스템은 기초학력 보장 및 모든 학생을 위한 책임교육 실현을 목표로 하는 1수업 2교사제 수업에도 많은 시사점을 줄 수 있다. 여기서는 이를 바탕으로 1수업 2교사제 수업 모델을 다음과 같이 세 가지 범주로 설정해 보았다.

첫째, 특정한 학생을 위한 '특별지원' 수업 모델이다. 이는 다른 학생들과 함께 공부하는 데 어려움을 겪는 학생을 협력교사가 일반교실에서 혹은 별도의 공간으로 분리하여 개별적으로 지도하는 모델이다. 예를 들어 해당 학년 교육과정을 정상적으로 이수하는 데 심각한 어려움을 겪는 학생을 대상으로 한다. 이 경우 담임교사의 진단에 따라 특별지원 대상 학생을 선정하고, 협력교사가 이 학생을 전담 지원한다. 이 학생의 특성에 따른 개별화 교육계획을 세우되, 다른 학생들과 동일한 교육과정 내용을 수준에 맞게 재구성함으로써 교육과정 공백이 생기지 않도록 한다. 그리고 일정 기간이 지나면 담임교사와 협력교사 공동의 판단에 따라 특별지원 대상 학생을 다른 학생들과 통합하여 교육하게 된다.

둘째, 소수의 학생을 대상으로 하는 '집중지원' 수업 모델이다. 다른 학생들과 함께 학습하는 데는 큰 문제가 없지만 집중적인 관심과 지원이 필요한 학생들을 협력교사가 지원하는 모델이다. 예를 들어 문해력이 다른 학생에 비해 다소 부족한 학생, 올바른 학습 태도가 형성되어 있지 않아 교사의 배려가 필요한 학생을 대상으로 한다. 이 경우 대상 학생을 분리하지 않고, 담임교사가 수업을 전반적으로 이끄는 가운데 협력교사가 이들 학생에게 자연스럽게 다가가 학습을 지원하게 된다.

셋째, 모든 학생을 대상으로 하는 '일반지원' 수업 모델이다. 이는 담임교사가 협력교사와의 코티칭coteaching을 통해 새로운 수업 방식을 도입함으로써 모든 학생이 수업에 적극적으로 참여하도록 유도하는 모델이다. 담임교사 혼자 감당하기 어려웠던 혁신적 교수법을 적극적으로 도입하고, 협력교사 역시 수업의 보조적 역할에서 벗어나 주도적인 역할을 하게 된다. 이 경우 담임교사와 협력교사의 치밀한 사전 수업 협의가 필수적이다.

4. 1수업 2교사제 수업의 실행 양상

연구자는 A초등학교, B초등학교, C초등학교 교사들과 1수업 2교사제에 대한 협력적 실행연구를 했다. 수업 대상 학년은 2학년으로 했다. 본격적인 교과 교육과정이 시작되는 3학년 이전에 읽기, 쓰기, 셈하기 등 3R 영역을 중심으로 기초학력을 다질 필요가 있기 때문이었다. 연구자는 교사들에게 '특별지원' 수업 모델, '집중지원 수업 모델', '일반지원 수업 모델'을 설명했다. 담임교사는 자기 학급의 특성에 맞는 수업 모델을 선정하고 협력교사와 수업을 했다. 연구자는 수업 참관 후 담임교사 및 협력교사와 여러 차례 인터뷰를 했다. 이 과정에서 수업 방식을 새롭게 바꾸어가며 더 좋은 방안을 찾아갔다.

가. 특별지원 수업 모델

특별지원 수업 모델은 기초학력이 매우 부족한 학생을 협력교사가 일반교실 혹은 별도의 공간으로 분리하여 개별적으로 지도하는 모델이다. 학급당 한두 명 정도를 특별지원 대상으로 선정할 수 있다. A초등학교에서는 이들 학생을 별도의 공간으로 분리하는 방식으로, B초등학교에서는 이들 학생을 일반교실에서 함께 학습시키는 방식으로 진행했다.

(1) 개별공간에서의 특별지원 수업

A초등학교에서는 담임교사가 판단하여 특별지원 대상 학생을 선정하고, 이 학생을 수업 중 별도의 공간으로 분리하여 협력교사가 전담하

는 방식을 택했다. 이 학생을 대상으로 한 수업에서는 읽기 부진 학생을 위해 맞춤형으로 제작된 특별 교재^{정재석 외, 2014}를 사용했다. 이러한 특별지원 수업에서 나타난 특징은 다음과 같다.

(가) 기초학습 능력 형성을 위한 지원

초등학교 1~2학년 단계에서는 읽기, 쓰기, 셈하기 등 3R 영역 기초능력이 매우 중요하다. 초등학생들은 입학 전에 이미 글을 읽고 쓰는 법을 배우는 경우가 매우 많다. 입학 후에는 이러한 선행학습의 정도, 가정에서의 부모의 돌봄 정도에 따라 기초적인 문해력에 상당한 격차를 보인다. 일부 초등학생들은 기초적인 읽기나 쓰기 능력이 부족하여 수업 시간에 소외되는 경우가 있으며, 심지어 초등학교 고학년이나 중학생 때까지 기본적인 문해 능력의 부족으로 인해 학습 부진의 누적을 보이는 경우도 있다.^{엄훈, 2012}

따라서 기본적인 문해 능력이 부족한 학생들을 조기에 발견하여 이들 수준에 따른 적절한 지원을 제공함으로써 학습 부진을 예방하는 것은 매우 중요한 과제다. 특별지원 수업 모델은 이러한 기초적인 문해 능력 형성에 초점을 두고 있다.

> 김○○ 학생은 특히 받침이 들어간 글자 쓰기에 어려움을 겪고 있었다. 이에 협력교사는 특별교재를 활용하여 읽기와 받아쓰기 수업을 집중적으로 진행했다. 학생이 읽기와 쓰기 과제를 충실히 수행할 때 협력교사는 "잘 읽었어요.", "글씨가 예뻐지네요."라며 칭찬을 아끼지 않았다.
> 강○○ 학생은 발음이 부정확하고, 책을 빨리 읽는 습관이 있다. 또한 소리 나는 그대로 쓰기 때문에 받아쓰기를 제대로 하지 못한다. 이에 협력교사는 이 학생이 책을 천천히 읽는 습

관을 기르도록 지도했다. 쓰기의 경우 다양한 받침이 들어가는 단어를 읽고 쓰게 하는 방식으로 수업이 진행되었다. 교사는 "천천히 읽으니까 참 좋아요.", "아직 틀리는 글자가 있지만, 예전보다 잘하고 있어요." 등의 칭찬을 자주 해주었다.

_A초등학교 수업 참관일지

A초등학교 협력교사는 이처럼 읽고 쓰는 능력에 어려움을 겪는 학생들을 그 특성에 따라 개별적으로 지원하는 데 힘을 기울였다. 특히 이들 학생에게 "잘 읽었어요.", "참 좋아요." 등과 같은 칭찬을 일상적으로 해주었다. 이러한 긍정적인 동기화는 담임교사가 20여 명의 학생을 지도하는 일반적인 수업에서는 이루어지기 어렵다. 특별지원을 받는 학생들은 자신의 수준에 맞는 학습을 할 수 있을 뿐만 아니라 협력교사의 적극적인 칭찬과 격려를 받으며 학습 의욕을 북돋을 수 있었다.

(나) 정서적인 배려, 긍정적인 동기화
이처럼 특별지원은 학생들의 기초적인 학습 능력을 형성하는 데 초점을 맞춘다. 여기에 더해 협력교사는 학생들을 정서적으로 배려하고 긍정적으로 동기화하는 역할을 하고 있었다.

학생들은 개별지도를 받는 도중 학교나 가정에서 일어났던 소소한 일상의 일들을 이야기하는 경우가 많다. 최○○ 학생은 자기 이야기하기를 좋아한다. 담임교사에 의하면 이 학생은 조손 가정 자녀로, "난 엄마에게 버림받았어요."라는 말을 스스럼없이 한다고 한다. 그만큼 인정 욕구가 충족되지 않아서인지 학급에서는 늘 자기 이야기를 중얼거리며 수업 진행을 방해하는 경우가 많다고 한다. 이 학생은 개별지도 시간에도 자기 이야기를 끊임없이 늘어놓는다. 협력교사는 이 학생의 이야기를 잘 들어주면서도, 이 학생의 생활 태도를 바로잡으려고 노력한다. "앞으로 ○○이가 선생님하고 약속한 대로 친구들과 사이좋게 지내면 그때 선생님도 ○○이가 원하는 것을 해줄게."라며 이 학생을 다독인다. _A초등학교 수업 참관일지

학생들은 협력교사와의 일대일 수업을 무척 좋아한다. 협력교사에게 자연스럽게 안기기도 하고, 더 열심히 공부할 것을 약속하기도 한다. 개별공간으로 분리되어 생길 수도 있을 낙인 효과보다는 협력교사와 사적 친밀감이 형성되는 모습을 발견할 수 있다.

특히 학업성취 수준이 낮은 학생의 경우 인지적 영역뿐만 아니라 정의적 영역에 대한 돌봄도 중요하다. 가정으로부터 돌봄을 받지 못한 탓에 형성된 정서적 불안이 학습 의욕 저하의 원인이 되는 경우가 많기 때문이다. 따라서 특별지원 수업은 이들을 정서적으로 배려하고 학습 동기를 형성한다는 점에서도 의미를 지닌다.

(2) 통합교실에서의 특별지원 수업

B초등학교에서는 A초등학교와는 다른 형태의 특별지원 수업이 이루어지고 있었다. B초등학교에도 A초등학교와 마찬가지로 사회경제적인 배경이나 가정의 지원 문제로 학습 부진을 경험하는 학생들이 많다. 그러나 B초등학교의 경우 이들 학생을 별도의 공간으로 분리하지 않고 다른 학생들과 같은 교실에서 수업을 하는 방식을 택했다. 자칫 낙인 효과를 줄 수도 있고, 일반적인 수업의 흐름에서 이 학생들이 배제될 수도 있기 때문이다. 대신 학급에 배치된 협력교사가 수업 내내 이들 학생 바로 옆에 앉아 수업을 잘 따라갈 수 있도록 도왔다. 이러한 B초등학교의 특별지원 수업에서 나타난 특징은 다음과 같다.

(가) 통합적 교육과 개별화된 교육의 결합

B초등학교 담임교사는 특별지원이 필요한 학생을 두 명 선정했고, 이들 학생이 짝이 되어 앉게 했다. 그리고 협력교사가 이들 학생 가운데 자리를 잡고 수업 시간 내내 두 학생을 전담하여 지원했다. 담임교사가 수업을 진행하는 가운데 협력교사는 자신이 맡은 학생들이 담임교사의 지시에 따라 제대로 학습을 하는지 지켜보며, 학생들이 어려움에 부딪힐 때마다 학습활동을 지원했다.

이들 중에는 다문화 학생도 있었다. 이 학생은 한글 해독 능력이 다른 학생에 비해 현격히 낮았다. 협력교사는 이 학생 바로 옆에 앉아 한글 맞춤법에 맞게 글을 쓸 수 있도록 하나하나 지도했다. 이 학생은 지적 능력 자체가 부족한 것은 아니기에 협력교사의 도움을 받아 수업의 흐름을 무난하게 따라갈 수 있었다. 담임교사의 질문에 적극적으로 답하기도 하고, 손을 들고 발표하는 모습도 보였다.

이러한 수업은 통합적 교육과 개별화된 교육이 결합된 방식이라 할 수 있다. 특별 지원 대상 학생도 수업의 전반적인 흐름에서 배제되지 않고 다른 학생들과 동일한 교육과정을 따라갈 수 있었다. 하지만 이들 학생은 다른 학생보다 배우는 속도가 느리고 글을 읽거나 쓰는 데 어려움이 있어 개별화된 지원이 필요했다. 이런 부분에 대해서는 수업 시간 내내 옆에 앉아 있는 협력교사의 도움을 받아 무난하게 과제를 수행할 수 있게 되었다.

(나) 특별지원에서 일반지원으로 확대

B초등학교의 수업은 기본적으로 협력교사가 특별지원 대상학생과 근접한 위치에서 이들을 지원하는 형태를 띠지만, 수업 과정에서 새로운 방식이 나타나기도 했다.

'자신이 겪을 일을 시로 써 보기'라는 활동이 진행되었다. 교사는 〈딱지치기〉라는 시를 함께 읽고 이 중 가장 재미있게 느껴지는 구절을 발표하게 했다. 이후 교사는 교실 앞뒤 공간을 활용하여 학생들이 실제로 딱지치기 놀이를 하도록 했다. 학생들은 다들 즐거운 모습으로 교실 여기저기에서 모둠별로 모여 딱지치기를 했다. 담임교사와 협력교사는 모둠별로 흩어져 학생들의 놀이을 지원했다.

딱지치기가 끝나자 교실 배치는 원래 상태로 돌아왔다. 교사는 마인드맵을 활용하여 딱지치기 활동의 느낌을 적도록 했다. 협력교사는 자신이 맡은 학생에게 작은 목소리로, 혹은 필담을 활용하며 글을 쓸 수 있도록 지원했다. 한글 맞춤법도 익숙하지 않은 학생들이지만 협력교사의 지원을 받아 적극적으로 시 쓰기를 했다.   _B초등학교 수업 참관일지

이런 장면은 개별 학생에 대한 특별지원에서 모든 학생을 위한 일반지원으로 수업 형태가 바뀌는 부분이라 할 수 있다. 즉 교과 내용, 학습활동의 특성에 따라 협력교사의 역할이 새롭게 확대될 수 있는 것이다. 학생이 개별과제를 할 때는 협력교사의 도움을 받지만, 통합과제를 할 때는 다른 학생들과 동등한 자격으로 과제를 함께 수행하게 된다.

담임교사는 협력교사의 도움으로 다양한 학습활동을 원활히 할 수 있게 된다. 배움이 느린 학생들에게 협력교사가 개별적인 도움을 주도록 맡길 수 있으며, 모둠활동 등 활동 중심 수업 역시 협력교사의 도움으로 원활히 진행할 수 있게 된다. 이는 협력교사의 도움을 받아 수업 혁신을 적극적으로 시도하는 사례라 할 수 있다.

나. 집중지원 수업 모델

집중지원 수업 모델은 다른 학생들과 공부하기에는 특별한 문제가 없으나 집중적인 관심과 지원이 필요한 소수 학생을 지원하는 형태다. 집중지원 수업은 특별지원 수업 모델과 달리 일반적인 학생 배치를 유지하는 가운데 진행된다. 다만 협력교사는 지원 대상 학생을 유심히 관찰하다가 필요한 경우 자연스럽게 다가가 학습을 돌봐주는 역할을 하게 된다. 협력교사는 또한 담임교사와 사전에 협의한 지원 대상 학생 외의 학생에게도 필요한 경우 도움을 제공하는 역할을 할 수 있다. 다음은 A초등학교와 B초등학교의 수업에 나타난 집중지원 수업의 특징이다.

(가) 낙인 효과 주지 않기, 자연스럽게 도움 주기

A초등학교의 집중지원 수업은 담임교사가 수업을 하는 가운데 협력교사가 지원 대상 학생들을 유심히 관찰하다 필요한 경우 이들 학생에게 다가가 자연스럽게 도움을 주는 방식으로 진행되었다.

> '분류하기' 단원의 수학 수업이 진행되고 있었다. 담임교사는 교실 앞에서 수업을 하고, 협력교사는 교실 뒤쪽과 옆쪽을 순회하면서 학생들의 학습 과정을 유심히 살펴보고 있었다. 그러다가 지원 대상 학생이 주의집중을 하지 않자 자연스럽게 그 학생에게 다가가 수업에 집중할 수 있도록 다독였다.
>
> 교사의 설명이 끝나고 학생들이 각자 학습 과제를 해결하는 시간이 되었다. 협력교사가 지원 대상 학생을 좀 더 유심히 살펴야 하는 시간이다. 협력교사는 그 학생에게 다가가 과제를 자세히 설명하면서 스스로 문제를 해결하도록 도움을 주었다. 그 학생은 협력교사의 도움을 받아 과제를 해결해 갔다.

주변의 다른 학생이 도움을 청하자 협력교사는 그 학생에게 다가가 문제 해결 요령을 설명해 주었다. _A초등학교 수업 참관일지

협력교사는 수업이 진행되는 동안 지원 대상 학생을 특별히 염두에 두며 관찰하다가 필요할 때 다가가 도움을 준다. 하지만 이 학생에게만이 아니라, 필요한 경우에는 다른 학생들에게도 도움을 준다. 누구든지 협력교사에게 도움을 청하기 때문에, 지원 대상 학생에게 낙인 효과가 발생하기 어려운 구조다.

(나) 다양한 학생에 대한 중층적 지원

B초등학교에서는 A초등학교와 조금 다른 집중지원 수업 모델을 적용했다. B초등학교에서는 협력교사 2명이 투입되었다. 이 중 1명은 담임교사가 별도로 교실 한쪽에 모둠 형식으로 모아놓은 학생들을 집중적으로 지원하며, 다른 1명은 학급 전체 학생을 대상으로 필요에 따라 도움을 제공했다.

특정 학생들만 별도의 모둠으로 분리한 것에 대해서는 논란의 여지가 있을 수 있다. 이들에게 낙인 효과를 줄 수 있고, 다른 학생들과 자연스럽게 어울리며 협력적 상호작용을 할 기회를 얻지 못할 수 있다. 그러나 담임교사는 이들이 이질집단에 편성될 경우 오히려 자신이 공부를 못한다는 사실이 쉽게 노출되어 마음의 상처를 받을 수 있다고 보았다. 그래서 이들을 별도의 모둠으로 편성하여 협력교사의 도움을 받게 했다.

이처럼 한 교실에 협력교사를 2명 배치함으로써 또 다른 효과를 낳을 수 있다. 협력교사 중 한 명은 4명 정도로 배치된 지원 학생들을 대상으로 집중적인 지원을 한다. 또 다른 협력교사는 나머지 학생들의 학습 과정을 전반적으로 관찰하다가 이들 학생이 도움을 요청할 경우 개

별적인 지원을 한다. 이 속에서 배움의 속도가 다른 다양한 학생들 모두에게 중층적인 지원을 할 수 있게 된다.

다. 일반지원 수업 모델

앞에서 분석한 특별지원 수업 모델, 집중지원 수업 모델과 달리 일반지원 수업 모델은 모든 학생을 대상으로 하는 방식이다. 담임교사는 혼자 시도하기 어려웠던 모둠별 협력활동, 놀이 중심 수업 등을 적극적으로 시도하게 되고, 협력교사는 담임교사를 보조하는 자리에서 벗어나 담임교사와 거의 동등한 자격으로 수업에 참여하는 적극적인 역할을 하게 된다.

학교마다 수업 혁신을 위한 노력이 활발하게 이루어지고 있다. 그 방향은 교사 위주의 강의식 수업에서 벗어나 학생들의 참여와 협력, 배움을 중심에 놓는 수업이다. 교실에 협력교사가 추가 배치되면 수업 혁신을 적극적으로 시도하기가 훨씬 쉬워진다. 이런 수업은 특히 초등학교에서의 혁신학교 모델을 선도적으로 창출하고 있다고 인정받아 온 C초등학교에서 활발하게 이루어졌다.

> 국어 시간에 동화 〈백두산 장생초〉에 대한 수업이 진행되었다. 담임교사는 학생들과 동화를 읽으며 대강의 내용을 파악하게 했다. 이러한 수업이 진행되는 중에 협력교사는 교실을 순회하며 학생들이 수업에 집중하도록 독려했다.
> 담임교사는 학생들에게 모둠 편성을 지시했다. 교과서에 실린 동화의 뒷이야기를 상상하고 모둠별로 이야기를 나누게 했다. 그리고 모둠별로 상상한 뒷이야기의 줄거리를 그림을 그리며 쓰도록 했다. 학생들은 활발하게 모둠활동을 했고, 담임교사와 협력교사가 절반씩 모둠을 나눠 맡으며 학생들의 활동

을 지원했다.

　국어 시간에 〈야! 우리 기차에서 내려〉라는 동화에 대한 수업이 진행되었다. 책상을 모두 교실 양옆과 뒤쪽으로 밀어 놓고 학생들은 교실 가운데에서 담임교사 주위에 둥글게 모여 앉았다. 담임교사는 학생들에게 동화책을 읽어주었고, 협력교사는 학생들을 다독이며 차분하게 동화 이야기를 듣도록 수업 분위기를 조성했다.

　모둠별로 이 동화 내용을 한 장면씩 역할극을 하는 활동이 이어졌다. 학생들은 각자 동화 속 배역을 맡으며 모둠별로 역할극을 했다. 담임교사와 협력교사는 각각 세 모둠을 나눠 맡으며 학생들의 역할극을 지원했다.

　모둠별 연습을 마친 후 한 모둠씩 교실 한쪽을 무대 삼아 짤막한 공연을 했다. 나머지 학생들은 교실 바닥에 앉아 친구들의 공연을 즐거운 마음으로 박수 치며 관람했다. 담임교사는 발표의 전반적인 흐름을 진행했고, 협력교사는 학생들이 올바른 태도로 관람하도록 지도했다. _C초등학교 수업 참관일지

　C초등학교의 수업에서는 모둠별 활동, 놀이 활동, 발표 활동 등이 활발하게 진행되었다. 동화의 뒷이야기를 상상하여 모둠별로 창작을 하고 이를 표현하는 활동, 동화 내용을 모둠별로 역할극을 만들어 보고 이를 발표하는 활동 등이 원활하게 진행되었다. 모든 학생이 수업에 소외되지 않고 적극적으로 참여했으며, 활발하고 즐거운 분위기에서 문학 작품을 감상하고 표현하게 되었다. C초등학교는 학급당 학생 수가 30여 명으로 A초등학교나 B초등학교보다 10명 정도 많음에도, 이러한 수업이 무리 없이 진행되었다. 이는 담임교사의 개인적 역량이 뛰어났기

때문이기도 하며 협력교사의 도움이 컸기 때문이기도 하다.

앞에서도 언급했듯이 최근 기초학력 보장 정책의 패러다임은 교육과정 및 수업 방식을 혁신함으로써 소외되는 학생이 없도록 하는 방향으로 변화하고 있다. 고난도의 교육과정, 교사 일방의 강의식 수업, 빠른 속도의 진도 나가기식 수업에서는 배움에서 소외되는 학생, 학습 부진이 누적된 채 무의미한 시간을 보내는 학생이 발생하기 마련이다. 배움이 느린 학생들을 배려하려면 교육과정 및 수업 방식 자체가 참여적이고 협력적인 방식으로 바뀌어야 한다. C초등학교의 1수업 2교사제 수업에서 이러한 가능성을 충분히 엿볼 수 있었다.

5. 1수업 2교사제의 효과

가. 기초학력 보장을 위한 조건 마련

1수업 2교사제의 일차적인 목적은 일상적인 수업에서 학생들에게 개별화된 지원을 함으로써 학습 부진 누적을 조기에 예방하는 것이다. 이런 효과는 단기간에 가시화되는 것은 아니지만, 짧은 기간의 관찰을 통해서도 성과가 나타날 가능성이 엿보이고 있다.

협력교사의 역할은 우선 수업에 집중하지 못하거나 학업 의욕이 부족한 학생들을 정서적으로 배려하는 데 있다. 일반적으로 배움이 느린 학생들은 어려서부터 부모의 돌봄을 받지 못해 기초적인 학습 능력을 키우지 못하거나 정서적으로 불안정하고 학습 태도를 제대로 갖추지 못한 경우가 많다. 협력교사가 교실 공간 혹은 개별 공간에서 이들을 정서적으로 돌보고 학습 태도를 갖추도록 배려하는 것만으로도 이들 학생의 성장에 큰 도움이 된다.

정서적으로 불안정한 학생이 수업 분위기를 흐리는 경우가 있는데, 저는 그 아이들을 잘 돌보는 역할을 우선적으로 하고 있어요. 학생들을 만난 지 두 달이 되어 가는데, 아이들이 얼마나 성적이 향상되었는지는 모르겠지만, 학습 태도가 훨씬 좋아지고 표정이 밝아진 것만은 분명해요.

_A초등학교 협력교사 인터뷰

우리 학교 학생들은 가정의 돌봄을 받지 못하는 학생들이 많아요. 저는 학교가 가정의 문제까지 해결해 줄 수는 없다고 생각해요. 하지만 이 아이들도 학교를 좋아하게 만드는 것, 누군가의 사랑을 받는다고 느끼게 하는 것이 중요하다고 봐요. 부모의 사랑을 받지 못하는 아이들이 협력교사 선생님들 덕분에 선생님의 사랑을 받고 있어요.   _B초등학교 담임교사 인터뷰

학생들은 협력교사를 담임교사보다 더 친근하게 여기며 잘 따르는 모습을 보였다. 학생들이 먼저 협력교사에게 다가가 안기는 등, 정서적인 교감을 나누는 장면을 자주 관찰할 수 있었다. 나딩스는 가정과 학교를 각각 돌봄과 교육의 영역으로 구분하는 전통적인 관념을 비판하고, 학교 교육이 지향해야 할 것은 돌봄과 배려의 윤리를 형성하는 것이라고 주장했다.Noddings, 1992 기초학력을 보장하는 첫걸음은 돌봄 기회를 얻지 못한 어린 학생에게 엄마의 품과 같은 정서적 배려를 하는 것이라 할 수 있다.

이들 학교 협력교사에게 공통적으로 나타난 태도는 학생의 가능성을 확인하고 이들을 끊임없이 격려하며 칭찬하는 것이었다. 이러한 긍정적 동기화 과정에서 협력교사는 자연스럽게 학생들이 기본적인 학습 습관을 형성하도록 노력했다.

우리 반 ○○이는 학업능력은 부족하지만 문제를 틀리더라도 열심히 노력하는 아이예요. 협력교사 선생님들이 오시기 전에는 이 아이를 돌봐줄 시간이 부족했는데, 지금은 많은 도움이 되었을 거예요. _A초등학교 담임교사 인터뷰

○○이는 의지가 있는 아이예요. 그래서 개인적으로 칭찬을 많이 해주고 있어요. 이제는 모르는 것이 나오면 적극적으로 물어보고 학습 의욕을 보이고 있어요. _B초등학교 협력교사 인터뷰

아직은 아이들이 어려서 감정의 기복에 따라 학습 태도가 달라지는데, 제가 잘 다독여 주면 마음을 잡고 수업에 잘 참여해요. 그렇다고 해서 아이들의 요구를 무조건 받아주는 것은 아니에요. 스스로 문제를 풀려고 노력해야 도움을 받는다는 사실을 알게 해주니, 아이들이 스스로 공부하는 태도가 생기고 있어요. _C초등학교 협력교사 인터뷰

위 발언에서도 알 수 있듯이, 나이 어린 초등학교 2학년 학생들이 공부에 관심을 갖는 계기는 시험 성적이나 보상, 처벌 같은 외적 동기 부여가 아니라 교사와의 친밀한 관계, 관심과 격려 등을 통해 형성되는 내적 동기 부여다. 하지만 20명이 넘는 학생을 혼자 담당하는 담임교사가 이를 온전히 감당하기는 어렵다. 협력교사가 학업 의욕이 부족하거나 학습 습관이 제대로 형성되지 못한 학생들을 긍정적으로 동기화하여 학습 습관을 형성시켜 주는 것만으로도 큰 도움이 된다.

우리 반에 아예 덧셈, 뺄셈을 못 하던 아이가 있어요. 하지만 협력교사 선생님 덕분에 개별적인 도움을 받고서, 3주쯤

지나니까 바로 기초적인 덧셈, 뺄셈을 하게 되더라고요. 저도
깜짝 놀랐어요.   _A초등학교 담임교사 인터뷰

아이들의 성적보다도 수업 시간에 태도가 달라졌다는 점이
놀라워요. 우리 반에 늘 자신감이 없어 주눅이 들던 아이가
있었는데, 협력교사 선생님 도움을 받고 나니 제일 먼저 손을
들고 발표를 하더라고요. 이 아이의 새로운 점을 발견하게 되
었어요.   _B초등학교 담임교사 인터뷰

1수업 2교사제를 통해 학생들의 학업능력이 얼마나 향상되었는지를
계량화된 수치로 검증하기란 쉽지 않다. 학생들의 학업능력은 본래 비
가시적, 장기적인 과정을 거쳐 드러난다. 특히 초등학교 저학년에서는
담임교사의 관찰이나 진단활동을 통해 평가가 이루어지기 때문에 계량
화된 수치로 학업 수준을 측정하는 것이 가능하지도 바람직하지도 않
다. 그러나 이와 같은 담임교사의 진술을 통해 볼 때, 기초학력이 매우
부족했던 학생들도 협력교사제 수업을 통해 학업 수준이 상당히 향상
되었음을 알 수 있다.

나. 교사의 인식 변화

이들 학교에서 1수업 2교사제 사업을 시작할 때는 여러 가지 막연한
두려움이 있었던 것도 사실이다. 교사들은 자기 교실에 다른 사람이 들
어오는 것 자체를 많이 부담스러워한다. 게다가 협력교사가 일상적으로
함께 수업을 한다는 것은 매우 큰 부담을 느낄 수밖에 없는 상황이다.

저는 처음에 협력교사제 수업이 기존 기초학력 부진 강사
처럼 학생들을 교실 밖으로 데리고 나가는 것인 줄 알았어요.

그런데 내 교실에 협력교사가 상주하는 것이라고 하니, 괜히 이 사업에 동의했나 하는 걱정이 들었어요.

_A초등학교 담임교사 인터뷰

처음에 협력교사 선생님이 교실에 들어왔을 때, 참 어색했어요. 제 수업을 늘 누가 지켜보는 것, 내 민낯이 공개되는 느낌이 들었죠. 하지만 지금은 협력교사 선생님이 계시니까 자극을 받고 더 수업에 신경 쓰게 되는 긍정적인 효과도 있어요. 원래 수업 모습 그대로 편하게 진행하기도 하고요.

_B초등학교 담임교사 인터뷰

처음에는 저 때문에 담임 선생님이 신경 쓰이실까 봐 늘 조심스러웠어요. 하지만 담임 선생님이 편하게 대해주시고, 아이들도 저를 잘 따르니까 지금은 별다른 어려움이 없어요.

_C초등학교 협력교사 인터뷰

학교에는 교실과 교실 사이에 보이지 않는 장벽이 있다. 교사들은 기본적으로 자기 수업이 외부 사람에게 공개되는 것에 거부감을 느낀다. 특히 모든 교과를 담임교사 혼자 담당하는 초등학교에는 이런 정서가 더욱 강하다. 로티는 이러한 교직 사회의 모습을 '달걀판'에 비유했다.Lortie, 1972 달걀판에 모인 달걀들이 칸막이로 고립되어 있듯이, 교사역시 보이지 않는 벽에 의해 단절과 고립 상태에 놓여 협력관계를 구축하지 못하고 있다는 것이다. 이러한 고립과 단절에서 벗어나 소통과 협력 관계를 구축하는 것이 수업 혁신의 출발이다.

교사들은 시간이 지남에 따라 협력교사제에 대한 막연한 두려움에서 어느 정도 벗어나게 되고, 오히려 1수업 2교사제가 예상보다 긍정적인 효과를 거두고 있다는 사실을 발견하게 되었다. 무엇보다도 담임교사가 수업을 진행하는 과정에서 협력교사의 도움을 직접적으로 받고 있다는 점을 확인하게 되었다. 이는 다음과 같은 인터뷰를 통해서도 확인할 수 있었다.

> 우리 반에는 유독 큰 소리로 떠들면서 수업에 방해를 놓는 학생이 있어요. 그런데 협력교사 선생님이 이 학생을 다독이면서 진정시켜 주시니까 수업하기가 훨씬 수월해졌어요.
>
> _A초등학교 담임교사 인터뷰

> 우리 반에는 수업을 제대로 따라가지 못하는 학생이 4~5명은 돼요. 한 단원 진도를 마치면, 이 아이들이 제대로 이해하지 못한 것이 분명한데 싶으면서도 어쩔 수 없이 다음 단원으로 넘어가는 경우가 많았어요. 그런데 협력교사 선생님이 이들을 잘 돌봐주시니까 오히려 예전보다 진도를 수월하게 나가게 되었어요.
>
> _B초등학교 담임교사 인터뷰

담임교사들은 초기의 부담에서 벗어나 긍정적인 효과를 발견하게 되었다. 배움이 느린 학생을 협력교사가 개별적으로 지원하다 보니 담임교사가 전체 학생들을 대상으로 수업을 진행하는 데 큰 부담이 없게 되었다. 또한 협력교사가 배움이 느린 학생뿐만 아니라 수업 진행을 방해하는 학생의 태도를 바로잡아 줌에 따라 많은 도움을 받게 되었다.

다. 수업 혁신을 위한 모색

수업 개방의 부담에서 벗어난 담임교사는 자연스럽게 협력교사와 공동의 노력을 모색하게 되었다. 담임교사와 협력교사는 정기적인 협의회 혹은 수시 모임을 통해 학생들에 대한 정보를 주고받고 수업을 함께 준비하는 대화를 하게 된다. 이 속에서 담임교사와 협력교사의 역할 분담이 자연스럽게 이어지고, 나아가 새로운 수업 혁신을 위한 노력을 하게 된다.

> 협력교사 선생님께 도움받고 있어요. 제가 일일이 돌볼 수 없는 아이까지 돌봐주시고 이 아이에 대해 저도 미처 몰랐던 정보를 주시니까요.
> _B초등학교 담임교사 인터뷰

> 우리 반에 정에 굶주린 아이, 그래서 한번 입을 열면 자기 이야기를 끊임없이 하는 아이가 있어요. 그 아이가 교실에서 단체활동을 할 때와 개별지도를 받을 때 상당히 다른 모습을 보인다는 것을 알게 되었어요. 협력교사 선생님과 상의한 끝에, 상대방이 말할 때 그 아이가 잘 경청하는 태도를 형성하는 것을 목표로 삼았어요. 협력교사 선생님과 대화하고 그 아이에 대한 정보를 나누며 많은 도움을 받고 있어요. 요즘 그 아이가 예전보다 많이 좋아진 모습을 확인할 수 있어요.
> _A초등학교 담임교사 인터뷰

협력교사제 사업은 특정 수업 모델을 염두에 두고 시작된 것이 아니었다. 학교의 상황에 따라 다양한 형태의 수업을 시도해 보고, 학교의 실정과 학생의 상태에 따라 최적의 수업 모델을 귀납적으로 도출하는 방식으로 진행되었다. 그러다 보니 초기에는 협력교사의 역할이 모호한 상태로 수업이 진행되는 경우도 있었다. 담임교사가 수업을 하는 동안 협력교사가 교실 한쪽에서 특별한 역할 없이 서 있는 경우도 있었다. 그러나 시간이 지날수록 자연스럽게 담임교사와 협력교사 사이에 적절한 역할 배분이 이루어지는 모습을 보였다.

> 처음에는 제 역할이 부진 학생들을 도와주는 것으로만 생각했는데, 이후에는 담임 선생님의 원활한 수업을 돕기 위해 산만한 학생들을 집중시키는 역할 등을 새롭게 찾게 되었어요.
> _B초등학교 협력교사 인터뷰

> 처음에는 협력교사 선생님이 움직이는 동선까지 의논했어요. 제가 오른쪽에 있으면 협력교사 선생님이 왼쪽에 있는 등의 방식으로요. 그런데 이제는 제가 앞에서 설명할 때 협력교사 선생님은 학생들 전체를 봐주시고, 제가 이쪽 모둠을 돌봐주면 선생님은 다른 쪽 모둠을 돌봐주시는 등, 점점 호흡이 맞는 느낌이 들어요.
> _A초등학교 담임교사 인터뷰

이들 학교에서 관찰되는 협력교사의 역할은 매우 다양하다. 집중지원 대상 학생을 지원하기, 수업 시간에 집중하지 못하는 학생의 학습 태도 지도하기, 담임교사의 역할 보조하기, 모둠별 활동이 진행될 때 담임교사와 역할을 나누어 학생들을 돌보기, 개인지도가 필요한 학생에게 방과 후 별도로 시간을 내어 지도하기, 학생들과 정서적으로 교류하며 상담하기 등등이 그러하다.

이러한 역할은 담임교사와 협력교사의 일상적인 협의를 통해 정착되어가는 모습을 보여 왔다. 그리고 무엇이 학생들을 위한 좋은 수업인지를 협의하는 등, 서로 논의하는 모습을 보이게 되었다. C초등학교에서 보여준 학생 활동 중심 수업은 담임교사와 협력교사의 적극적인 협력관계 구축을 통해 가능했던 것이기도 하다.

6. 1수업 2교사제의 발전 방향

1수업 2교사제는 기존의 기초학력 보장 정책의 한계를 극복하고 모든 학생의 질 높은 배움을 보장하고자 하는 책임교육의 일환으로 시행되었다. 이 정책이 일부 시도 및 학교에서 시행되고 있을 뿐이며 모든 학교 현장에 보편화되지 못하지만, 이로부터 얻을 수 있는 시사점은 적지 않다.

기초학력 정책 초기에는 주로 기초학력 미달 학생을 선별하여 이들에게 별도의 지원을 하는 데 초점을 맞췄다. 반면에 1수업 2교사제는 선별적 지원 패러다임에서 벗어나 보편적 지원 패러다임을 적용하려는 과정에서 나온 정책이다. 일부 시도에서 먼저 '협력교사제 사업'이라는 이름으로 시행되어 학급의 특성에 따른 다양한 수업 방식이 적용되었고, 이를 통해 모든 학생을 위한 보편적 지원 모델이 도출되기 시작했다. 또한 이를 계기로 수업을 혁신하여 모든 학생의 배움이 보장되는 교육을 실현하고자 하는 노력도 나타나기 시작했다.

여기서는 북유럽에서 보편화되는 개별화 교육계획Individual Education Plan을 참고로 하여 1수업 2교사제 수업 모델을 '특별지원 수업 모델', '집중지원 수업 모델', '일반지원 수업 모델'로 범주화했다. 그리고 세 초등학교 교사들과 사전 연수 및 협의를 거친 후 이 모델이 학교 현장에서 어떻게 실현될 수 있는지에 대한 실행연구를 했다. 그 결과 다음과 같은 성과를 확인할 수 있었다.

첫째, 1수업 2교사제는 무엇보다도 가정의 돌봄을 받지 못한 학생들, 정서적으로 안정되지 못하고 학습 태도가 형성되지 못한 학생들, 배움이 느린 학생들에게 긍정적인 영향을 주었다. 이들은 기본적으로 부모의 사회경제적 처지가 불리한 경우가 많으며, 어려서부터 가정의 돌봄을 받지 못하고 다른 학생들에 비해 사회문화적 자본이 부족한 경우가 많다. 이들 학생에게 우선적으로 필요한 것은 정서적인 배려와 돌봄이 며, 이러한 바탕 위에 올바른 학습 태도를 형성하게 하는 것이다. 협력 교사의 역할은 무엇보다도 수업에서 소외되기 쉬운 학생들, 자존감이 부족한 학생들을 정서적으로 배려하고 개별화된 지원을 해준다는 점에 서 학습 부진 예방에 도움을 주고 이들이 학교에서 존중받으며 살아갈 가능성을 제공한다.

둘째, 1수업 2교사제는 각 학급의 형편과 특성에 따른 다양한 수업 방식으로 진화했다. 연구자와 교사는 일단 1수업 2교사제 모델을 '특별 지원 수업', '집중지원 수업', '일반지원 수업'으로 범주화해 보았다. 그러 나 이는 고정된 모델이라기보다는 학급의 특성과 교사의 전문적 판단 에 따라 얼마든지 변형할 수 있는 모델이다. 기초학력이 부족한 학생이 많은 학급의 담임교사는 개별공간에서의 특별지원 수업 모델을 적용했 고, 통합적 교육을 원하는 담임교사는 일반교실에서의 특별지원 수업 모델이나 집중지원 수업 모델을 적용했다. 또한 수업 혁신 의지가 높은 담임교사는 일반지원 수업 모델을 적용하면서 학생 참여형·협력형 수 업을 시도했다. 이러한 다양한 수업 모델 속에서 모든 학생의 배움을 보 장하는 중층적인 지원 체제가 모색될 수 있었다.

셋째, 1수업 2교사제의 성공을 위해서는 담임교사와 협력교사의 협 력적 관계 형성이 매우 중요하다는 점이 확인되었다. 담임교사는 자기 수업을 공개하는 부담을 극복하고 협력교사와 적극적으로 의견을 주고 받는 가운데 많은 도움을 받았으며, 협력교사 역시 자기 역할을 새롭게 찾아가는 모습을 보였다. 또한 담임교사와 협력교사의 유기적인 협력관 계 속에서 학생들에게 실질적인 도움을 주는 방안을 찾아가게 되었고, 학생들의 참여와 협력을 보장하는 수업 방식을 함께 모색하는 모습을 보였다.

이와 같은 성과에도 불구하고 학교 현장에 1수업 2교사제가 보편적으로 적용되기 위해서는 해결해야 할 과제도 있다.

첫째, 학교 현장에 여전히 남아 있는 폐쇄적인 구조와 문화를 바꾸려는 인식 개선이 필요하다. 이는 1수업 2교사제만의 문제가 아니다. 수업 혁신을 위해서는 무엇보다도 교사들 사이의 동료성에 기반을 둔 협력 문화, 그리고 교사들의 전문적 학습공동체가 구축되어야 한다는 점에는 많은 연구자와 교사들이 공감한다. 특히 초등학교에서는 학년 단위 교육과정 재구성 및 수업 공유를 위한 담임교사들의 협력적 관계가 절실하며, 이러한 기반 위에 협력교사가 배치될 때 그 효과는 더욱 높아질 수 있다.

둘째, 협력교사가 배치됨으로써 생기는 이점을 수업 혁신의 계기로 활용하려는 적극적인 노력이 필요하다. 기초학력이 부족한 학생에 대한 지도를 협력교사에게 떠넘기는 것이 아니라, 교사 혼자 시도하기 어려웠던 새로운 수업 방식을 협력교사와 함께 적극적으로 시도할 필요가 있다. 1수업 2교사제의 일차적인 목표는 기초학력 보장에 있지만, 궁극적인 지향점은 새로운 수업 혁신을 모색하는 것이다. 한 교실에서의 수업에 두 교사가 임한다는 것은 학생 참여형·협력형 수업을 적극적으로 도입하는 데 유리한 조건이 된다. 이를 통해 교사의 수업 전문성을 신장하는 계기를 마련해야 한다.

셋째, 모든 학생을 위한 책임교육 시스템을 포괄적으로 구축해야 한다. 1수업 2교사제는 책임교육 실현의 출발점에 불과하다. 이와 함께 학습 부진의 원인을 진단할 수 있는 도구 개발 및 보급, 학급당 학생 수 감축 등 수업 여건 개선, 협력교사의 안정적 배치, 배우는 속도와 방법이 다른 학생 모두를 배려하는 체계적인 교육과정 개발, 학교 안팎이 연계되어 특별지원-집중지원-일반지원을 아우르는 체계적 시스템 구축 등이 이루어져야 한다.

넷째, 1수업 2교사제는 '개별화 교육과정', '보편적 학습설계'의 원리와 결합해야 한다. '개별화 교육과정'은 특수교육에서 일반화된 원리로, 배우는 속도와 방법이 저마다 다른 학생 개개인의 특성을 반영한 교육과정을 의미한데. 보편적 학습설계는 '가장 어려운 학생에 대한 지원이 모든 학생을 위한 지원'이 된다는 철학에 따라 '다양한 표상의 원리', '다양한 표현의 원리', '다양한 참여의 원리'가 구현되는 수업 방식을 말한다. 이런 원리가 1수업 2교사제와 결합되면 시너지 효과를 거둘 수 있다.

1수업 2교사제 도입이 시급한 수업은 장애학생과 일반학생이 함께 있는 통합학급이다. 통합학급에서 담임교사와 특수교사가 함께 수업을 진행하면 장애학생과 일반학생 모두에게 큰 도움이 된다는 사례가 나오고 있다.[이수현, 2024] 장애가 있는 학생뿐만 아니라 배움에 어려움을 겪는 학생들도 특수교사의 도움을 받을 수 있고, 담임교사 역시 특수교사의 전문성을 통해 내실 있는 통합수업을 운영하게 된다. 이러한 원리와 사례는 여전히 일반 학교에 낯설다. 하지만 1수업 2교사제가 이러한 가능성으로 확대될 때 '한 명도 포기하지 않는 책임교육'이 실질적으로 구현될 수 있다. 이를 위한 연구와 실천이 절실하다.

4. 보편적 학습설계

_모두를 위한 교육의 토대

공교육은 '모두를 위한 교육'을 지향해야 한다. 학생의 가정 배경, 출신 지역, 학업능력, 인종, 장애 유무 등과 관계없이 모두에게 균등한 교육 기회를 제공해야 하고, 교육과정이나 결과에서도 차이를 최소화하기 위해 노력해야 한다.

이러한 취지에 따라 유네스코는 'Education for All(EFA)' 개념을 바탕으로 세계 각국의 교육 상황을 지속적으로 모니터링하고 있다.[UNESCO, 2015] 우리나라의 2022 개정 교육과정 역시 '모든 학생을 위한 교육기회의 제공' 항목에서 "학습자의 개인적 특성이나 사회·문화적 배경에 의해 교육의 기회와 학습 경험에서 부당한 차별을 받거나 소외되지 않도록 한다.", "학습 부진 학생, 특정 분야에서 탁월한 재능을 보이는 학생, 특수교육 대상 학생, 귀국 학생, 다문화 가정 학생 등이 학교에서 충실한 학습 경험을 누릴 수 있도록 필요한 지원을 한다."라고 규정하고 있다.[교육부, 2022]

그러나 학교 현장에서 이러한 이상을 구현하는 것은 쉽지 않다. 입시 경쟁교육의 폐해는 소수의 학생을 선별하기 위해 다수의 학생을 배제하는 결과를 낳고 있다. 또한 다인수 학급이라는 여건에서 모든 학생의 특성을 고려하는 교육을 진행하기란 쉽지 않다. '모두를 위한 교육'

의 취지에 공감하는 교사라 할지라도 이를 구체적으로 구현하는 방법을 찾지 못하는 실정이다.

하지만 '모두를 위한 교육'은 추상적인 이념이 아니라 구체적인 현실의 과제가 되고 있다. 다문화 학생의 지속적인 증가, 코로나19 이후 심각하게 벌어진 학습 격차 등을 고려해 볼 때, 학습에 어려움을 겪는 학생들을 집중적으로 지원해야 할 필요성은 더욱 커지고 있다. 또한 인구 수 급감이라는 미래 사회의 문제를 고려해 볼 때, 이제 더 이상 소수의 학생을 선별하기 위해 다수의 학생을 배제하는 시스템은 교육적으로 바람직하지 않을 뿐만 아니라 현실적으로 지속 가능하지 않다. 따라서 학생 한명 한명의 잠재력을 최대한 끌어올려, '소수의 수월성'을 위한 교육이 아닌 '다수의 탁월성'을 위한 교육을 지향해야 한다.

이런 맥락에 따라 '보편적 학습설계'에 대한 관심이 높아지고 있다. 이는 학생의 다양한 특성을 고려해 모든 학생이 목표에 도달할 수 있도록 교수학습을 설계하는 것이다. 이는 주로 장애 학생을 대상으로 하는 특수교육 분야에서 논의되지만, 최근에는 이를 모든 학교 교육에 적용하려는 연구와 실천도 이루어지고 있다.

하지만 일반교육에서 보편적 학습설계의 원리를 적용하는 것은 쉽지 않다. 소수의 장애 학생을 대상으로 하는 교실 상황과 다인수 학급에서의 상황이 다를 수밖에 없다. 더욱이 오랫동안 일제식 수업에 익숙해져 온 교사들이 이러한 원리를 창조적으로 적용하기에는 경험이나 역량이 부족할 수밖에 없다. 이러한 어려움을 극복하는 대안을 찾기 위해 덕양중학교 교사들과 함께 보편적 학습설계를 중학교 수업에 적용하는 실행연구를 했다. 이를 통해 모든 학교, 교과에서 적용할 수 있는 원리를 도출하여, 수업 혁신의 지평을 확산할 가능성을 찾고자 한다.

1. 보편적 학습설계

'모두를 위한 교육'이라는 이념은 모든 개인이 다른 사람과 비교될 수 없는 개별성을 지닌다는 것을 전제로 한다. 학생이 지닌 고유한 가능성을 키우려면 '모든 학생이 의미 있는 학습경험'을 할 수 있는 교육과정과 교육여건이 마련되어야 하며, 이를 실현하기 위해 '학생 개인별 특성에 적합한 학습 체제'를 구축해야 한다.

이러한 정신이 국가 교육과정 차원에서 명시된 대표적인 사례가 핀란드다. 핀란드의 국가 교육과정에는 '모두를 위한 교육' 실현을 위한 규범과 지침이 곳곳에 명시되어 있다. 모든 학생이 학습에 대한 지원과 복지를 제공받을 권리가 명시되어 있으며, 이러한 중층적 지원을 '일반지원', '집중지원', '특별지원'으로 구분한다.The Finnish National Board of Education, 2014 '일반지원'은 일반적인 교실 상황에서 모든 학생이 학습에 참여할 수 있게 하는 방식의 지원을, '집중지원'은 학업에 어려움을 겪는 소수 학생을 위한 추가적인 지원을, '특별지원'은 장애 학생 등 특별한 지원이 필요한 학생들을 위한 전문적 지원을 의미한다.

'모두를 위한 교육'의 취지가 교수학습의 차원에서 구체화된 대표적인 방법론이 '보편적 학습설계Universal Design for Learning, UDL'이다.김남진, 2019; Bowe, 2000; Council for Exceptional Children, 2005; Hall & Rose, 2012; Nelson, 2014; Posey & Novak, 2020 '보편적 학습설계'는 본래 건축물에 있는 "장애인을 위한 시설이 모든 이용자에게 도움이 된다."라는 보편적 설계의 원리Universal Design에서 출발했고, 이것이 "학업에 어려움을 겪는 학생을 위한 도움이 궁극적으로는 모든 학생에게 도움이 된다."라는 원리 Universal Design for Learning로 이어지게 되었다. 보편적 학습설계는 학생의 다양한 특성을 고려해 모든 학생이 목표에 도달할 수 있도록 교수학습을 다양하게 설계하는 것을 의미한다.

이는 특히 배움에 어려움을 겪는 학생들에 주목하여 이들의 학습에 방해가 되는 걸림돌을 제거하고, 학생들의 특성에 따른 다양한 자료와 학습활동을 제공하여 모든 학생의 학습을 촉진하는 개별화 학습을 지향한다. 이러한 '개별화'를 '보편적universal'이라고 부를 수 있는 이유는 배움에 어려움을 겪는 학생들을 위한 교수학습이 궁극적으로는 모든 학생을 위한 최상의 학습 환경을 조성하는 결과를 낳기 때문이다.

보편적 학습설계의 원리와 방법론이 체계화된 것은 미국의 Council for Exceptional Children[CEC, 2005]과 Center for Applied Special Technology[CAST, 2011]에 의해서다. 여기 정리된 보편적 설계의 지향과 원리는 국내에도 널리 인용된다. 이를 〈표 26〉과 같이 정리할 수 있다.

〈 표 26 〉 보편적 학습설계의 지향과 원리

보편적 학습설계의 지향	
공평한 교육과정	모든 학생이 참여할 수 있도록 한다.
융통성 있는 교육과정	학생의 개인적 특성에 따라 융통성 있게 적용한다.
간단하고 직관적인 교수학습	학생이 쉽게 이해할 수 있는 방식을 설계한다.
다양한 표현 수단	학생마다 효과적인 방법으로 접근할 수 있도록 한다.
성공 지향적 교육과정	장애물을 제거하고 다양한 도움을 제공한다.
적절한 노력 수준	학습 자료에 쉽게 접근할 수 있도록 한다.
학습을 위한 환경	적절한 학습 환경을 조성하여 학생들의 학습을 격려한다.

⇩

보편적 학습설계의 원리	
표상의 원리	다양한 자료와 매체를 제공하여 인지적 학습을 지원
표현의 원리	다양한 학습활동을 제공하여 전략적 학습을 지원
참여의 원리	다양한 참여 방식을 제공하여 정서적 학습을 지원

이를 바탕으로 김남진 외[2017]는 한국의 특수교육 현장에 보편적 학습설계를 적용하는 지침을 〈표 27〉로 정리했다.

〈 표 27 〉 보편적 학습설계 기반 특수학교 수업 지침

원리	지침
Ⅰ. 표상의 원리	1. 인지 방법의 다양한 선택 제공
	2. 언어, 수식, 기호의 다양한 선택 제공
	3. 이해를 돕기 위한 다양한 선택 제공
Ⅱ. 표현의 원리	4. 신체적 표현수단 제공
	5. 표현과 의사소통을 위한 다양한 선택 제공
	6. 자율적 실행 기능에 따른 다양한 선택 제공
Ⅲ. 참여의 원리	7. 흥미를 돋우는 다양한 선택 제공
	8. 지속적인 노력과 끈기를 돕는 선택 제공
	9. 자기조절 능력을 키우기 위한 선택 제공

이처럼 보편적 학습설계의 원리는 주로 특수교육 현장에서 구체화되어 왔다. 특수교육에서는 보편적 학습설계의 원리가 '표상의 원리'(보조공학 활용, 다양한 매체 활용, 교구나 실물 활용, 전자 교과서 활용 등), '표현의 원리'(난이도 변경, 의사 표현을 돕는 매체 활용 등), '참여의 원리'(흥미 유발 전략, 보상 및 강화물 제공, 성취 지향적 피드백 제공 등)에 따라 다양하게 이루어지고 있다.[김미령 외, 2021; 김은선 외, 2011; 유성균 외, 2017]

특수교육에서 적용되는 수업 방법을 일반교육에 적용하기에는 여건이 다르다. 특수교육에서는 소수의 학생을 대상으로 개별화 교육계획을 세우고 학생의 개별적 특성에 따라 보편적 학습설계의 원리를 적용해왔다. 하지만 다인수 학급에서 수업을 해야 하는 일반학교나 교과 중심 교육과정이 주로 운영되는 중등학교에서는 이러한 원리가 낯설 수밖에

없다.

하지만 최근 일반교육에서도 보편적 학습설계의 원리를 적용하려는 노력이 점차 확산하고 있다. 학생 사이 학력 격차가 크게 벌어지고 있어 더 이상 획일적인 수업이 의미가 없기 때문이다. 또한 전문성과 윤리성이 높은 교사들이 배움에 특별한 어려움을 겪는 학생들에게 많은 관심과 애정을 기울이고 있기 때문이다. 하지만 일반학교에서 보편적 학습설계를 도입하려는 시도는 아직 초보적인 단계라 할 수 있다.

2. 실행연구 절차

덕양중학교는 2009년 혁신학교로 지정된 이래 지금까지도 모범적인 혁신학교로 인정받고 있다. 이 학교가 모범적인 혁신학교로 성장하게 된 것은 무엇보다도 교사공동체 문화의 힘이 크다. 혁신학교 초창기부터 전문적 학습공동체를 활발히 운영해 왔으며, 이를 통해 교육과정-수업-평가 혁신을 이루어 왔다. 이 학교 교사 문화 특징 가운데 하나는 수업 공개가 일상적이고 자연스럽다는 점이다. 이를 통해 교사들의 집단지성을 발휘하여 배움중심수업을 구현해 왔다.

하지만 이 학교에도 수업 혁신에 여러 어려움이 있었다. 여느 학교와 마찬가지로 학생들 사이에 다양한 편차가 있으며, 일부 학생은 배움에 어려움을 겪고 학습을 포기하는 경우가 생겨났다. 덕양중학교 교사들은 이 학생들에게도 질 높은 배움이 이루어지기 위해 많은 노력을 했으나, 기존 방식으로는 한계에 부딪힐 수밖에 없다는 것을 인식하게 되었다. 이런 이유로 보편적 학습설계에 대한 실행연구를 하게 되었다.

실행연구action research는 실행자인 교사가 자신이 부딪힌 문제를 해결하기 위해 대안을 모색하고 그 결과를 성찰하며 문제 해결 방안을 도출하는 방식의 실천적 연구방법론이다.[이용숙 외, 2005] 실행연구를 위해 서는 '문제 원인 분석', '잠정적 대안 설정', '1차 실행', '실행 후 성찰', '2차 실행', '해결 방안 도출' 등의 절차를 거친다. 이때 실행연구 과정 및 결과를 검증하고 대안을 함께 모색하기 위해 외부 연구자와 협력적 연구를 하는 경우가 일반적이다.

덕양중학교에서의 실행연구는 연구자의 제안으로 시작되었다. 연구자는 학력 격차나 학습 소외와 같은 상황은 개별 교사나 특정 교과를 넘어 모든 교사가 접하는 문제이기에, 학교 공동체적 접근이 필요하다고 판단했다. 덕양중학교는 전문적 학습공동체 운영 경험을 통해 협력적 문화가 충분히 형성되어 있으며, 20여 명의 교사로 구성된 소규모 학교이기 때문에 모든 교사가 참여하는 실행연구를 할 수 있다고 판단했다.

덕양중학교 교사들은 연구자의 안내에 따라 보편적 학습설계 및 실행연구의 개념과 방법론을 학습했다. 그리고 매월 1회 정기적으로 공개수업을 했다. 공개수업 전에는 교사들이 모여 공개수업을 담당한 교사가 작성한 수업지도안을 검토했다. 그리고 공개수업을 참관한 후 의견과 개선 방안을 나누었다. 이 과정에서 나온 의견을 다음 공개수업 담당자가 자신의 수업에 반영하는 식으로 '실행 및 성찰'을 반복했다. 1학기 말에는 중간 연구 결과를 정리했다.

이후 2학기 실행연구 계획을 세운 뒤 1학기와 마찬가지 방식으로 '실행 및 성찰'을 반복했다. 2학기 말에는 1년 동안의 실행연구 과정 및 결과를 공유하며 이로부터 얻을 수 있는 시사점을 도출했다. 그리고 그간의 실행연구 성과를 확산하기 위해, 다른 학교 교사들을 초대하여 교육과정 컨퍼런스를 열었다.

3. 보편적 학습설계 실천과 성찰

가. 사전 협의

덕양중학교 교사들은 우선 연구자의 제안으로 실행연구의 필요성을 공감하는 시간을 마련했다. 일반교사에게 실행연구라는 개념은 아직 낯선 상황이다. 그러나 덕양중학교 교사들은 수업에서 부딪히는 문제를 해결하기 위해 외부에서 답을 찾기보다 스스로 그 문제를 탐구하는 과정이 필요하다는 것을 공감했다. 이는 덕양중학교 교사들이 평소 전문적 학습공동체를 꾸준히 운영하며 알게 모르게 연구자로서의 역량도 축적해 온 결과다.

> 그동안 학생이 참여하는 수업, 학생끼리 서로 협력하는 수업을 만들려고 했어요. 그래도 해결되지 않는 어려움이 있어요. 교사가 아무리 노력해도 수업에 참여하지 않는 아이들이 있고, 기초학력이 심각하게 부족한 학생들도 있어요.

> 우리 학교는 '교사와 학생 간의 관계는 어떤가요?', '언제 배움이 이루어지나요?' 등의 질문으로 수업 나눔을 해 왔어요. 그런데 이런 수업 나눔 방식은 한계가 있어요. '이게 문제니까 이걸 해결해야 한다.'라고 말은 하지만 거기서 끝나 버리고, 정작 그런 문제를 해결하기 위해 어떤 노력을 했는지 알 수 없었어요.
>
> _덕양중학교 교육과정 평가회

덕양중학교 교사들은 이러한 문제의식에 따라 연구자가 제안한 실행연구에 흔쾌히 동의하고 계획을 세웠다. 먼저 교사들은 '자신이 수업에서 겪는 어려움'에 대해 이야기를 나누었고, 연구 문제를 "학업 수준이

다른 학생들이 모두 성장하려면 어떤 수업을 해야 하는가?"라고 정리했다. 연구자는 '보편적 학습설계'의 개념에 대한 전반적인 강의를 했고, 교사들은 이와 관련된 연구물조윤정 외, 2021을 읽고 토론을 했다.

> 책을 읽었지만 보편적 학습설계의 원리가 잘 이해되지는 않아요. 표상 원리, 표현 원리, 참여 원리가 머릿속에 맴돌기는 하는데, 책에 나온 사례를 읽어봐도, 이걸 내가 내 수업에 적용할 수 있을지 잘 모르겠더라고요.

> 표현 원리를 적용하려면, 학생의 수준에 맞는 다양한 학습 활동 선택지를 제공해야 할 텐데 이게 가능할지 의문이네요.
>
> _덕양중학교 학습 모임

처음에는 보편적 학습설계의 원리가 복잡하고 어렵다는 의견이 많았다. 이는 특수교육의 상황과 일반 중등학교의 상황이 상당히 다르기 때문으로 보인다. 하지만 교사들은 자신들이 이해한 만큼, 자신들이 처한 상황에 맞게 이 원리를 적용하는 방법을 하나하나 찾아갔다. 이 과정을 통해 덕양중학교 교사들은 본인들이 이해한 보편적 학습설계의 개념, 그리고 학교의 상황에 맞는 보편적 학습설계의 지침을 〈표 28〉과 같이 잠정적으로 정리했다.

〈표 28〉 잠정적으로 정리한 보편적 학습설계의 개념과 지침

연구 문제	보편적 학습설계의 개념	보편적 학습설계의 지침
학업 수준이 다른 학생들이 모두 성장하기 위해서는 어떤 수업을 해야 하는가?	학습의 장애물을 제거하고 출발선에서부터 모든 학습자의 요구를 충족시킬 수 있는 학습설계	1. 배움의 걸림돌 제거
		2. 협력적 학습구조 형성
		3. 표현 방식의 다양화

교사들은 우선 '배움의 걸림돌 제거'를 보편적 학습설계의 출발점으로 보았다. 이는 '보편적 설계Universal Design'의 원뜻에 충실한 것이기도 하다. 중학교만 하더라도 학생들 사이에 상당한 학습 격차가 생겨나기 시작한다는 점, 특히 수학이나 영어 같은 주지 교과에서는 선수학습 부족 등으로 인한 학습의 어려움이 심각하기 때문에 이런 걸림돌을 제거하는 것이 필수적인 조건이라고 보았다.

다음으로 '협력적 학습구조의 형성'을 중요한 원리로 보았다. 덕양중학교에서는 이미 일상적으로 모둠별 협력학습이 활발하게 이루어지고 있었다. 교사들은 이러한 경험을 발전시켜, 학생들 사이에 협력이 이루어지는 관계를 구조화하고자 했다. 이를 통해 배움에 어려움을 겪는 학생들에게 동료 학생들이 도움을 주는 구조를 자연스럽게 만들고자 했다.

다음으로 '표현 방식의 다양화'를 도전적 과제로 설정했다. 이는 덕양중학교 교사들이 보편적 학습설계의 원리를 학습하는 과정에서 가장 고민한 지점이기도 하다. 표현 방식을 다양화하려면 학생들의 개별적인 특성을 파악하여 이에 적합한 학습 과제를 제시해야 하는데, 이를 다인수 학급에 적용하는 방법을 찾기가 쉽지 않기 때문이다. 그래서 이를 구체화하는 방법을 실행연구를 통해 찾고자 했다.

덕양중학교 교사들이 설정한 '배움의 걸림돌 제거'는 학생들의 수준에 따라 다양한 방식의 학습 자료를 제공하는 '표상의 원리', '협력적 학습구조의 형성'은 학생들이 도움을 주고받으며 수업에 참여하게 하는 '참여의 원리', '표현 방식의 다양화'는 학생들 각자 자신의 방법에 따라 배운 내용을 표현하는 '표현의 원리'에 해당한다. 그러나 이를 이론적으로 정립하기보다는 교사들의 다양한 수업 실행에서 실천적 원리를 귀납적으로 도출하기로 했다. 또한 교과의 특성에 맞는 보편적 학습설계 원리를 우선 적용해 보고, 이를 모든 교과에 적용할 수 있는 방법을 찾기로 했다.

나. 1차 실행

(1) 협력적 학습구조 형성(체육)

덕양중학교 교사들은 그동안 학생의 협력을 활성화하는 수업을 일상적으로 진행해 왔으며, 이 속에서 학생들이 서로 도움을 주고받는 관계가 이루어져 왔다. 이러한 협력학습은 비고츠키가 말한 '근접발달영역'을 창출할 수 있으며, 특히 배움에 어려움을 겪는 학생들도 '또래와의 협력, 교사의 도움'을 통해 잠재적 발달 영역을 실제적 발달 영역으로 전환시킬 수 있게 된다.Vygotsky, 1978 이는 또한 뒤처지는 학생들에게도 용기를 불러일으키는 정서적 지원의 역할을 할 수 있다는 점에서, 보편적 학습설계의 원리 중 특히 '참여의 원리'에 해당한다고 볼 수 있다.

덕양중학교 교사들은 그동안 다소 산발적으로 이루어져 왔던 협력학습을 구조화하는 방안을 모색했다. 실행연구 계획에 따라, 체육 교사는 동료 교사들에게 자신의 수업 설계에 대해 사전 검토를 받고, 이를 공개수업을 통해 실행한 후 다시 동료들과 성찰하는 과정을 거쳤다. 특히 체육교과는 팀 활동이 많은 교과의 특성상 '협력적 학습구조 형성'을 우선적으로 적용했다.

'이어달리기'는 잘하는 아이들만 참여하지 모두가 참여하는 종목은 아니에요. 어떻게 하면 소외되는 아이들이 없도록 할지 고민했어요. 이 수업에서는 '협력'을 최우선 과제로 설정했어요. 영상을 찍어 자신의 달리기 자세를 분석하고 훈련 일지를 작성하게 하면서, 학생들이 서로 피드백을 주도록 했어요. 아이들이 협력해서 달리기 자세도 잡아주고 배턴 터치 연습도

하니, '와, 진짜 빨라졌다.'는 이야기가 나와요. 재도전 기회를
주니, 'C'에서 'A'로 향상된 아이들이 큰 만족감을 느꼈어요.

_덕양중학교 체육 교사 인터뷰

체육 교사가 주안점을 둔 방법은 '서로 도울 수밖에 없는 구조'를 만
드는 것이었다. 우선 개인별 기록을 1차 측정했다. 학생들이 각자 자신
의 달리기 모습을 촬영하고, 동료 학생의 피드백을 받게 했다. 그리고
개인기록을 2차로 다시 측정한 후 향상 점수를 부여했다. 팀별 기록도
1, 2차로 나누어 향상도를 측정했다. 팀 기록 향상을 위해서는 개인기
록 향상이 필수가 되도록 함으로써 협력을 구조화했다.

> 참관 교사 1: 선생님 수업에서 학생들이 서로 도우면서 팀
> 향상을 위해 노력하는 모습이 좋았어요. 저
> 도 모둠활동을 하지만, 학생들에게 맡기기만
> 하고 저는 뭘 해야 할지 잘 몰랐는데, 선생님
> 처럼 구조화된 활동을 해야겠다고 생각했어
> 요. 특히 개인 책임과 집단 책임을 명확히 하
> 는 게 좋겠다는 걸 배웠어요.
> 참관 교사 2: 아이들 모습을 보니까, 잘하는 아이들만 다른
> 아이를 도와주는 건 아니더라고요. "다 같이
> 해 보자!"라고 분위기를 형성하는 아이도 있
> 어요. 정서적으로 돕는 아이의 역할이 크다는
> 걸 알았어요.
> 참관 교사 3: 오늘 체육수업은 구조가 좋았어요. 개인기록,
> 팀 기록, 1차 측정, 2차 측정 등등을 통해 보
> 편적 학습설계로 나아가더라고요. 모두가 책

임을 갖고 도와주며 최선을 다하는 분위기였
어요.

체육 교사: 여전히 고민이 남아요. 개인마다 기대 수준이 다
른데 어느 수준까지 설명해 주고 독려해야 하는
지, 능력과 상관없이 모두가 성장할 수 있는 구
조를 어떻게 만들 수 있을지, 가장 못하는 학
생에게는 구체적으로 어떤 도움을 줘야 하는지
아직 모르겠어요.   **_덕양중학교 수업 나눔 모임**

이처럼 덕양중학교 교사들은 체육 교사의 수업을 통해 '서로 돕는
구조', '정서적으로 독려하는 분위기' 등이 '참여의 원리'를 적용하는 방
법임을 알아가게 되었다. 이는 덕양중학교처럼 협력수업이 일상적으로
이루어지는 학교에서는 비교적 쉽게 적용할 수 있는 원리라 할 수 있다.
하지만 특별히 뒤처지는 학생들에게는 별도의 지원이 필요하다는 것도
인식하게 되었다. 이를 해결하기 위해 덕양중학교 교사들은 '배움의 걸
림돌 제거'라는 과제를 실행해 보게 되었다.

(2) 배움의 걸림돌 제거(영어, 수학)

덕양중학교에서는 배움에 특별한 어려움을 겪는 학생들을 위해 진단
활동, 정서 회복, 보충학습 등의 교육 프로그램을 운영해 왔다. 하지만
수업 과정에서 이들 학생을 개별적으로 지원하는 것은 쉽지 않았다. 특
히 영어, 수학 교과 등 주지 교과에서는 더더욱 그러하다. 덕양중학교의
영어 교사, 수학 교사는 이런 문제를 해결하기 위해 보편적 학습설계
원리를 적용하고자 했다.

영어 수업이 영어만 배우는 것이 아니라 영어를 통해 삶의

문제, 사회 문제를 배울 수 있도록 교육과정을 재구성해 왔어요. 그럼에도 '재미 없어요.', '모르겠어요.'라고 하는 학생이 있어서 가슴 아파요. '보편적 학습설계'를 공부하면서, 이 학생들에게도 도움을 주려면 어떻게 해야 하는지 생각하며 수업을 설계하게 되었어요. 그래서, 도움 영상 자료를 찍고 학습활동지 QR코드로 연결해서, 수업을 어려워하는 학생들이 수업 시간에 보도록 했어요. _덕양중학교 영어 교사 인터뷰

덕양중학교 영어 교사는 오랜 경력 동안 매우 숙련된 수업을 이끌어 왔다. 여기에 보편적 학습설계 원리를 보완하고자 했다. 가장 먼저 주목한 것은 '배움의 걸림돌 제거'였다. 단어의 뜻을 모르는 학생, 기본적인 문장 해석에 어려움을 겪는 학생들을 위해 별도로 도움 강의를 짧막하게 촬영하고, 이를 학습활동지에 QR코드를 넣어 연결했다.

또한, 간단한 진단 퀴즈를 통해 어휘력 수준을 확인하고, 학습활동지 작성 방법은 자신의 수준에 따라 영어 혹은 한국어를 선택하게 하고, 필요한 경우에는 QR코드로 연결된 도움 강의를 복습하게 하고, 모둠활동을 통해 친구들과 협력해 문제를 해결하게 했다. 도움 강의를 QR코드로 제공한 것은 '표상의 원리'에, 학생들이 자신의 수준에 따라 답안을 영어 혹은 한국어를 선택해 작성하게 한 것은 '표현의 원리'에 해당한다.

참관 교사 1: 학습활동지에 QR코드를 넣을 생각을 하신 게 놀라워요. 이거라도 있으니까 아이들이 포기하지 않는 것 같아요. 그런데 매번 도움 영상을 만들 수 있을지요? 저라면 못할 것 같아요.

참관 교사 2: QR코드뿐만 아니라 선생님이 아이들을 여러 가지 방식으로 참여시키려는 모습이 인상적이었어요. 그런데 아이들이 각자 자기 수준에 맞게 학습 방법을 택하고 있는지 확인하기란 쉽지 않아 보이더라고요.

영어 교사: 솔직히 성공한 수업이라고 보기 어려워요. 여러 가지 학습 장치를 만들었지만, 이것조차 활용하지 않는 아이도 있어요. 보편적 학습설계가 이루어지려면 어떤 아이는 30분, 어떤 아이는 2시간이 필요해요. 특히 ○○에게는 더 많은 지원 시스템이 필요한데, 어떻게 해야 할지 아직은 잘 모르겠어요. _덕양중학교 수업 나눔 모임

영어 교사는 도움 영상 제공 등 배움의 걸림돌을 제거하는 장치가 필요하다고 보았으나, 일부 학생은 이 도움 자료조차 스스로 찾아보지 않아 한계에 부딪혔다. 이 학생을 지원하기 위해서는 더욱 촘촘한 지원 시스템이 필요한데, 당장은 그 방안을 찾지 못하는 실정이었다.

영어 못지않게 학생들이 큰 어려움을 겪는 교과는 수학이다. 수학 교사는 이 문제를 해결하기 위해 '1수업 2교사제'를 선택했다. 이는 한 교실에 두 교사가 진행하는 수업으로, '담당 교사와 협력교사의 협력적 교수를 통해 모든 학생이 소외되지 않고 참여하는 수업, 특히 배움이 느린 학생에게 개별화된 지원을 하는 수업'을 의미한다. 구체적인 방법으로는 배움에 어려움을 겪는 학생을 위한 '특별지원 수업', 소수의 학생을 위한 '집중지원 수업', 모든 학생을 위한 '일반지원 수업'이 있다.

이러한 협력교사제 수업은 교육청의 지원을 받아 외부 강사를 채용해 진행하는 경우가 일반적이다. 그러나 덕양중학교에서는 이 수업 방

식을 먼저 실험해 보기 위해, 동 교과 교사가 본인의 수업시수 외의 시간을 추가로 할애하여 협력교사 역할을 했다. 협력교사 역할을 맡은 교사는 담당 교사가 수업을 진행하는 과정에서 학생들의 배움을 관찰하며, 특별히 어려움을 겪는 학생에게 개별적인 지원을 하는 '집중지원 수업' 모델을 채택했다.

이와 함께 수학 교사는 학습 과제를 다양화하여 학생들의 수준에 따라 단계적으로 목표에 접근하는 방식을 채택했고, 이를 학습활동지에 구조화했다. 수업 시간에 배운 수학적 개념을 '글로 설명하기', '사례를 들어 설명하기' 중 하나를 선택하게 했고, 수준이 다른 학생들을 위해 과제를 2~3가지로 개별화했고, 개별 학습이 끝난 뒤에는 이른바 '점프 과제(흥미롭고 도전적이며, 협력을 통해 해결할 수 있는 과제)'를 제시하여 개별학습과 협력학습을 구조화했다. 이런 과제를 하는 동안 담당 교사와 협력교사가 각각 모둠을 순회하면서 어려움을 겪는 학생들에게 도움을 제공했다.

> 참관 교사: 저는 2모둠 학생들을 집중적으로 관찰했는데,
> ○○이와 □□이는 정확히 적었고, △△이와 ▽
> ▽는 선생님의 도움을 받아 해결하더라고요.
> 또한 아이들이 서로 이야기하며 답을 찾아가는
> 과정이 인상적이었어요.
> 협력 교사: 협력교사 역할을 어떻게 해야 할지 계속 고민하
> 고 있어요. 모둠 상황을 파악하면서 도움이 필
> 요할 때 다가가고 있어요. 하지만 특정 학생에게
> 만 도움을 주면 부담을 줄 수도 있고 다른 곳
> 에 도움을 주기도 힘들어요.
> 수학 교사: 협력교사 선생님이 시간 내어 도와주셔서 큰 도

움을 받고 있어요. 학생의 수준을 고려해서 아
예 다른 학습지를 줘야 할지, 아니면 학습지 안
에서 과제를 선택하게 할지, 그리고 모둠에서
도움을 받게 할 것인지, 협력교사 선생님의 도
움을 받게 해야 하는지, 이 속에서 어떻게 하면
낙인효과가 생기지 않도록 할지 더 고민해 봐
야겠어요.   _덕양중학교 수업 나눔 모임

이처럼 덕양중학교 영어, 수학 교사들은 무엇보다도 '배움의 걸림돌'
을 제거하기 위해 노력했다. 도움 영상자료 제공, 1수업 2교사제 도입
등은 교사의 더 많은 헌신을 요구하지만, 교사들은 모든 학생의 배움을
보장하기 위해 이러한 수고를 아끼지 않았다. 하지만 이런 시도들이 효
과를 거두려면 더 많은 연구와 실천이 필요한 것도 사실이다.

다. 1차 실행 후 성찰

덕양중학교 교사들은 세 차례 공개수업과 협의를 한 후 1차 실행에
대해 성찰하고 향후 실행연구 계획을 새롭게 수립했다. 보편적 학습설
계의 원칙을 적용하면서 우선 '협력적 학습구조 형성', '배움의 걸림돌
제거'에 주목했다. '협력적 학습구조 형성'은 전부터 노력해 온 부분이
라 이 과제의 실행에는 큰 어려움이 없었다. 다만 이를 각 교과의 특성
에 맞게 구조화하고, 학생들이 이를 자연스럽게 내면화하게 하는 것이
더욱 필요하다고 판단했다. 그래서 향후 모든 수업에서 이 원리를 공유
하고 실천하기로 했다.

'배움의 걸림돌 제거'는 다소 어려운 과제로 보였다. 도움 영상자료
제공, 1수업 2교사제 등은 교사의 추가적인 헌신이 요구되는 과제다. 이
문제를 해결하기 위해 덕양중학교 교사들은 기존 수업에서 덜어야 할

것을 먼저 생각하고 수업의 구조를 단순화하기로 했다. 그래야 추가 배치되는 다양한 학습 장치들이 교사나 학생 모두에게 부담스럽지 않을 수 있다고 보았다. 또한 수학 수업에서 1수업 2교사제를 지속적으로 운영하기 위해 2학기에는 학교 예산으로 시간강사를 채용하여 1수업 2교사제 수업에 활용하기로 했다.

1학기 1차 실행연구를 마무리한 뒤 덕양중학교 교사들은 보편적 학습설계의 원리를 조금 더 구체적으로 이해하게 되었다는 반응을 보였다. 그리고 보편적 학습설계의 의미를 '배움의 걸림돌이 제거된 상태에서, 학생들이 정보를 받아들이는 방식, 이해하고 생각하는 방식, 배운 것을 표현하는 방식을 스스로 선택할 수 있게 하는 수업 설계'라고 다시 정리하게 되었다.

1차 실행에서는 보편적 학습설계의 원리 중 주로 '참여의 원리'(협력학습의 구조화), '표상의 원리'(배움의 걸림돌 제거)가 적용되었다. 물론 학생들에게 다양한 학습 방법을 선택하게 하는 '표현의 원리'도 일부 적용되었다. 그러나 다인수 학급에서 개별 학생들의 학습 성향, 학습 수준 등에 따른 표현의 원리를 적용하는 것이 결코 쉽지 않다는 것을 확인했다. 그래서 2학기에는 '표현의 원리'에 주목한 실행연구를 하기로 하고, 이에 따라 사전계획을 세웠다.

라. 2차 실행

(1) 학습 방법 선택(수학)

1차 실행연구에서 협력교사 역할을 했던 수학 교사는 자신이 담당할 실행연구에서 '표현의 원리'를 도입하기로 했다. 수학 교사는 보편적 학습설계 이론을 학습하면서 다중지능이론에 주목했다.

가드너에 의하면 인간의 지능은 단일한 차원이 아니라 다층적 차원에서 구성되어 있는데^{Gardner, 2006}, 학교 교육에서는 주로 언어 지능, 논리 수리 지능을 활용할 뿐, 나머지 공간 지능, 음악 지능, 신체 운동 지능, 대인 관계 지능, 개인 내적 지능, 자연 지능 등의 영역을 소홀히 하는 경우가 많다. 특히 수학 수업에서는 정적인 환경에서 문제만 푸는 등 논리 수리 지능만 활용하는 경우가 대부분이다.

덕양중학교 수학 교사는 이 점에 착안하여, 학생들이 수학을 실생활에 적용하는 방법을 위주로 다양한 학습활동을 준비했다. '내심과 외심'의 원리를 모래 뿌리기 활동을 통해 찾아가는 활동, 이 원리를 도시 설계에 적용하는 활동 등 두 가지를 제시하고 학생들이 이 중에서 원하는 활동을 선택하게 했다. 이렇게 서로 다른 학습활동을 스스로 선택하게 함으로써, 학생들의 학습 성향에 따른 '표현의 원리'를 적용하고 다중지능을 활성화하도록 수업을 설계했다.

참관 교사 1: 제가 관찰한 모둠에서는 ○○가 정확히 외심의 개념을 찾아냈고, □□가 다른 친구들이 흐름을 찾아가도록 도와주는 역할을 했어요. 하지만 모둠마다 상황이 다를 텐데, 모두가 배움으로 나아가려면 어떻게 해야 할지 궁금해요.

참관 교사 2: 제가 관찰한 모둠은 사실상 실험에 성공하지 못했어요. 학생들이 스스로 원하는 실험을 선택하도록 하는 게 맞는지, 아니면 교사가 학생의 수준에 맞게 과제를 제시해 주는 게 맞는지 잘 모르겠어요.

수학 교사: 보편적 학습설계를 공부하면서 다양한 표현 수단 제공에 초점을 맞췄어요. 그래서 여러 가지

방법을 제시하고 자신에게 맞는 것을 선택하도
록 했을 때 시행착오를 통해 배울 수 있지 않을
까 했어요. 그런데 사실상, 본인이 스스로 선택
하기보다 친한 친구들끼리 서로 몰려가는 모습
을 보였어요. 이게 근본적인 한계인 것 같아요.
스스로 찾아내길 원했으나 대부분의 아이는 무
엇을 해야 할지 잘 모르는 것 같았고, 제가 자
꾸 개입해야 학습활동이 진행되는 느낌을 받았
어요.　　　　　　　_덕양중학교 수업 나눔 모임

이 수업의 의도는 '표현의 원리'에 따라 자신의 학습 성향에 맞는 방
식으로 탐구활동을 진행하는 것이었다. 수학적 개념을 활자화된 추상
적 개념으로 배우는 것이 아니라 구체적인 조작적 활동을 통해 스스로
탐구할 수 있도록 유도했다. 브루너는 동일한 지식도 세 가지 방식(조작
적, 영상적, 상징적)으로 표현될 수 있으며 이를 학습자의 발달단계에 맞
게 제시해야 한다고 보았는데[Bruner, 1966], 이 수업에서 제시된 활동은 이
중 '조작적 표현'에 해당한다고 할 수 있다.

그러나 교사의 의도와 달리 이 수업에서 표현의 원리가 충분히 구현
되지는 못한 것으로 보인다. 학생들이 교사의 의도를 충분히 이해하지
못한 채 교우 관계에 따라 학습활동을 선택한 것도 원인이지만, 교사가
제시한 두 가지 학습 방법이 사실상 동일한 성격의 활동이었다는 점이
근본적인 문제라고 할 수 있다. 다인수의 학급에서 학생들의 개별적 성
향을 충분히 고려하여 다양한 학습 방법을 제시하는 것은 매우 어려운
과업임을 확인할 수 있다.

(2) 보조공학 활용, 표현 방법 선택(음악)

덕양중학교 음악 교사는 '학생이 곡을 만들고 이를 합동으로 공연하기'라는 프로젝트 수업을 준비했다. 그리고 여기에 보편적 학습설계의 원리인 '배움의 걸림돌 제거, 협력적 학습구조 형성, 표현 방식의 다양화' 등을 종합적으로 적용하고자 했다.

우선, 학생들이 오선지 악보에 작곡하기는 어렵다고 판단하여, 보조공학 도구인 음악 앱을 활용하여 누구나 손쉽게 작곡하도록 했다. 이는 특수교육에서 시각장애나 청각장애 학생을 위해 보조공학을 활용하는 것과 유사한 원리라고 할 수 있다. 학생들은 자신이 작곡한 음원을 모둠원과 공유했고, 모둠원들은 가장 마음에 드는 곡을 골라 가사를 공동 창작했다.

이후 완성된 창작곡을 모둠원들이 함께 연주하는 공연을 했다. 학생들의 악기연주 능력은 개인의 소질이나 사교육 경험 등에 따라 차이가 있게 마련이다. 하지만 이 수업에서는 모든 학생이 공연에 참여할 수 있도록, 노래에 취미가 있는 학생은 노래 부르기를, 악기연주 경험이 있는 학생은 악기연주를, 그렇지 않은 학생들은 누구나 쉽게 할 수 있는 타악기 연주를 진행했다. 모둠별로 연주 연습을 한 후 전체 학생들 앞에서 공연을 하고, 이를 촬영해 유튜브에 탑재하여 모든 학생이 만족감과 성취감을 느끼게 했다.

음악 교사의 이런 수업은 '배움의 걸림돌 제거'(보조공학 도구 활용), '협력적 학습구조 형성'(모둠별 공동창작), '다양한 표현수단 활용'(개인의 특성을 살린 연주) 등 덕양중학교 교사들이 그동안 실천해 온 보편적 학습설계의 원리를 다양하게 적용한 것이다.

참관 교사 1: 보조도구를 활용하신 게 참 좋더라고요. 콩
　　　　　　나물 악보를 모르는 학생도 작곡할 수 있게

도와주는 좋은 도구라고 생각해요. 저도 수
학 시간에 지오지브라라는 공학도구를 쓰는
데, 이런 도구를 활용하는 게 보편적 학습설
계에서 꼭 필요하겠다고 생각했어요.

참관 교사 2: 아이들의 공동작업을 보니, 한 명이 주도적
으로 이끌고 가게 되더라고요. 음악적 성향
이 비슷한 아이들끼리 모였다면 어땠을까 하
는 생각도 들었고요. 아니면, 편안한 분위기
를 만들고 충분히 시간을 두어 창작에 몰두
할 수 있도록 기다려 주는 것이 필요할 것 같
아요.

음악 교사: 이 수업의 의도가 어느 정도는 이루어진 것 같
아요. 하지만 보편적 학습설계란 곧 개별화 수
업으로 이어지는 게 아닌가 해요. 핀란드 학교
에서 음악 수업을 본 적이 있는데, 한 선생님이
대여섯 명의 학생들을 지도하더라고요. 학생 수
가 더 줄어야 아이들 성향을 파악하고 개별화
수업을 할 수 있을 것 같아요.

_덕양중학교 수업 나눔 모임

음악 교사는 덕양중학교 교사들이 해 온 여러 가지 보편적 학습설계
의 원리를 종합적으로 적용했다. 교사 입장에서는 상당히 힘든 과제를
수행했지만, 학생 대부분 '창작과 공연'이라는 도전적 과제에서 성취 경
험을 했다. 또한, 보편적 학습설계의 원리를 제대로 적용하려면 학생 각
자의 특성과 성향에 따라 개별화된 수업을 해야 하고, 이를 뒷받침할
수 있는 여건을 조성해야 한다는 것도 확인할 수 있었다. 이후 실행연

구 경험이 성숙해지면서 이러한 새로운 과제도 실행할 수 있을 것으로 보인다.

마. 2차 실행 후 성찰

덕양중학교 교사들은 1차 실행 이후 2차 실행에서는 특히 '표현의 원리'를 적용하기 위해 노력했다. 이를 구현하기 위해서는 학생들이 각자 수준이나 성향에 따라 학습 과제를 선택하고 그 결과를 다양한 방식으로 표현하는 수업이 설계되어야 한다. 학생들의 개별적 특성을 진단해야 하고, 가드너의 다중지능이론이나 브루너의 지식의 구조 이론 등에 입각한 다양한 학습 과제를 설계해야 한다.Gardner, 2006; Bruner, 1966 이는 기존 관행이나 현재 중등학교의 실정을 고려해 볼 때 결코 쉬운 과업이 아니다.

그럼에도 덕양중학교 교사들은 학교 실정에 맞는 보편적 학습설계의 구현 방안을 찾고자 노력해 왔다. 다양한 활동을 통해 수학적 원리를 발견하는 수업이나, 각자의 특성에 맞는 음악 활동을 통해 공동창작 및 공연을 하는 수업에서 그러한 가능성을 찾을 수 있었다.

물론 덕양중학교에서 진행한 실행연구 결과가 보편적 타당성을 지니기에는 한계가 명확하다. 우선 교사 개개인의 실험 경험을 전체 교사가 충분히 공유하기에는 시간적 한계가 분명했다. 또한 이를 바탕으로 도출한 수업 혁신 원리의 타당성 검증에는 1차 연도 연구만으로는 한계가 분명하기에, 덕양중학교 교사들은 2차 연도 연구를 이어가기로 했다.

4. 보편적 학습설계의 원리에 따른 수업 혁신 방안 도출

덕양중학교 교사들은 실행연구 과정을 통해 '실행 중 성찰'과 '실행 후 성찰'을 끊임없이 진행했고, 이 과정에서 연구자와 협력하여 모든 교사의 수업에 적용할 수 있는 원리를 정리했다. 〈표 29〉는 실행연구를 바탕으로 연구자와 덕양중학교 교사들이 함께 정리한 '보편적 학습설계 수업 원리'다.

〈 표 29 〉 보편적 학습설계 수업 원리 도출

연구 문제	보편적 학습설계의 개념 (1차 실행 후 수정)	보편적 학습설계의 원리
학업 수준이 다른 학생들이 모두 성장하기 위해서는 어떤 수업을 해야 하는가?	배움의 걸림돌이 제거된 상태에서, 학생들이 정보를 받아들이는 방식, 이해하고 생각하는 방식, 배운 것을 표현하는 방식을 스스로 선택하게 하는 수업 설계	1. 배움의 걸림돌 제거
		2. 협력적 학습구조 형성
		3. 표현 방식의 다양화

⇩

보편적 학습설계를 적용한 수업의 원리

1. 계획
(1) [덜어내기] 많은 것을 덜어내고 수업구조를 단순화한다.
(2) [사전 피드백] 모범적인 산출물 및 루브릭을 미리 제시한다.
(3) [정서적 지원] 편안하고 안전한 분위기, 서로 도움을 주고받는 관계를 형성한다.

2. 과정
(1) [걸림돌 제거] 배움의 걸림돌을 제거할 수 있도록 도움 자료를 제공한다.
(2) [협력의 구조화] 학생들이 서로 협력할 수 있는 구조를 형성한다.
(3) [선택의 기회] 학습 소재, 학습 방법 등에서 학생이 선택할 기회를 보장한다.

3. 공유 및 성찰
(1) [표현] 목표에 도달했음을 확인하는 다양한 방법을 열어준다.
(2) [성장 지원] 피드백과 재도전을 통해 모든 학생이 성장하도록 돕는다.
(3) [자기 성찰] 교사의 평가, 동료 피드백을 바탕으로 자기를 성찰할 기회를 준다.

보편적 학습설계와 같은 새로운 과제를 도입하려면 기존 수업 방식에서 복잡한 요소를 덜어내고 수업구조를 단순화하는 것이 필요하다. 그리고 보편적 학습설계에서 가장 먼저 고려해야 할 점은 배움의 걸림돌을 제거하는 장치를 마련하는 것이다. 또한 학생들이 협력할 수 있는 구조를 만드는 것, 학습 방법이나 표현 방법 등에서 학생이 선택할 기회를 보장하는 것 등이 필수적인 요소다. 이 밖에 피드백, 성장 지원, 성찰 기회 제공 등은 모든 수업에 공동으로 필요하지만, 보편적 학습설계의 원리를 구현하는 데에도 필요한 요소다. 그리고 이는 교사 개인의 실천이 아니라 모든 교사가 함께 지향해야 할 원리로 자리 잡을 때 더 나은 수업이 이루어질 수 있다.

덕양중학교 교사들은 보편적 학습설계의 원리를 기계적으로 도입하는 것이 아니라, 그동안 실천했던 수업 혁신의 맥락에서 이를 도입했다. 여기서 도출된 수업의 원리는 교사들의 실행연구 과정에서 나온 것이기에 의미가 있다. 따라서 이는 특수교육과는 맥락이 다른 일반교육에서도 일반화될 가능성이 있다. 물론 여기서 도출한 수업의 원리가 완결성을 지닌 것은 아니므로, 덕양중학교 교사들은 2차 연도 실행연구를 통해 이를 보완해 가기로 했다. 향후 여러 학교 현장에서 연구와 실천을 통해 이러한 원리가 다시 갱신되어 가기를 기대한다.

5. 보편적 학습설계 확대 방안

덕양중학교의 보편적 학습설계 실행연구를 바탕으로 다음과 같은 시사점을 도출할 수 있다.

첫째, 보편적 학습설계의 원리는 특수교육 분야에서 먼저 연구된 것이기 때문에 이를 일반교육, 중등교육에 적용하기 위한 연구와 실천이 필요하다. 특수교육은 장애의 유형과 정도가 각기 다른 소수 학생을 대상으로 한다. 따라서 학생 한명 한명의 특성에 따른 보편적 학습설계를 위한 연구와 실천이 확산해 왔다. 보편적 학습설계의 원리를 초등학교 수업에 적용하는 것은 중등학교에 비해 수월하다. 담임교사가 담임 학급 학생들을 대상으로 수업을 진행하며, 수업과 학생 생활교육이 통합적으로 이루어지기 때문이다.

따라서 초등학교에서 먼저 보편적 학습설계의 원리를 적용하려는 노력이 확산해야 하며, 중등학교 역시 자신의 상황에 맞는 원리를 도출하기 위해 노력해야 한다. 하지만 중등학교는 다인수 학급 여건 때문에 보편적 학습설계의 원리를 적용하기가 쉽지 않다. 그래서 교사의 집단지성과 연구자의 전문성이 결합된 실행연구가 확대될 필요가 있다. 덕양중학교의 사례는 이러한 가능성을 보여준다.

둘째, 중등학교에서는 보편적 학습설계의 원리를 기계적으로 적용하기보다 기존 수업 혁신의 성과를 확장하는 가운데 이를 접목하는 것이 타당하다. 중등교사에게 보편적 학습설계는 매우 낯설 수밖에 없으며, 이 원리를 내면화하기 위해서는 상당한 수준의 전문성이 필요하다. 따라서 기존 수업 혁신의 성과를 바탕으로 이 원리를 도입하려는 전략이 필요하다. 이미 학교 현장에 널리 알려진 배움중심수업은 교사와 학생, 학생과 학생의 협력적 관계에서 학생들에게 실질적인 배움이 이루어지는 것을 목표로 한다. 이런 원리에 더하여 '배움에 어려움을 겪는 학생에 대한 우선적 지원'이라는 보편적 학습설계의 원리가 결합되도록 해야 한다.

셋째, 중등학교에서는 보편적 학습설계의 원리를 단계적으로 접근하려는 시도가 필요하다. 다인수 학급에서 일제식 수업에 익숙한 중등학교 교사들이 보편적 학습설계의 원리 여러 가지를 동시에 적용하는 것은 여러 가지로 무리가 따른다.

중등학교에서 우선 적용할 수 있는 원리는 학생들의 정서적 학습을 지원하는 '참여의 원리'다. 이를 위해서는 배움에 어려움을 겪는 학생들에 대한 개별적인 배려와 격려가 우선되어야 하며, 학생들이 서로 도움을 주고받을 수 있는 협력적 학습구조가 형성되어야 한다.

다음으로 적용할 수 있는 원리는 학생의 인지적 학습을 지원하는 '표상의 원리'다. 이를 위해서는 무엇보다도 '배움의 걸림돌 제거'를 위한 노력이 필요하다. 학생들에게 다양한 도움 자료를 제공하는 것이 가장 대표적인 방법이다.

중등학교에서 적용하기가 가장 어려운 원리는 학생들의 전략적 학습을 지원하는 '표현의 원리'다. 이 원리를 구현하려면 학생들의 개별적인 특성에 맞는 다양한 학습 과제를 제시해야 하며, 학생들 자신이 배운 지식과 기능을 다양한 방법으로 표현할 기회를 주어야 한다. 이미 상당 수준의 학습 격차가 생겨난 중등학교에는 이를 구체적으로 실천하기가 매우 어렵다. 따라서 여러 교사의 경험과 노하우가 공유되어야 하고, 학생 개개인에 대한 진단이 체계적으로 이루어져야 한다.

넷째, 보편적 학습설계의 원리를 일반화하려면 누구나 직관적으로 이해하고 쉽게 접근할 수 있는 수업 구조가 마련되어야 하며, 이 원리를 학생들도 이해할 수 있도록 해야 한다.

보편적 학습설계의 원리 중 하나가 '간단하고 직관적인 교수학습'이지만, 역설적이게도 '표상의 원리', '표현의 원리', '참여의 원리' 등은 교사가 직관적으로 이해하기 어렵다. 따라서 한국적 상황, 중등학교의 상황에 맞는 원리, 교사 누구나 직관적으로 이해할 수 있는 원리가 새롭게 정립될 필요가 있다. 이를 위해서는 덕양중학교에서와 같은 실행연구가 확산해야 한다.

학생 입장에서도 '자신의 수준에 맞는 학습 과제, 학습 방법을 선택'하는 것이 쉽지 않다. 따라서 학습 구조는 단순해야 하며, 학생들도 자신들이 무엇을 해야 하는지 이해할 수 있도록 학습활동지가 친절하게 제작되어야 한다.

이러한 보편적 학습설계의 원리에 따른 수업이 확산하려면 학교와 교육 당국 차원에서도 세심한 지원이 이루어져야 한다.

첫째, 학교 차원에서는 배움에 어려움이 있는 학생을 위한 중층적 지원 시스템이 마련되어야 한다. 앞에서 언급했듯이, 핀란드에서는 '모든 학생을 위한 일반지원', '소수의 학생을 위한 집중지원', '전문적 지원이 필요한 학생을 위한 특별지원' 등 중층적 지원 시스템이 마련되어 있다. 이처럼 배움에 어려움을 겪는 학생을 위한 별도의 지원 시스템이 필요하다. 이를 위해 교과교사, 담임교사, 상담교사, 보건교사, 특수교사, 학교관리자 등이 함께 학생들을 학업적으로나 정서적으로 세심히 배려하는 전문적 지원 시스템을 구축해야 한다.

둘째, 보편적 학습설계 확산을 지원하기 위한 교육 당국의 정책적 지원이 절실하다. 이미 일부 시도교육청에서 진행해 온 1수업 2교사제 사업이 이에 해당한다. 더욱이 코로나 팬데믹 이후 학생들의 학습 격차가 더욱 벌어지고 있으며, 가정이나 학교 모두에서 방치되는 학생들도 늘고 있다. 최근에는 정서행동 위기 학생에 대한 지원의 필요성이 커지고 있다. 이런 문제를 해결하기 위해서는 학생들의 개별적인 학습 상황이나 성향을 판별할 수 있는 진단 도구의 개발, 협력교사 채용 배치, 상담 및 정신건강 영역의 전문인력 확충 등을 통해 '모두를 위한 교육' 구현을 위한 지원이 확대되어야 할 것이다. 여기에 학교 안에서 새로운 수업 혁신을 모색하기 위한 노력이 결합해야 한다.

5. 좋은 수업을 위한 실행연구[*]
_교사의 끊임없는 연구와 새로운 실천

그동안 수업 혁신에 관한 연구와 실천이 확대되었다. 배움의 공동체, 협동학습, 거꾸로 수업 등 더 나은 수업을 위한 모색이 이루어져 왔다. 이는 교사 개인의 노력만으로 이루어진 것이 아니다. 학교마다 다양한 형태의 전문적 학습공동체 모임을 활성화했고, 교사들은 '수업 나눔'이라 부르는 수업 연구모임을 통해 수업 혁신을 위해 노력해 왔다. 이를 통해 획일화된 일제식 수업을 극복하고 학생의 성장을 중심에 놓는 수업이 활성화되었으며, 교사가 수업 전문가로 성장하는 성과를 보여왔다.

이제는 수업 혁신의 성과와 한계에 대한 성찰과 평가가 필요한 시기다. 이는 두 가지 차원에서 접근할 수 있다. 하나는 교실 현장에 적용되는 수업 모델이나 수업 운영 방식에 대한 평가이고, 다른 하나는 수업 참관과 협의 등 수업 연구 방법에 대한 평가다.

수업 혁신에 관한 선행연구는 주로 긍정적인 측면에 주목해 왔지만, 그 한계를 지적한 논의도 적지 않다. 예를 들어, 새롭게 도입된 요소와 기존 관행 사이에 발생하는 모순[김남수·이혁규, 2012], 특정 수업 모델이 여러 학교에 획일적으로 적용되는 '혁신의 동형화' 현상[한영욱·김미숙, 2020], 교사

---

[*]공동연구자: 김성수 박사

2부 더 나은 수업   5. 좋은 수업을 위한 실행연구 241

의 역량 성장 없이 '외면적 혁신'만을 추구하는 현상[서근원, 2018] 등은 여전히 지속되는 문제점이다. 이는 주로 '특정 수업 모델을 기계적으로 적용하는 문제'에 대한 지적이다.

이와 함께 수업 참관 및 협의 등 수업 연구 방법에 대해서도 비판적인 성찰이 필요하다. 예를 들어, 학교마다 비슷비슷한 방식으로 진행되는 수업 연구모임이 타성에 빠지면서 동료 교사의 수업에 대한 의례적인 찬사만 늘어놓는다는가, 수업과 관련된 문제를 발견하고도 해결 방안을 찾아가지 못하기도 한다. 즉, 수업 모델뿐만 아니라 수업 연구방법론 또한 형식화, 동형화되는 현상도 발생해 왔다. 더욱이 코로나 사태 이후에는 학교 내 수업 연구모임이 거의 사라지는 현상이 심각한 문제로 대두되고 있다.

이러한 한계를 극복하려면 교사의 수업 전문성 신장을 위한 공동체적 연구가 활성화되어야 한다. 이를 통해 '실천가이자 연구자'로서의 교사상을 정립하고, '혁신의 동형화', '외면적 혁신'을 넘어 '교사들이 교실 수업에서 부딪히는 구체적인 문제에 관해 연구하고 대안을 찾아가는 방안'을 탐구해야 한다.

이에 '실행연구'를 기존 수업 연구방법론의 한계를 극복할 수 있는 대안적 방법론으로 제시하고자 한다. '실행연구action research'는 사회과학 연구에서 흔히 활용하는 질적 연구방법론 가운데 하나로, 실행자가 직접 연구자가 되거나 외부 연구자와 협력하여 현장에서 발생한 문제를 해결하는 방안을 찾아가는 것을 목적으로 한다. 이 방법론을 수업 연구에도 적용하여 더 나은 수업을 모색하는 데에 활용할 수 있다.

1. 수업 실행연구의 개념

그동안 교사의 수업 전문성 신장을 위해 수업 장학, 수업 컨설팅, 수업 비평, 수업 코칭 등이 이루어져 왔다. 이의 특징과 차이는 다음과 같이 요약할 수 있다.

수업 장학은 '교사의 수업 기술 향상을 목적으로 장학 요원(학교 관리자, 교육 전문직, 외부 전문가 등)이 주도하는 체계적인 지도와 조언 활동'을 의미한다. '장학supervision'의 어원에서도 알 수 있듯이 이는 장학 요원과 수업 교사의 수직적인 관계를 전제로 한다.

수업 컨설팅은 '수업 교사의 의뢰에 따라 외부 전문가인 컨설턴트가 수업의 문제점을 진단하고 적절한 조언과 처방을 내리는 지원 과정'을 의미한다. 이는 수업 교사의 자발적인 요청을 전제로 한 상호대등 관계를 지향한다. 최근에는 수업 장학과 수업 컨설팅의 개념을 통합하여 '컨설팅 장학'이라는 용어를 쓰기도 한다.

수업 비평은 '수업 현상을 이해하고 해석하기 위해 수업 연구자가 비평적 안목에 따라 수업의 의미를 질적으로 파악하고 기술하는 행위'다.[이혁규, 2010] 이는 아이즈너가 말한 '교육 비평'의 원리에 따른 것으로[Eisner, 1979], 예술가가 예술작품의 질적 특징을 발견하고 이를 독자들이 이해할 수 있는 언어로 기술하는 것처럼, 수업 현상에 대한 감식안과 비평적 안목을 기르는 것을 지향한다.

수업 코칭은 '수업 코치와 수업자가 동등한 관계를 바탕으로 수업 개선을 위해 성찰하며 함께하는 대화 과정'[김효수·진용성, 2017], '수평적 상호작용 방법을 사용해서 수업과 관련된 교사의 능력이 현재 수준에서 시작해 잠재 능력과 가능성이 완전히 발휘되는 수준에 이르도록 함께하는 과정'[신을진, 2015] 등으로 정의할 수 있다. 수업 코칭은 주로 게슈탈트 상담이론에 근거하여 수업 교사의 내면에 대한 '알아차리기', '직면하기'

등을 중시한다.

　이상에서 언급한 수업 장학, 수업 컨설팅, 수업 비평, 수업 코칭 등과 달리, 이 연구에서 탐구하고자 하는 수업 실행연구는 수업을 진행하는 교사가 자신이 수업에서 부딪힌 문제에 대해 원인을 분석하고 해결 방안을 찾아가는 과정을 중시한다. 매커넌은 실행연구를 '비판적이고 해방적인 관점에서 연구를 계획하고, 실천을 통해 문제점을 극복하여 교육을 개선했는지를 다시 성찰하는 과정'이라고 했다.[Mckernan, 1991] 이 과정은 일반적으로 [그림 4]와 같은 절차를 거친다.

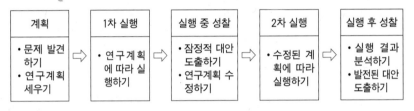

[그림 4] 실행연구 절차

　이와 같은 실행연구의 개념을 수업 연구에 적용하여 '수업 실행연구'라는 용어를 사용하고자 한다. 그리고 이 개념을 '수업을 진행하는 교사가 수업 상황에서 부딪히는 문제를 해결하기 위해 동료 교사들과 문제의 원인을 진단하고 해결 방안을 찾아 자신의 수업에 적용하며 실행과 성찰을 지속하는 공동체적 연구'라고 정의하고자 한다. '수업 실행연구'의 특징을 수업 장학, 수업 컨설팅, 수업 비평, 수업 코칭 등과 비교해 보면 〈표 30〉과 같다.

　첫째, 수업 실행연구의 가장 중요한 특징은 교사가 자신의 수업에서 부딪히는 어려움을 극복하기 위해 스스로 연구 문제를 선정하고 이에 대한 대안을 찾아가는 실천적 연구라는 점이다. 수업 장학이나 수업 컨설팅의 경우 문제 해결 주체는 외부 전문가다. 수업 비평이나 수업 코칭

	수업 장학	수업 컨설팅	수업 비평	수업 코칭	수업 실행연구
목적	교사의 수업 기술 개선	수업 교사의 요청 해결	수업 현상의 이해와 해석	수업 교사의 성찰	수업 관련 문제 해결 방안 탐구
주체의 관계	수직적 관계, 권력의 차이 (교사/장학 요원)	수직적 관계, 전문성의 차이 (교사/컨설턴트)	대등한 관계, 전문성의 차이 (교사/비평가)	대등한 관계, 전문성의 차이 (교사/코치)	협력적 관계 (교사=연구자)
참여의 형태	의무적 참여, 개인적 참여	의무적 혹은 자발적 참여, 개인적 참여	자발적 참여, 개인적 참여	자발적 참여, 개인적 혹은 공동체적 참여	자발적 참여, 공동체적 참여
접근 방법	일방적 권고	관찰과 조언	이해와 해석	조언과 성찰	실행과 성찰
결과	교사 개인의 수업 개선	교사 개인의 수업 개선	교사의 수업 전문성 신장	교사의 수업 전문성 신장	수업의 구조적 변화

의 경우 문제 해결을 교사가 스스로 찾도록 유도하지만, 그 과정을 이끄는 주체는 외부 전문가다. 이와 달리 수업 실행연구는 수업 교사가 연구 문제를 선정하고 이에 대한 해결 방안을 찾는 것을 지향한다.

둘째, 수업 실행연구는 일회적으로 끝나는 것이 아니라 순환적으로 지속되는 연구다. 수업 장학이나 수업 컨설팅은 한두 차례에 걸쳐 단편적인 진단과 처방이 이루어지는 경우가 대부분이다. 이와 달리 수업 실행연구는 보통 '1차 실행 → 실행 후 성찰 → 2차 실행 → 대안 마련'의 과정이 반복적으로 이루어진다. 수업 실행연구는 '실행 중 성찰'을 이어가며 문제 해결 방안을 모색하기 위한 탐색을 지속한다.

셋째, 수업 실행연구는 이론과 실천의 변증법적 통일을 통해 수업의 구조적 변화를 추구한다. 수업 교사는 자신이 부딪힌 문제를 해결하기 위해 다양한 연구물을 참고하고 동료 교사와 함께 수업 개선을 위한 실천적 연구를 지속한다. 필요한 경우 외부 전문가와 협력 연구를 통해 이론과 실천의 결합을 추구한다. 이는 '위로부터 강요되는 개혁'이 아니라 '아래로부터의 자발적인 혁신'을 이끌 수 있다.

이러한 가능성을 탐색하기 위해 연구자는 덕양중학교 교사들과 수업 실행연구를 했다. 덕양중학교 교사들은 그동안 수업 혁신을 위한 공동체적 노력을 꾸준히 해 왔다. 그러나 기존 수업 나눔 방식에 명확한 한계가 있다는 것을 느끼며 새로운 변화가 필요하다는 점을 공감하게 되었다. 덕양중학교 교사들은 연구자의 제안에 따라 실행연구 방법론을 학습하고, 평소 자신들이 수업에서 부딪혀 온 문제들을 논의했다. 그리고 교사들의 고민을 범주화하여 실행연구 주제를 선정했다. 실행연구 주제로는 '보편적 학습설계', '과정 중심 피드백', '학생 주도성 수업' 등 세 가지가 선정되었다.

덕양중학교 전체 교사를 7~8명씩 세 팀의 실행연구팀으로 구성하고, 각각 연구계획을 세웠다. 덕양중학교 교사들은 한 달에 한 번씩 공개 수업 및 협의를 하고, 협의를 통해 도출된 대안을 다음 수업 공개 교사가 자신의 수업에 반영하는 방식으로 '실행 → 성찰 → 실행'을 반복해 갔다. 1학기가 마무리되는 시점에서는 한 학기 동안 진행되어 온 실행연구 과정 및 결과를 전체 교사가 공유하는 평가회를 했다. 이를 바탕으로 새로운 연구계획을 세우고 2학기에 2차 실행을 진행했다. 2차 실행을 마친 후 일 년 동안 진행되어 온 모든 과정에 대한 평가회를 했다. 덕양중학교에서는 이와 같은 수업 실행연구를 현재까지 지속하고 있다.

2. 활동이론에 따른 수업 실행연구 분석

덕양중학교에서 진행된 실행연구는 개인과 개인, 개인과 공동체의 상호관계 속에 이루어진 공동체적 학습이다. 이러한 공동체적 학습의 특징을 분석하는 데는 엥게스트롬이 체계화한 활동이론activity theory이 도움이 된다.Engeström, 2009 활동이론은 인간이 사회적 맥락에서 무엇을 통해 학습하며 어떻게 목적을 이루어 가는지를 면밀하게 분석한 이론이다. 이에 따르면 인간의 목적 의식적인 활동은 [그림 5]와 같이 주체와 대상, 매개, 공동체적 규범과 분업의 구조에서 이루어진다.

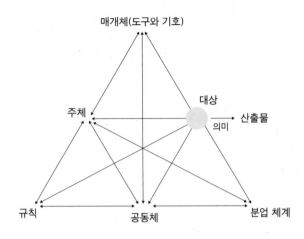

[그림 5] 활동이론 시스템

활동이론은 인간이 도구를 매개로 목적을 실현하는 과정과 그 활동이 이루어지는 공동체 내의 규범 및 역할 관계를 종합적으로 설명해 준다. 이는 교사들의 학습공동체 활동을 설명하는 데도 적용될 수 있다. 이 연구에서는 활동이론을 활용하여 〈표 31〉과 같이 수업 실행연구를 분석하는 틀을 구안했다.

엥게스트롬에 의하면 이러한 활동은 고정된 시스템 속에서 반복적으로 이루어지는 것이 아니라, '모순의 발견'을 통해 변증법적으로 확장해 간다. 그는 이를 [그림 6]의 순환구조로 설명했다.Engeström, 2009

여기서 말하는 1차 모순은 사물이나 체제 자체에 존재하는 근본적인 모순을 의미한다. 엥게스트롬은 1차 모순의 예로 마르크스가 『자본론』에서 말한 '사용가치와 교환가치의 모순'을 들었다. 모든 사물은 그것 지체의 고유한 가치(사용가치)를 지니지만 시장경제에서는 사용가치

〈표 31〉 수업 실행연구 분석 틀

활동 체계 요소	분석을 위한 질문
주체(Subject)	누가 어떤 계기로 수업 실행연구에 참여하는가?
대상(Object)	해결해야 할 문제 상황은 무엇인가?
공동체(Community)	수업 실행연구팀의 구성상 특징은 무엇인가?
규칙(Rules)	수업 실행연구가 진행되는 방법은 무엇인가?
분업 체계(Division of labour)	수업 실행연구를 위해 어떤 역할 분담이 이루어지는가?
매개체(Mediating artifacts)	수업 실행연구를 위해 사용되는 매개체(도구)는 무엇인가?
산출물(Outcomes)	수업 실행연구의 결과로 어떤 성과가 산출되었는가?

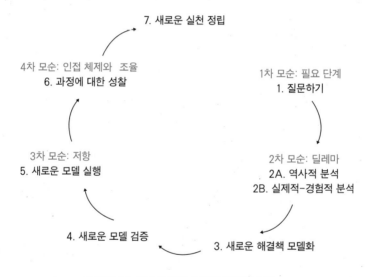

[그림 6] 인간 활동의 순환적·발전적 구조

보다 상품 가격으로 치환된 가치(교환가치)가 우선시되는 것이 자본주의 체제의 1차 모순이다. 이와 마찬가지로 공교육에서도 인간의 전인적 성장과 같은 본질적 가치보다 입시 성과와 같은 왜곡된 가치가 우선시되는 것을 1차 모순이라 할 수 있다.

이러한 1차 모순을 해결하기 위해 새로운 실천을 하다 보면 시스템 자체에 분열과 갈등이 발생할 수 있다. 이처럼 시스템 사이의 요소 간에 발생하는 모순이 2차 모순(딜레마)이다. 이러한 딜레마를 딛고 새로운 요소가 시스템에 들어오면 기존 요소와 새로운 요소 사이의 모순인 3차 모순이 발생하고, 나아가 시스템과 외부에 인접한 시스템 사이의 4차 모순이 발생한다.

이러한 '모순' 개념은 '수업 실행연구'라는 활동 체계를 이해하는 데도 도움이 된다. 수업 실행연구는 기존 수업 방식으로는 해결할 수 없는 문제를 포착하고, 수업 방식을 바꿔 대안을 모색하고, 새로운 문제점이 발생하면 또다시 이를 해결하기 위한 실행과 성찰을 반복하는 과정이기 때문이다.

3. 덕양중학교 수업 실행연구의 활동 체계

가. 주체: 누가 어떤 계기로 수업 실행연구에 참여했나?

덕양중학교는 혁신학교 지정과 함께 수업 혁신을 위한 수업 나눔을 정기적으로 진행했다. 사전 모임에서는 수업 공개 교사가 작성한 수업지도안을 함께 검토했다. 공개수업 참관 후에는 수업 협의회를 열고 공개수업에서 관찰한 내용을 나누었다. 이는 수업을 개인의 몫이 아닌 공동체의 문제로 바라보는 '수업의 탈사유화'를 이끌었으며, 교사 중심 수업을 학생 중심 수업으로 바꾸는 기폭제가 되었다.

하지만 수업 나눔이 동일한 방식으로 10년 넘게 진행되면서 형식화하는 경향이 나타났다. 수업 나눔을 '혁신학교니까 마땅히 하는 일'로 인식했고, 수업 나눔에서도 '칭찬 위주의 의례적 비평'이 오갔다.

2021년 학년말 교육과정 평가회에서는 수업 나눔 방식을 개선할 필요가 있다는 지적이 나왔다. 연구자도 덕양중학교 수업 방식과 수업 나눔의 변화가 필요하다고 보고, 수업 나눔을 '실행연구' 방식으로 운영하자고 제안했다. 덕양중학교 교사들은 교사들이 수업에서 부딪히는 문제를 해결하기 위해서는 실행연구가 필요하다는 연구자의 제안에 공감했다. 그래서 2022년 수업 나눔을 실행연구 형식으로 진행하기로 했다. 이렇게 볼 때, '수업 실행연구의 주체'는 '수업 나눔 방식 변화의 필요성을 느낀 교사들'이라고 할 수 있다.

나. 대상: 해결해야 할 문제 상황은 무엇인가?

덕양중학교 교사들이 수업 실행연구에 참여하기로 한 이유는, 기존 수업 나눔 방식으로는 수업에서 부딪힌 문제들을 해결하기 어렵기 때문이다. 교사들은 우선 평소 수업 시간에 경험한 문제 상황에 관해 이야기를 나누었다. 그리고 이러한 문제 상황을 범주화하여 연구 주제를 선정했다.

교사들이 가장 많이 제기한 문제는 "학습 격차가 큰 교실에서 어떻게 수업해야 할까?"였다. 특히 영어나 수학같이 난도가 높은 교과 담당 교사들이 이 문제를 제기했다. 그래서 이들은 "학습 수준차가 다른 아이들이 모두 성장하기 위해서는 어떤 수업을 진행해야 하는가?"라는 연구 문제를 제기하고, '보편적 학습설계'를 연구 주제로 선정했다.

기술·가정, 사회 교과 교사들은 교과 특성상 학생의 흥미와 관심을 높이기 위해 어떻게 수업을 구성해야 할지에 관심이 많았다. 그래서 이들은 "교사와 학생이 함께 만드는 수업을 어떻게 설계할 수 있을까?"라는 연구 문제를 제기하고, '학생 주도성 수업'을 연구 주제로 선정했다.

국어, 미술처럼 피드백이 활발히 이루어져야 하는 교과 교사들은 "어떻게 하면 피드백을 학생들에게 점진적으로 이양할 수 있을 것인가?"라는 연구 문제를 제기하고, '과정 중심 피드백'을 연구 주제로 선정했다.

이를 통해 볼 때, '수업 실행연구의 대상'은 '교사들이 수업에서 실제로 부딪히는 문제점'이라고 할 수 있고, 이를 〈표 32〉로 나타낼 수 있다.

〈 표 32 〉 실행연구 대상

연구 문제	연구 주제
학습 수준차가 다른 학생이 모두 성장하기 위해서는 어떤 수업을 진행해야 하는가?	보편적 학습설계
교사와 학생이 함께 만드는 수업을 어떻게 설계할 수 있을까? ·	학생 주도성 수업
어떻게 하면 피드백을 학생들에게 점진적으로 이양할 수 있을 것인가?	과정 중심 피드백

다. 공동체: 수업 실행팀의 구성상 특징은 무엇인가?

실행연구는 외부 전문가와 내부 실행자 2인 혹은 소수 그룹으로 진행되는 경우가 많다. 그러나 덕양중학교의 수업 실행연구는 전체 교사가 실행연구팀을 구성하고 스스로 문제를 진단하고 대안을 찾아가는 방식으로 진행했다.

덕양중학교 전체 20여 명 교사는 6~7명씩 나누어 각각의 수업 실행연구팀을 구성했다. 일반적인 학교의 수업 나눔 모임은 학년별 혹은 교과별로 구성되는 것이 일반적이나, 덕양중학교의 경우 수업 관심사가 유사한 교사들끼리 연구 주제를 선정하여 팀을 구성했다. 이러한 구성 방식은 일반적인 수업 나눔 모임보다 두 가지 면에서 더 좋은 효과를 거둘 수 있다.

우선 실행연구팀에 서로 다른 교과 교사들이 소속됨으로써 동료 교사의 수업을 더욱 객관적으로 바라보는 효과를 낳을 수 있다. 담임교사가 거의 모든 과목 수업을 하는 초등학교와 달리 중등학교는 교과 간 단절이 문제가 될 수 있다. 각각의 교과 담당 교사는 자기 교과에 대한 전문성은 뛰어날 수 있어도, 그 교과 전문성이 오히려 학생의 수준을 고려한 수업을 진행하는 데 걸림돌이 될 수 있기 때문이다. 하지만 '타 교과 교사의 눈'으로 수업을 바라보는 것은 '교과 전공자의 눈'이 아닌 '학생의 눈'으로 수업을 바라보는 효과를 낳을 수 있다.

하지만 수업 관찰 및 협의의 목적의식이 분명하지 않으면 그 효과도 반감될 수 있다. 그래서 덕양중학교 교사들은 교사라면 누구나 부딪히기 마련인 어려움을 연구 문제로 정하고 이를 대상으로 수업 실행연구를 했다. 이처럼 덕양중학교 '수업 실행연구 공동체'의 특징은 '여러 교과 교사가 공동 연구 주제를 탐구하는 공동체'라 할 수 있다.

라. 규칙: 수업 실행연구 방법은 무엇인가?

덕양중학교 교사들이 수업 실행연구라는 새로운 길을 가기로 했지만, 실행연구에 대한 이해와 경험은 거의 없었다. 더욱이 각 실행연구팀이 선정한 주제에 대해 참고할 만한 선행연구도 거의 없었다. 보편적 학습설계에 관한 연구는 주로 특수교육 분야에서 이루어졌고, 일반 학교 수업에 이를 적용하는 연구는 초기 단계였다. 최근 학생 주도성에 관한 논의가 이루어지기 시작했지만 이에 관한 구체적인 사례는 찾기 어려웠고, 피드백에 관한 자료는 해외 이론을 번역한 책이 대부분이었다.

덕양중학교 교사들은 새로운 길을 개척하는 심정으로 수업 실행연구 계획을 세웠다. 우선 대표 교사 1인이 외부 연구자와 함께 수업 실행연구 계획의 전반적인 얼개를 설계했다. 그리고 각각의 실행연구팀에서 선정된 팀장 3명과 함께 실행연구 진행의 세부 계획과 진행 방법을 수립했다.

우선, 수업 실행연구를 그동안 해 온 전문적 학습공동체의 일환으로 진행하기로 했다. 일반적인 학교에서 진행되는 수업 참관 및 수업 나눔과 달리 '이론 연구 → 1차 실행(1학기 운영) → 실행 후 성찰(학기 말 팀별 정리 및 전체 공유) → 2차 실행(2학기 운영) → 실행 후 성찰(학년말 팀별 정리 및 전체 공유, 외부 발표)'과 같은 방식으로 수업 나눔을 운영하기로 했다.

덕양중학교 교사들은 외부 연구자의 도움을 받아 실행연구 방법론에 대한 이론을 학습했다. 그리고 보편적 학습설계조윤정 외, 2021, 학생 주도성 수업Apple & Beane, 2007, 과정 중심 피드백Frey & Fisher, 2011 등 각각의 연구 주제에 관한 참고자료를 함께 읽고 이를 어떻게 적용할지 논의했다. 그리고 각 팀이 선정한 연구 문제에 주목하여 수업을 참관하고, 문제 해결을 위한 사후 협의를 한 후, 사후 협의를 통해 잠정적으로 도출한 대안을 다음 수업 공개 교사가 자신의 수업에 적용해 보는 방식을 릴레이 방식으로 이어가기로 했다.

이처럼 덕양중학교 '수업 실행연구 규칙'은 '정형화된 수업 나눔 방식을 탈피하여 실행연구 방법론을 창의적으로 적용하기'라고 할 수 있다.

마. 분업: 수업 실행연구를 위해 어떤 역할 분담이 이루어지는가?

덕양중학교에서 수업 실행연구가 가능했던 것은 그동안 전문적 학습공동체를 통해 수업 혁신을 위한 역량을 쌓아왔기 때문이다. 또한 학교에서 부딪히는 문제를 자발적으로 해결하려는 문화, 교사들이 협력하는 문화가 형성되어 있기 때문이다. 이는 수업 실행연구 분업 체계에서도 나타난다. 교사들은 본인들의 관심사에 따라 실행연구팀을 구성하고 팀장을 선임했다. 팀장 중에는 부장 교사도 있고 평교사도 있었다. 이들은 학교의 공식적인 업무 외의 추가적 업무를 기꺼이 담당했다.

대표 교사 1인과 팀장 3인은 외부 연구자와 월 1회 정기모임을 하며, 각 팀의 문제에 대해 협의하고 해결 방법을 찾아갔다. 여기서 협의한 내용을 바탕으로 다시 팀별로 수업 실행연구를 했다. 외부 연구자는 각 팀을 순회하며 수업 공개 모임 및 사후 협의를 참관하고, 연구 문제에 대해 조언했다. 학기 말에는 팀별로 한 학기 동안 진행된 내용을 정리하여 전체 교사와 공유했다. 마지막으로 연말 교육과정 콘퍼런스를 통해 일 년 동안 진행된 수업 실행연구 과정 및 결과를 외부 교사들에게 발표했다.

이 과정에서 교사들은 수업 전문성뿐만 아니라 연구자로서의 정체성과 전문성을 조금씩 갖추어 갔다. 이로써 연구와 실천의 분리를 지양하는 실행연구의 취지를 살릴 수 있었다. 이처럼 덕양중학교 '수업 실행연구의 분업'에 나타난 특징은 '자발적인 참여와 협력적 역할 분담', '연구자와 실행자의 협업' 등이라고 할 수 있다.

바. 매개체: 수업 실행연구를 위해 사용되는 매개체는 무엇인가?

엥게스트롬이 제시한 활동이론은 주제와 대상을 매개하는 도구의 역할을 강조한다. 예를 들어 인간의 노동에는 물리적 도구tool가 필요하고, 학습에는 정신적 도구sign가 있어야 한다. 기존 도구가 한계에 부딪힐 때는 도구 자체를 개조함으로써 새로운 성과를 도출할 수 있다.

혁신학교 운동 이후 교사들이 수업 혁신을 위해 활용한 대표적인 매개적 도구로는 수업 시간에 활용하는 학습활동지, 그리고 수업 나눔에서 활용되는 수업지도안, 수업 참관록, 수업 협의록 등이 있다. 전통적인 수업지도안과 참관록은 '교사의 교수법'을 강조하지만, 혁신학교에서 주로 사용하는 수업지도안과 참관록은 '학생의 배움'을 강조한다.

덕양중학교 교사들은 기존 수업 나눔 방식의 한계를 느껴 수업 실행연구를 도입한 만큼, 이에 적합한 수업지도안과 참관록이 새롭게 필요하다고 보았다. 그래서 기존 양식에 '수업 실행연구 관련 항목'을 새롭게 반영하여, 〈표 33〉과 〈표 34〉와 같은 새로운 수업지도안과 수업 참관록을 만들었다. 이를 통해 교사들이 공개 수업을 준비하거나 수업을 참관할 때 늘 연구 문제를 생각하게끔 했다. 이와 함께 사전 모임과 사후 협의 때 나누어야 할 항목도 이에 맞게 정리했다.

<표 33> 새롭게 바뀐 공개 수업 지도안

공개 수업 지도안			
단원명		담당 교사	
학습 목표			
실행연구 주제 관련 수업 설계 의도 (신설)			
수업의 흐름			

<표 34> 새롭게 바뀐 공개 수업 참관록

공개 수업 참관록			
수업 교사			
참관자			
수업 주제			
관찰	수업흐름	• 수업의 전반적인 흐름은 어떠했나요?	
	관계	• 교사와 학생의 관계는 어떠했나요? • 학생과 학생의 관계는 어떠했나요? • 특별히 관심을 가져야 할 학생이 있나요?	
성찰	연구문제 (신설)	• 연구 문제는 어떤 방식으로 구현되었나요? – 수업 전체의 흐름에서 – 본인이 관찰한 모둠에서 • 수업에서 관찰한 내용이 연구 문제에 주는 시사점은 무엇인가요?	
제언	발전방안 (신설)	• 이 수업을 통해 내가 배운 내용은? • 다음 수업 공개 선생님께 제언할 내용은? • 실행연구의 발전을 위해 제언할 내용은?	

이를 통해 지난 10여 년 동안 지속해 온 수업 나눔 방식에서 벗어나 실행연구의 관점 즉, 연구 질문을 성찰하고 문제를 해결하는 답을 찾아 실천하는 관점으로 수업을 설계, 참관, 협의하도록 했다. 이를 통해 볼 때, '수업 실행연구의 매개체'는 '새롭게 바꾼 수업지도안, 수업 참관록, 사전 모임 및 사후 협의를 위한 질문' 등이라고 할 수 있다.

이상에서 분석한 덕양중학교 수업 실행연구 활동 체계를 〈표 35〉처럼 정리할 수 있다.

〈표 35〉 덕양중학교 수업 실행연구 활동 체계

활동 체계 요소	덕양중학교 사례
[주체] 누가 어떤 계기로 수업 실행연구에 참여하는가?	수업 나눔 방식 변화의 필요성을 느낀 교사들
[대상] 해결해야 할 문제 상황은 무엇인가?	교사들이 수업에서 부딪히는 문제점
[공동체] 수업 실행연구팀의 구성상 특징은 무엇인가?	여러 교과 교사가 공동 연구 주제를 탐구하는 공동체
[규칙] 수업 실행연구가 진행되는 방법은 무엇인가?	정형화된 수업 나눔 방식 탈피, 실행연구 방법론의 창의적 적용
[분업 체계] 수업 실행연구를 위해 어떤 역할 분담이 이루어지는가?	자발적인 참여와 협력적 역할 분담, 연구자와 실행자의 협업
[매개체] 수업 실행연구를 위해 사용되는 매개체는 무엇인가?	새롭게 바꾼 수업지도안, 수업 참관록, 사전 모임 및 사후 협의를 위한 질문
[산출물] 수업 실행연구의 결과로 어떤 성과가 산출되었는가?	공동체적 수업의 원리

4. 수업 실행연구 과정 및 결과

이상에서 언급한 활동 시스템에서 덕양중학교 교사들은 일 년 동안 '1차 실행, 실행 중 성찰, 2차 실행, 실행 후 성찰' 과정을 거치며 수업 실행연구를 했다. 그 과정과 절차를 〈표 36〉으로 정리할 수 있다.

<표 36> 덕양중학교 수업 실행연구 절차

단계		절차	세부 내용	일시
1차 실행	협의	전년도 평가	전년도 교육과정평가회 운영	2021.12.
		사전 연수	실행연구의 개념과 방법론 학습	2022.02.
		계획 수립	수업에서 겪는 어려움 나누기 실행연구 주제 선정하기 실행연구팀 구성 이론적 배경 학습하기	2022.02.
	실행 및 성찰	1차 공개 수업	팀별 사전모임, 수업 참관, 사후 협의	2022.04.
		2차 공개 수업	팀별 사전모임, 수업 참관, 사후 협의	2022.05.
		3차 공개 수업	팀별 사전모임, 수업 참관, 사후 협의	2022.06.
	성찰	1학기 평가회	전체 교사 팀별 성과 공유, 시사점 도출	2022.06.
2차 실행	협의	계획 수립	2학기 실행연구 계획 수립	2022.08.
	실행 및 성찰	4차 공개 수업	팀별 사전모임, 수업 참관, 사후 협의	2022.09.
		5차 공개 수업	팀별 사전모임, 수업 참관, 사후 협의	2022.10.
		6차 공개 수업	팀별 사전모임, 수업 참관, 사후 협의	2022.11.
	성찰	2학기 평가회	전체 교사 팀별 성과 공유, 시사점 도출	2022.11.
대외 공유		교육과정 콘퍼런스	1년 실행연구 결과 대외 발표	2022.12.

가. 1차 실행

덕양중학교 교사들은 '보편적 학습설계', '과정 중심 피드백', '학생 주도성 수업' 세 팀으로 나누어 팀별로 실행연구를 했다. 우선 이론적 배경을 학습한 후, 사전 모임, 수업 참관, 사후 협의를 한 학기 동안 이어 갔다.

'보편적 수업설계' 팀 교사들은 그동안 '소외되는 학생이 없는 수업'을 위해 노력했다. 그러나 기초학력이 부족한 학생들이 수학, 영어 등의 수업에서 뒤처지는 현상을 극복하기에는 역부족이었다. 신체 능력의 차이가 뚜렷이 드러나는 체육 수업이나 문화적 자본의 영향력이 큰 음악 수업에서도 마찬가지였다. 그래서 수학, 영어, 음악, 체육 교사들이 모여 "학습 수준차가 다른 학생이 모두 성장하기 위해서는 어떤 수업을 해야 하는가?"라는 연구 문제를 설정하고 '보편적 학습설계'를 주제로 수업 실행연구를 했다.

처음에는 '보편적 학습설계'에서 말하는 '표상의 원리, 표현의 원리, 참여의 원리'라는 용어도 낯설었다. 이는 특수교육 분야에서 발전한 개념이라 이를 일반 중학교에서 적용하는 데 어려움을 겪었다. 하지만 교사들은 이와 관련한 선행연구조윤정 외, 2021를 읽고, 덕양중학교의 상황에 맞게 적용하고자 했다.

1차 실행 당시 교사들은 보편적 학습설계의 원리 중 가장 쉽게 접근할 수 있는 것이 '참여의 원리'로 보았다. 이는 학생들의 정서적 참여를 지원하기 위해 다양한 참여 방식을 제공하는 것을 말한다. 교사들은 실행연구를 통해 '협력적 학습구조', '정서적으로 독려하는 분위기'를 형성하는 것이 '참여의 원리'를 적용하는 방법임을 발견하게 되었다. 예를 들어, 체육 수업에서 '개인 기록'과 '팀 기록'을 연계해 향상 점수를 부여하는 것이 하나의 방법으로 제시되었다.

'과정 중심 피드백' 팀 교사들은 코로나 당시 온라인 수업이 확대되는 과정에서 '피드백의 중요성'을 인식하게 되었다. 온라인 수업 상황에서는 학생들이 제대로 학습하고 있는지 확인하기가 더더욱 어렵기 때문에, 그만큼 꼼꼼한 피드백이 중요했다. 덕양중학교 교사들은 피드백에 관한 연구물Frey & Fisher, 2011을 함께 공부한 후, '교사 피드백' 못지않게 '동료 피드백'이 중요하다는 점을 인식하게 되었다. 그래서 연구 문제를 "어떻게 하면 피드백을 학생들에게 점진적으로 이양할 수 있을 것인가?"로 설정했다.

교사들은 동료 교사들의 수업을 참관하면서 대부분의 수업에서 의외로 피드백이 거의 이루어지지 않는다는 점을 알아차리게 되었다. 수업 교사는 나름대로 피드백을 했다고 여겼지만, 학생이나 참관 교사는 이를 명확하게 인식하지 못했다. 그래서 이를 극복하기 위한 방안을 모색해 갔다.

'학생 주도성 수업' 팀 교사들이 처음에 설정한 연구 문제는 "학생들이 흥미를 갖고 몰입하는 수업을 어떻게 만들 것인가?"였다. 교사들은 참고문헌Apple & Beane, 2007을 읽고 논의한 결과 수업 설계 단계부터 학생을 참여시키는 것이 중요하다고 보았다. 그래서 연구 문제를 "교사와 학생이 함께 만드는 수업을 어떻게 설계할 수 있을까?"로 수정했다. 그리고 〈OECD Education 2030〉을 참고로 학생 주도성의 개념을 '학생이 스스로 목표를 정하고 그것을 달성하기 위해 책임 있게 행동하여 공동체에 기여하고자 하는 역량'으로 규정했다.

1부 3장에서도 언급했듯이, 덕양중학교 교사들은 수업 실행연구가 진행되기 전부터 학생을 교육과정의 주체로 참여시키기 위해 '학생교육과정위원회'를 운영해 왔다. 이 위원회는 학교교육과정 개발 및 운영, 평가 단계에서 학생들의 의견을 공식적으로 수렴하기 위해 학급별로 자원 받아 구성되었다. 덕양중학교 교사들은 교육과정 설계뿐만 아니라 수업 설계 시기에도 학생의 의견을 공식적으로 수렴하기 위해 교과별로 학생교육과정위원회를 구성하기 시작했다. 그 결과 기술, 사회, 영어 세 교과에서 학생교육과정위원회를 구성하게 되었다. 그리고 수업 실행연구 차원에서 학생과 함께 수업 계획을 설계하는 시도를 하게 되었다.

기술 교사는 '적정기술 아이디어 구상하기'라는 수업 계획안을 작성한 후 학생교육과정위원회 학생들에게 수업 설계 의도를 설명하고, 학생들이 관심 있어 할 만한 소재가 무엇인지 의견을 수렴했다. 또한, 교사가 만든 학습활동지를 학생들에게 소개하고 난이도와 분량이 적절한

지에 대한 의견을 들었다.

사회 교사는 '마을을 바꾸기 위한 사회 참여'라는 프로젝트 수업 계획안을 작성한 후 수업 진행 방식에 대해 학생들의 의견을 모았다. 특히 프로젝트 결과 발표 방법에 대한 학생의 의견을 모아 '스위치 토론'이라는 발표 형태를 활용하게 되었다.

영어 교사는 '내가 좋아하는 활동을 영어로 소개하는 영상 만들기'라는 수업을 위해 모둠 구성, 영상 제작 방법 등에 대해 학생의 의견을 모았다. 이처럼 수업 설계 및 진행, 발표 및 공유 방법에 대해 학생의 의견을 모은 결과, 학생들의 참여도와 몰입도가 눈에 띄게 높아지는 성과가 있었다.

나. 1차 실행 후 성찰

덕양중학교 교사들은 수업 나눔을 통해 일상적인 '실행 중 성찰'을 했다. 그 내용을 바탕으로 1차 실행에 대한 성찰을 팀별로 진행한 후, 성찰 결과를 다른 팀 교사와도 공유하는 평가회를 했다.

'보편적 학습설계' 팀 교사들은 1차 실행과정에서 주로 '참여의 원리'를 적용하는 수업을 했다. '학생에 대한 정서적 배려', '학생들이 도움을 주고받는 협력의 구조화'가 주된 실천 과제였다. 하지만 이것만으로는 배움에 특별한 어려움을 겪는 학생들, 기초학력이 현저히 부족한 학생들까지 수업에 참여시키는 데 한계가 있었다. 그래서 2차 실행에서는 '표상의 원리'를 적용하여 '배움의 걸림돌 제거'에 초점을 맞추기로 했다. 또한 교과의 특성에 맞게 '표현의 원리'를 적용해 보기로 했다.

'과정 중심 피드백' 팀 교사들은 1차 실행과정에서 사실상 '피드백의 원리'를 수업에 제대로 구현하지 못했다는 것을 깨달았다. 그래서 피드백 개념을 명확하게 정의하고, 수업 시간에 피드백이 일어나는 장면을 관찰하는 것이 필요하다는 의견을 모았다. 교사들은 피드백 개념을 "학생이 학습한 내용에 대해 이해하고 표현한 것을 교사와 학생이 반응하고 되돌려주어 학습을 촉진하는 것"이라고 재정의하고, 2차 실행에서는 일상적인 수업에서 피드백이 이루어지도록 수업을 설계하는 것에 집중하기로 했다.

'학생 주도성 수업' 팀 교사들은 1차 실행을 통해 나름의 성과를 거두었다고 평가했다. 학생들을 수업 설계 단계부터 참여시킴으로써 수업 시간에 다루는 주제가 학생의 삶과 유기적으로 연결되게 하여 좋은 효과를 거두었다고 보았다. 하지만 학생교육과정위원회가 구성되지 않은 교과에서는 어떻게 학생 주도성을 살릴 수 있을지에 대한 의문도 제기되었다. 그래서 2차 실행에서는 수업 설계 단계에서뿐만 아니라 수업 과정, 수업 결과에서도 학생 주도성을 살릴 수 있도록 다양한 방법을 시도해 보기로 했다.

다. 2차 실행

'보편적 학습설계' 팀 교사들은 2차 실행에서 가장 중점을 두어야 할 과제를 '배움의 걸림돌 제거'로 보고 이를 교과의 특성에 맞게 실천했다. 예를 들어, 영어 교사는 학습활동지에 QR코드를 넣어 기초학력이 부족한 학생을 위한 도움 강의를 했다. 수학 교사는 1수업 2교사제를 통해 배움에 어려움을 겪는 학생에게 개별화된 지원을 했다. 또한, 음악 교사는 학생들이 쉽게 창작 활동에 접근할 수 있도록 보조공학 도구를 활용한 작곡 활동을 했다. 이러한 노력은 보편적 학습설계에서 말하는 '표상의 원리'에 해당한다.

이 외에도 보편적 학습설계의 원리 중 하나인 '표현의 원리'를 실천하고자 했다. 이는 학생의 수준과 성향에 따라 다양한 학습활동과 표현 수단을 제공하는 것이다. 이를 구현하기 위해 수학 교사는 학생들의 수준과 특성을 고려하여 개별화된 문항을 제시하기도 했다. 하지만 다인수의 중등학교에서 모든 학생의 특성에 따른 개별화 수업을 하는 것은 매우 어려운 일임을 절감했다.

'과정 중심 피드백' 팀 교사들은 2차 실행의 중점을 수업 과정에서 피드백을 구체적으로 제시하는 데 두었다. 예전에는 전체 학생을 대상으로 하는 피드백(집단 피드백)을 위주로 했으나, 점차 개별 학생을 대상으로 하는 피드백(개별 피드백), 그리고 학생들 사이에서 이루어지는 피드백(동료 피드백)까지 하는 역량을 기르게 되었다.

예를 들어, 미술 수업에서 학생들은 모둠별로 피드백을 주고받으며, 이를 바탕으로 작품을 개선하고 완성도 높은 결과를 만들어 갔다. 이러한 성과를 얻기 위해서는 교사가 사전에 피드백의 대상과 범위, 기준을 명확히 제시해야 함을 깨닫게 되었다. 국어 수업에 진행된 '설명문 쓰기' 활동에서는 교사가 먼저 작년 학생들의 작품을 대상으로 피드백 시범을 보임으로써 학생들이 피드백을 주고받는 활동이 원활하게 이루어지게 했다. 이어 진행된 국어 '연설하기 수업'에서는 한 걸음 더 나아가 연설의 중요한 핵심 개념을 바탕으로 학생들이 스스로 평가 기준을 만드는 작업을 했다. 이처럼 평가 기준을 교사가 학생들과 함께 만들 때, 동료 피드백이 더욱 활발하게 이루어진다는 것을 확인하게 되었다.

'학생 주도성 수업' 팀 교사들은 2차 실행의 중점을 수업 설계 단계뿐만 아니라 모든 과정에서 학생 주도성이 살아나도록 하는 데 두었다. 예를 들어, 진로 수업에서는 자신이 진학할 고등학교의 교육과정을 분석하고, 가정 수업에서는 학생들이 자주 섭취하는 간식의 영양분을 분석했다. 이 과정을 통해 교사들은 학생 주도성을 살리기 위해서는 무엇보다도 학생의 삶과 연계된 주제를 선정해야 한다는 것, 그 주제를 선정하는 과정에 학생이 참여할 기회를 직접 주어야 한다는 것, 학생 주도성을 살리기 위해서는 수업을 치밀하게 설계하고 학생의 의견을 반영하여 이를 수정하는 교사 주도성이 전제되어야 한다는 것 등을 발견하게 되었다.

라. 2차 실행 후 성찰

덕양중학교 교사들은 2차 실행이 마무리된 후 학년말 교육과정 평가회를 통해 일 년 동안의 수업 실행연구 결과를 정리했다. 우선 팀별 수업 실행연구 결과에 따른 수업 원리를 〈표 37〉로 정리했다.

〈표 37〉 수업 실행연구 결과

연구 문제	연구 주제에 대한 개념 정리	도출된 수업의 원리
학습 수준차가 다른 학생이 모두 성장하기 위해서는 어떤 수업을 진행해야 하는가?	보편적 학습설계: 배움의 걸림돌이 제거된 상태에서, 학생이 서로 협력하며, 배우는 방식을 스스로 선택하도록 하는 수업 설계	1. 배움의 걸림돌 제거하기
		2. 협력적 학습을 구조화하기
		3. 표현 방식을 다양화하기
어떻게 하면 수업에서 피드백을 효과적으로 실행할 수 있을까?	피드백: 학생이 학습한 내용에 대해 이해하고 표현한 것을 교사와 학생이 반응하고 되돌려주어 학습을 촉진하는 것	1. 피드백의 대상과 기준을 명료화하기
		2. 학생에게 피드백을 이양하기
		3. 피드백 기준을 학생과 함께 정하기
교사와 학생이 함께 만드는 수업을 어떻게 설계할 수 있을까?	학생 주도성: 학생이 스스로 목표를 정하고 그것을 달성하기 위해 책임 있게 행동하여 공동체에 기여하는 역량	1. 학생의 삶과 연계된 주제 선정하기
		2. 학생을 수업 계획에 참여시키기
		3. 학생 주도성의 전제 조건인 교사 주도성 발휘하기

수업 실행연구의 목적은 교사 개인의 수업 전문성을 신장시키는 것뿐만 아니라, 교사들이 수업에서 부딪히는 어려움을 공동체적으로 극복하는 방법을 찾는 데에 있다. 예를 들어, 학생들의 학습 격차 문제는 모든 교사가 공동으로 해결해야 할 과제다. "가장 어려움을 겪는 학생에게 특별한 도움을 주는 수업이 궁극적으로는 모든 학생에게 도움이 된다."라는 보편적 학습설계의 취지는 모든 교사가 공동으로 실천할 때 구현될 수 있다. 그래서 '보편적 학습설계' 팀 교사들은 다른 팀 교사에게도 '배움의 걸림돌 제거'만큼은 모두가 함께 실천할 것을 제안했다.

이와 마찬가지로, '과정 중심 피드백' 팀 교사들은 학생들이 피드백을 주고받을 수 있는 역량을 기르게 하는 '피드백의 점진적 이양'을, '학생 주도성 수업' 팀 교사들은 '학생의 삶과 연관된 주제 선정'을 모든 교사가 함께 실천해야 할 원리로 제안했다.

이 과정을 거쳐 연구자와 덕양중학교 교사들은 모든 교사가 함께 실천해야 할 약속으로, '공동체적 수업 원리'를 〈표 38〉과 같이 정리했다. 이 약속이 실천될 때 교사 개인의 수업 전문성을 신장시킬 수 있을 뿐 아니라, 교사 대부분이 부딪히는 문제 상황을 공동체적으로 해결하려는 수업 실행연구의 목적이 달성될 수 있을 것이다.

〈 표 38 〉 공동체적 수업 원리

수업 단계	수업의 원리
1. 계획	(1) [덜어내기] 많은 것을 덜어내고 수업 구조를 단순화한다. (2) [과제 선정] 학생의 삶과 연관된 주제를 선정한다. (3) [학생 참여] 주제 선정 과정에 학생들을 참여시킨다. (4) [사전 피드백] 모범적인 산출물과 루브릭을 사전에 제시한다.
2. 과정	(1) [배움의 걸림돌 제거] 누구나 접근할 수 있는 자료, 선택적 과제를 제공한다. (2) [정서적 지원] 편안하고 안전한 분위기를 형성한다. (3) [협력의 구조화] 학생들이 서로 도움을 주고받는 관계를 형성한다. (4) [피드백의 이양] 교사 피드백에서 학생 피드백으로 점진적으로 이양한다.
3. 성찰	(1) [성장] 피드백과 재도전을 통해 모든 학생이 성장하도록 돕는다. (2) [메타인지] 끊임없는 반성과 성찰을 통해 목표 도달 여부를 확인한다. (3) [피드백] 학습 결과에 대한 교사 평가, 동료 피드백을 공유한다. (4) [자기 성찰] 교사 평가, 동료 피드백을 바탕으로 자기를 성찰할 기회를 제공한다.

5. 수업 실행연구 일반화와 확산을 위한 과제

이 연구는 교사들이 교실에서 흔히 부딪히는 수업 문제 상황을 공동체적으로 해결하고 수업 혁신의 새로운 가능성을 열기 위해서는 수업 실행연구를 적극적으로 도입하는 것이 필요하다고 보았다. 그리고 이

의 구체적인 방법을 탐색하기 위해 덕양중학교에서 협력적 실행연구를
했다.

이를 바탕으로 수업 실행연구 모델을 〈표 39〉와 같이 정리할 수 있
다. 이 모델은 학교 현장의 특성이나 교사의 전문성 수준 등에 따라 다
양한 형태로 수정될 수 있을 것이다.

〈 표 39 〉 수업 실행연구 모델

단계	절차
수업 실행연구 기반 조성	• 학생, 학부모의 수업 만족도 진단하기 • 교사의 수업 고민 나누기 • 교사의 수업 고민 분류하기
수업 실행연구 주제 선정	• 분류된 수업 고민에 따라 연구팀 구성하기 • 연구 문제 및 연구 주제 구체화하기 • 선행연구 참고하기
수업 실행연구 계획 수립	• 연구 주제에 따라 수업지도안, 수업 참관록 양식 수정하기 • 공개수업 참관 및 협의 일정 정하기 • 외부 연구자와의 연계 등 지원 체제 구축하기
1차 실행 및 성찰	• 수업 참관 및 협의를 통해 문제 해결 방안 모색하기 • 공개수업을 이어가며 문제 해결 방안 검증하기 • 잠정적 대안 도출하기
2차 실행 및 성찰	• 실행연구 운영 방법 개선하기 • 새로 발생한 문제 해결 방안 모색하기 • 잠정적 대안 확정하기
수업 실행연구 결과 도출 및 차기 연구계획 수립	• 공동체적 수업 원리 도출하기 • 새로운 연구 문제 설정하기 • 차기 수업 실행연구 계획 세우기

이러한 수업 실행연구가 활성화되어 수업 혁신의 새로운 가능성을 열
어가기 위해서는 다음과 같은 연구와 실천이 이루어져야 할 것이다.

첫째, 수업 연구모임에 대한 '의미 공유' 작업이 활성화되어야 한다.
혁신학교 확산과 함께 활성화되었던 수업 연구모임이 코로나 사태 이후
상당수의 학교에서 침체되고 있다. 이는 과거 수업 연구 등 전문적 학

습공동체 운영이 충분한 공감대 형성 속에서 이루어졌다기보다는 일부 전문가나 교육 당국의 정책적 의지에 따라 좌우된 측면이 강했다는 것을 보여준다.

풀란이 지적했듯이, 어떤 정책이든지 현장 적합성과 지속 가능성을 확보하기 위해서는 이에 대한 '의미 공유'가 필수적이다.Fullan, 2015 덕양중학교 교사들이 수업 실행연구라는 다소 버거운 과제를 기꺼이 수행했던 이유는 이를 통해 본인들이 수업에서 부딪히는 구체적인 문제 상황을 공동체적 역량으로 극복할 수 있다는 의미를 공유했기 때문이다.

최근 들어, 교사가 개인적으로 해결하기 어려운 문제가 연이어 발생하고 있다. 교사의 정당한 수업권을 방해하는 학생, 정서·행동 이상을 보이는 학생, 심각한 학력 격차, 교사의 수업 방식에 대한 악성 민원을 제기하는 학부모 등 새롭게 대두되는 문제 상황에 대처하기 위해서라도 교사들의 공동체적 연구와 실천이 필요하다. 이를 통해 형성되는 집단적·전문적 역량이 교사의 교육권을 보호하는 방법이기도 하다.

덕양중학교 교사들은 이러한 의미를 공유하고 있기에, 수업 실행연구를 지금까지도 이어가고 있다. 수업 나눔 모임이 침체되고 있는 학교에서도 다시금 수업연구가 활성화되기 위해서는 이러한 의미 공유가 선행되어야 한다.

둘째, 수업 혁신의 역량이 성장한 학교에서는 '수업 진행 방법(수업 모델)'뿐만 아니라 '수업 연구 방법(수업 연구방법론)'도 혁신하기 위해 노력해야 한다. 혁신학교 운동이 10여 년을 지나면서, 수업 모델뿐만 아니라 수업 연구 방법도 정형화되는 현상이 나타나고 있다. 학교마다 수업을 참관하고 협의하는 방식마저 유사해지고, "늘 비슷한 비평이 반복된다.", "늘 제기되는 문제가 해결되지 않는다."라는 등의 지적이 제기되고 있다. 덕양중학교 교사들이 수업 실행연구라는 새로운 방법을 도입하기로 한 이유도 여기에 있었다. 이러한 의례적 비평이나 문제 해결 유보 등의 현상을 극복하기 위해서는, '수업 실행연구'와 같은 새로운 모색을 통해 수업 연구방법론도 혁신하려는 노력이 이루어져야 한다.

수업 실행연구는 교사 대부분에게 낯선 방법이다. 그렇기 때문에 학교 현장에 이를 쉽게 적용할 수 있는 절차를 개발할 필요가 있다. 덕양중학교 실행연구 결과에 따라 도출된 〈표 39〉를 활용할 수도 있고, 이것보다 더 간소한 절차를 개발할 수도 있다. 그리고 학교 현장마다 진행된 실행연구 결과를 공유할 수 있는 소통의 장을 교육청 혹은 학회 등의 단위에서 운영하는 것이 필요하다. 중요한 것은 이 경험을 통해 교사들이 수업 실행연구의 효능감을 체험하는 것이다. 그러할 때 수업 실행연구가 학교 현장에 확산하여 수업 혁신의 새로운 지평을 열어갈 수 있다.

나아가 교사들이 수업 실행연구 같은 방법론을 스스로 개발할 수 있어야 한다. 학계에서의 연구는 엄밀한 형태의 연구방법론을 따르는 것이 중요하지만, 학교 현장에서의 수업 연구는 실사구시의 정신에 입각한 방법을 찾아가는 것이 더욱 중요하다. 학교마다 상황이 다르고 교사마다 부딪히는 문제가 다르기 때문에, 학교가 공동체적으로 수업 개선을 위한 나름의 방법을 찾는 노력이 필요하다.

셋째, 수업 방법론 혁신을 통해 '실천가이자 연구자'로서의 교사상을 구체화해야 한다. 중요한 것은 이러한 연구와 실천, 반성과 성찰을 구체화하는 장을 마련하는 것이다. 기존 수업 장학이나 컨설팅, 수업 비평, 수업 코칭 등은 교사의 수업 전문성 신장에 많은 도움을 주었지만, 교사가 스스로 연구자로 성장하는 경로를 구체적으로 제시해 주지는 못했다. 이와 반대로, 일반적인 학교에서 자체적으로 진행되는 수업 나눔은 의례적인 비평으로 머무르는 경우가 많았다.

이러한 한계를 극복하기 위해서는 교사 스스로가 수업 연구자로 성장해야 한다. 이때의 수업 연구란 현장과 유리된 사변적 연구가 아니라 실천적 연구여야 하며, 수업 연구자로서의 성장이란 교사 개인의 성장이 아니라 공동체적 성장이어야 한다. 수업 실행연구는 교사가 연구와 실천을 넘나들며 공동체적으로 성장하는 데 좋은 경험을 제공할 수 있다.

실천가이자 연구자로서의 교사는 새로 제기되는 과제에 기꺼이 도전하며 수업을 구조적으로 변화시키기 위해 노력해야 한다. 기존에는 교사의 수업 전문성을 외부에서 개발한 수업 모델이나 방법을 자신의 수업에 적용하는 능력 정도로 인식했다. 향후 교사 전문성은 수업 혁신을 위한 과제를 스스로 발굴하고 해결 방안을 모색하여 창조적으로 실천하는 차원까지 나아가야 한다. 덕양중학교 사례처럼 심각한 학력 격차 문제를 해결하기 위해 보편적 학습설계의 원리를 중등학교의 상황에 적용하는 방안을 마련한다든가, 미래교육 담론에서 강조하는 학생 주도성 개념을 구체화하는 원리를 탐구하는 것이 이에 해당한다. 이를 통해 교사 개인의 수업 역량이 향상되는 것을 포함하여, 학교 공동체 차원에서 수업 구조가 변화하는 것을 지향해야 한다.

넷째, 교육 연구자는 교사와 함께 수업 실행연구 현장에서 실천적 연구를 협력적으로 수행하기 위해 노력해야 한다. 좋은 연구는 현장과 연계될 때 이루어진다는 것은 당연한 명제다. 하지만 연구자와 교사가 구체적인 실천 현장에서 만나는 기회는 흔치 않다. 오히려 연구자가 학교 현장에 대해 자신을 개방하지 않는다고 비판하거나, 교사가 연구자에 대해 탁상공론에 머무르기만 한다고 비판하는 경우가 많다. 이러한 이론과 실천의 분리를 극복하기 위해서는 구체적인 연계의 장을 마련해야 한다. 수업 실행연구는 이를 위한 유력한 방법이 될 수 있다. 수업 혁신을 위한 각별한 노력을 하고자 하는 학교에서는 수업 실행연구를 통해 외부 연구자와 적극적으로 연계하려는 노력을 해야 하고, 교육 당국이나 학계에서도 이를 적극적으로 지원할 필요가 있다.

더 나은 수업을 위한 길은 지난한 과정이다. 좋은 수업을 위해서는 교사의 전문성뿐만 아니라 학생에 대한 사랑이 필수적이다. 사랑하면 대상이 새롭게 보인다. 그러면 문제를 해결하는 연구를 기꺼이 하고자 하는 마음이 생긴다. 그리고 그 결과를 동료 교사와 나누고 싶은 마음도 들 수밖에 없다. 하지만 교사 개인의 노력만으로는 부족하다. 학교의 구조와 문화를 공동체적으로 바꾸어야 한다. 이를 위해서는 교사 리더십의 성장, 연구자의 참여, 교육 당국의 적극적인 지원이 필요하다. 무엇보다도 더 좋은 교육과정, 더 나은 수업의 길에서 학생의 지혜와 힘이 자라리라는 믿음과 소망과 사랑을 잃지 않아야 한다.

강효선(2020). IB(International Baccalaureate) 교육과정의 핵심 개념 의미와 성격 탐색. 학습자중심교과교육연구, 20(4), pp.489-510.

경기도교육청(2018). 통합운영학교 교육과정 편성·운영 매뉴얼. 경기도교육청.

교육부(2022). 초·중등학교 교육과정 총론. 교육부 고시 2022-33호.

김남수·이혁규(2012). 문화역사 활동이론을 통한 1년차 서울형 혁신학교의 수업 혁신 활동의 이해. 열린교육연구, 20(4), 357-382.

김남진(2019). 보편적 학습설계의 심화. 파주: 양서원.

김남진·김용욱(2017). 한국형 보편적 학습설계 기반 수업분석 체크리스트 개발. 특수교육재활과학연구, 56(2), 425-457.

김낭규(2011). 체육수업에서의 교육 소외 학생 수업 적응 과정. 교과교육학연구, 15(2), 451-472.

김대현(2011). 교육과정의 이해. 서울: 학지사.

김미령·손승현(2021). 보편적 학습설계를 적용한 교수학습지도안 분석 연구. 학습장애연구, 18(3), 161-194.

김미숙·김유상(2014). '학습 부진아'의 배움. 교육사회학연구, 24(3), 31-61.

김성수·이형빈(2019). 수포자의 시대. 서울: 살림터.

김성식(2010). 초등학생의 학업성취에 대한 학교효과분석: 평균향상과 격차완화의 두 측면에서. 한국초등교육, 21(2), 45-60.

김성천(2011). 혁신학교란 무엇인가. 서울: 마음에 드림.

김영천(2012). 우리나라 '교육과정 개발' 담론. 김영천(편). 교육과정 이론화. 파주: 아카데미프레스.

김우철·강현석(2021). IB MYP의 아이디어에 기반한 학교 민주시민교육 개선 방안 탐색. 교육과정연구, 39(3), 111-136.

김은선·김종현(2011). 통합교육 환경에 보편적 학습설계 원리의 적용 방안. 아동연구, 20, 33-50.

김은효·이용환(2013). 농산어촌 소규모 학교통폐합의 대안 탐색. 교육연구, 36, 63-89.

김종희(2018). 초등학교 학교교육과정 자율화 수준 저해 요인 분석. 학습자중심교과교육연구, 18(22), 639-662.

김천홍(2018). 인터내셔널 바칼로레아 디플로마 프로그램의 국내 공교육 도입에 대한 비판적 고찰. 학습자중심교과교육연구, 18(12), 637-665.

김태은·박선화·노원경·박용효(2015). 초·중학교 교수학습 연계 지도 전략 개발. 한국교육과정평가원.

김학준(2013). 타일러 논리의 재음미: '교사배제 교육과정'의 맥락에서. 교육과정연구, 31(3), 1-26.

김현섭(2013). 수업을 바꾸다. 한국협동학습센터.

김현수(2024). 국제 바칼로레아(IB) 교육내용 프레임워크에 기반한 도덕과 융복합 수업설계 방안 탐색. 윤리교육연구, 71, 27-60.

김현주·안서현·한길수·황승환·안정원(2019). 강원도형 유·초·중·고교 연계 교육과정 기초 연구. 강원도교육연구원.

김효수·진용성(2017). 수업나눔을 적용한 단위학교 수업협의 사례 연구. 한국교원교육연구, 34(3), 81-107.

남경운·서동석·이경은(2014). 아이들이 몰입하는 수업 디자인. 서울: 맘에드림.

남아영(2016). 학생의 교육과정 개발 참여에 대한 질적 사례 연구. 이화여자대학교 석사학위논문.

류영규·김대현(2018). IBDP(International Baccalaureate Diploma Programme) 공교육 도입의 선결 조건 탐색. 교육혁신연구, 28(3), 195-224.

박삼철(2012). 극소규모 학교 통폐합 정책의 대안 탐색: 호주의 사례가 주는 시사점을 중심으로. 교육행정학연구, 30(4), 105-124.

박영만·김희규(2003). 학교규모에 따른 학교풍토와 학생 지도관의 관계. 인천교육대학교 교육논총, 21집, 103-123.

박진(2023). 초등학교 2022 개정 교육과정과 IB PYP의 비교 분석. 학습자중심교과교육연구, 23(23), 147-166.

백병부(2010). 학습 부진학생에 대한 수준별 하반 편성 및 특별보충수업의 교육적 효과. 고려대학교 박사학위논문.

백선영(2024). 프레임워크로서 IB PYP가 2022 개정 사회과 교육과정에 주는 시사점 탐색. 사회과교육, 63(1), 63-82.

서근원(2007). 수업에서의 소외와 실존. 파주: 교육과학사.

서근원(2018). 혁신학교는 수업을 혁신하는가?. 교육의 이론과 실천, 23(1), 67-87.

서덕희(2011). 농촌 국제결혼가정 아동들의 학교생활에 대한 맥락적 이해: 전남 소규모 초등학교에 대한 질적 사례 연구. 교육사회학연구, 21(2), 87-120.

서울특별시교육청(2015). 2015 기초학습 보장을 위한 초등 협력교사제 운영 계획. 서울특별시교육청.

성병창(2009). 학습 부진해소를 위한 교육행정체제. 교육혁신연구, 19(2), 61-78.

성열관(2008). 수준별 교육과정의 감환된 의미로서 영어, 수학 이동수업의 효과성 검토. 교육과정연구, 26(2), 167-189.

성열관(2012). 교수적 실천의 유형학 탐색: Basil Bernstein의 교육과정 사회학 관점. 교육과정연구, 30(3), 71-96.

성열관(2013). 학교의 질서와 학생의 참여: Basil Bernstein의 방법론에 대한 이론적 고찰. 교육사회학연구, 23(3), 83-109.

성열관·이순철(2011). 혁신학교. 서울: 살림터.

손우정(2012). 배움의 공동체. 서울: 해냄.

신을진(2015). 수업 코칭. 서울: 에듀니티.

심성보·이윤미·장수명·안승문·이용관(2015). 학생성장발달 책임교육제 연구. 충청남도교육청 연구용역보고서.

엄수정·김종훈·김진원·문민지·우라미·임고은(2023). 학생 행위주체성(student agency)을 지향하는 학교 수준의 교육과정 혁신 사례 연구. 교육과정연구, 41(1), 237-264.

엄훈(2012). 학교 속의 문맹자들. 서울: 우리교육.

유성균·정동영(2017). 초등학교 통합학급 수업에 나타난 보편적 학습 설계 요소 분석. 특수교육교과연구, 10(1), 129-155.

이근호(2012). 현상학과 교육과정 연구. 김영천(편). 교육과정 이론화. 파주: 아카데미프레스.

이부영(2013). 서울형 혁신학교 이야기. 서울: 살림터.

이상은(2023). 교육과정에서 구현되는 '학생의 자유'에 대한 철학적 고찰. 교육과정연구, 41(1), 185-210.

이수현(2024). 영어, 누구나 잘하고 싶어한다. 손윤선·김양숙·이수현(2024). 모두 참여 수업 중등편. 서울: 새로온봄.

이용숙·김영천·이혁규·김영미·조덕주·조재식(2005). 실행연구방법. 서울: 학지사.

이혁규(2010). 수업 비평의 개념과 위상. 교육인류학연구, 13(1), 69-94.

이현아·홍후조·김차진(2021). 교육과정 틀로서의 MYP 특성 연구. 한국교육학연구, 27(2), 159-186.

이화진(2009). 학습 부진학생 지도·지원 정책의 실효성 제고를 위한 대안적 방향 탐색. 지방교육경영 14, 18-41.

이혜정·백병부·홍섭근·이대식(2013). 경기도 학습 부진 학생 실태와 지원 방안. 경기도교육연구원.

이혜정·이범·김진우·박하식·송재범·하화주·홍영일(2019). IB를 말하다. 서울: 창비교육.

이혜정·조현영·진성은·권미애·윤혜진·현승호·홍영일·서주희(2023). IB 교육 효과 분석 종단 연구(2년차). 제주특별자치도교육청 위탁연구보고서.

임유나(2013). 학습 부진학생 지도와 내실화 방안에 관한 초등교사의 인식연구: 심층면담을 활용하여. 교육종합연구, 11(2), 119-147.

임유나(2022). 국제 바칼로레아 교육내용 프레임워크 분석: IB PYP를 중심으로. 교육과정평가연구, 25(2), 59-87.

장명림·현주·박균열·이정욱(2014). 유아교육과 초등교육 연계 강화 방안 연구. 한국교육개발원.

정우식·이호철(2003). 소외학생들의 체육수업 기피요인에 대한 문화기술적 접근. 한국초등체육학회지, 9(2), 113-131.

정윤정(2023). 국제 바칼로레아 중학교(IB MYP) 음악과 교육과정의 특성 및 시사점 탐색. 예술교육연구, 21(2), 339-358.

정재석·이춘화·장현진·곽신실(2014). 읽기 자신감. 서울: 좋은교사.

조윤정·변영임·오재길·이수현(2021). 보편적 학습설계 수업. 서울: 살림터.

조현희·홍원표(2022). OECD Education 2030에 내재된 학생 주도성의 다면적 의미: 신자유주의에 대한 비판적 관점들을 중심으로. 교육학연구, 60(6), 215-242.

한영욱·김미숙(2020). 혁신학교의 수업공개연구와 학생의 학습 경험 탐색. 교육사회학연구, 30(2), 105-134.

한진호·임유나·안서헌·장소영(2021). 미래지향적 학교 교육과정 개발을 위한 IB PYP의 적용 가능성 탐색. 한국교육학연구, 27(2), 281-312.

홍선주(2021). IB PYP 사례 연구를 통한 학교 교육과정 혁신 방안 탐구. 교육문화연구, 27(5), 49-74.

홍원표(2019). IB 디플로마 프로그램(DP)의 공교육 도입 담론에 대한 비판적 검토. 교육과정연구, 37(3), 199-222.

홍원표(2011). 교육과정 자율화 정책의 모순된 결과와 해결방안 탐색, 교육과정연구, 29(2), 22-43.

홍후조·임유나(2019). IB DP의 특징에 기반한 진학계 고등학교 교과목 재구조화 방안 탐색. 교육과정연구, 37(1), 29-56.

佐藤 學(2000a).「學び」から逃走する子どもたち. 東京: 世織書房. 손우정·김미란 역(2003). 배움으로부터 도주하는 아이들. 성남: 북코리아.

佐藤 學(2000b). 授業を変える學校が変わる. 東京: 世織書房. 손우정 역(2006). 수업이 바뀌면 학교가 바뀐다. 서울: 에듀케어.

Aikin, W. M.(1942). The story of the Eight- Year Study. New York: Harper & Brothers. 김재춘·박소영 역(2022). 중등학교 교육과정 개선을 위한 8년 연구

이야기. 서울: 교육과학사.

Apple, M.(1979). Ideology and curriculum. New York and London: Routledge.

Apple, M. W., & Beane, J. A.(1995). Democratic schools. VA: Association for Supervision and Curriculum Development. 강희룡(역)(2015). 마이클 애플의 민주학교. 서울: 살림터.

Arnstein, S.(1969). A ladder of citizen participation. Journal of American Institute of Planner, 35(4), 216-225.

Ausubel, P.(2000). The acquisition and retention of knowledge: A cognitive view. Boston, MA: Kluwer Academic Publishers.

Bakhtin, M.(1981). The dialogic imagination. University of Texas Press. 전승희·서경희·박유미 역(1998). 장편소설과 민중언어. 창작과비평사.

Beane. J. A.(1997). Curriculum integration: Designing the core of democratic education. New York: Teachers College Press.

Bernstein, B. (1975). Class, codes and control volume 3: Towards a theory of educational transmissions. Second edition. London: Routledge & Kegan Paul.

Bernstein, B.(1996). Pedagogy, symbolic control and identity: Theory, research and critique. London: Taylor & Francis.

Bowe, F. G.(2000). Universal Design in Education: Teaching Nontraditional Students. CA: Praeger Publishers. 김남진, 김용욱 역 (2010). 교육에서의 보편적 설계. 서울: 시그마프레스.

Bowles, S. & Gintis, H.(1976). Schooling in capitalist America: educational reform and the contradiction of economic life. New York: Basic Books.

Bruner, J. S. (1960). The process of education. Cambridge: Harvard University Press.

Bruner, J. S.(1966). Toward a theory of instruction. Harvard University Press.

Center for Applied Special Technology (2011). Universal design for learning guidelines (Version 2.0). Wakefield, MA: Author.

Coleman, J. S.(1988). Social capital in the creation of human capital. American Journal of Sociology, 94, 95-120.

Council for Exceptional Children (2005). Universal Design for Learning: A Guide for Teachers and Education Professionals. 노석준 역(2006). 보편적 학습 설계: 교사들과 교육전문가들을 위한 지침서. 아카데미프레스.

Creswell, J. W.(2007). Qualitative inquiry and research design. London: Sage Publications, Inc.

Cukier, K., Mayer-Schönberger, V., & de Véricourt, F.(2022). Framers: Human advantage in an age of technology and turmoil. New York: Penguin.

Daniels, H.(2012). Vygotsky and Bernstein. In Daniels, H. (ed.,)(2012). Vygotsky and Sociology. London and New York: Routledge.

Davydov, V. V.(2008). Problems of developmental instruction: A theoretical and experimental psychological study. New York: Nova Science Publisher. 정현선 역(2014). 발달을 선도하는 교수학습. 서울: 솔빛길.

Denzin, N. K.(1978). The research act: A theoretical instruction to sociological methods. New York: McGraw-Hill.

Dewey, J.(1916). Democracy and education: An introduction to the philosophy of education. New York: Macmillan.

Dewey, J.(1938). Experience and education. New York: Macmillan.

Eisner, E.(1979). The educational imagination: On the design and evaluation of school programs. New York: Macmillan.

Engeström, Y.(1987). Learning by expanding: an activity-theoretical approach to developmental research. Helsinki: Orienta-Konsultit.

Engeström, Y.(2009). Expansive learning at work: Toward an activity theoretical reconceptualization. In I. Knud (Ed.), Contemporary theories of learning (pp. 53-73). New York: Routledge.

Erickson, H. & Lanning, L.(2014). Transitioning to concept-based curriculum and instruction: How to bring content and process together. CA: Corwin Press.

Foucault, M.(1975). Surveiller et punir: Naissance de la prison. Paris: Gallimard. 오생근 역(2003). 감시와 처벌. 파주: 나남.

Fromm, E.(1961). Marx's concept of man. New York: Continuum. 김창호 역 (1983). 마르크스의 인간관. 서울: 동녘.

Fullan, M.(2015). The new meaning of educational change (5th ed.). New York: Teachers college press.

Frey, N., & Fisher, D.(2011). The formative assessment action plan: Practical steps to more successful teaching and learning. ASCD. 강정임(역)(2021). 피드백, 이렇게 한다. 서울: 교육을바꾸는사람들.

Gardner, H. (2006). Multiple intelligences: The theory in practice. AZ: Basic books. 문용린, 이경재 역(2007). 다중지능. 파주: 웅진지식하우스.

Galtung, J. (1996). Peace by peaceful means: Peace and conflict, development and civilization. London: Sage.

Hargreaves, A., & Shirley, D.(2012). The global fourth way: The quest for educational excellence. California: Corwin Press. 이찬승, 홍완기 역(2015). 학교교육 제4의 길 (2). 서울: 21세기 교육연구소.

Hart, R. A.(1992). Children's Participation from Tokenism to Citizenship. Florence: UNICEF.

Hall, T. E., Meyer, A., & Rose, D. H. (Eds.). (2012). Universal design for learning in the classroom: Practical applications. Guilford press. 김남진, 김용욱 역(2018). 보편적 학습설계 기반 수업. 서울: 학지사.

Holdsworth, R.(2000). Schools that create roles of value for young people. UNESCO International Prospect, 3, 349-362.

Hlebowitsh, S.(2013). Foreword of Tyler's Basic Principle of Curriculum and Instruction. Chicago: University of Chicago Press.

IBO(2007). Making the PYP Happen: A Curriculum Framework for International Primary Education. International Baccalaureate Organization.

IBO(2014). MYP: From Principles into Practice. International Baccalaureate Organization.

Jakobson, R.(1987). Language in literature. Cambridge: Belknap Press. 신문수 역(1989). 문학 속의 언어학. 문학과지성사.

Jonas, H. (1979). Das Prinzip Verantwortung. Frankfurt: Schrkamp. 이진우 역(1994). 책임의 원칙. 서울: 서광사.

Kittay, F. (1998). Love's labor: Essays on women, equality and dependency. Routledge. 김희강·나상원 역(2016). 돌봄: 사랑의 노동. 파주: 박영사.

Lortie, C.(1972). Schoolteacher: a sociological analysis. The University of Chicago Press. 진동섭 역(1993). 교직사회: 교직과 교사의 삶. 서울: 양서원.

Manen, M. van.(1990). Researching lived experience. Ontario: Althouse Press. 신경림 역(1994). 체험연구. 서울: 동녘.

McFadden, M. & Munns, G.(2002). Student engagement and the social relations of pedagogy, British Journal of Sociology of Education, 23(3), 357-366.

McKernan, J.(1991). Curriculum action research. London: Kogan Page.

Mead. G.(2015). Mind, Self, and Society: The Definitive Edition. Chicago University Press.

Moore, R., Arnot, M., Beck, J. & Daniels, H.(ed.)(2006). Knowledge, power and educational reform: Applying the sociology of Basil Bernstein. London and New York: Routledge.

Munns, G & Woodward, H.(2006): Student engagement and student self-assessment: the REAL framework, Assessment in Education, 13(2), 193-

213.

Nelson, L. L. (2014). Design and deliver: Planning and teaching using universal design for learning. 김남진 역(2109). 보편적 학습설계-설계에서 수업까지. 서울: 학지사.

Noddings, N.(1992). The challenge to care in schools. Teachers College Press. 추병환·박병춘·황인표 역, 2002, 배려교육론. 서울: 다른우리.

OECD(2012). Equity and quality in education: Supporting disadvantaged students and schools. OECD Publishing.

OECD(2018). The Future of Education and Skills: Education 2030. Position paper. Paris, France: OECD Publishing.

Pinar, W.(1975). Curriculum theorizing: The reconceptualists. CA: McCutchan Publishing Corporation.

Posey, A., & Novak, K. (2020). Unlearning: Changing your beliefs and your classroom with UDL. CAST Professional Publishing. 박윤정, 한경근, 강은영 역(2003). 보편적 학습설계와 함께하는 언러닝. 서울: 학지사.

Posner, G. J.(2004). Analyzing the curriculum (3rd ed.). New York: McGraw Hill.

Sabar, N. (1985). School-based curriculum development: Reflections from an international seminar. Journal of Curriculum Studies, 17(4), 452-454.

Schwab, J.(1969). The practical: A language for curriculum. School Review, 78, 1-23.

Schwab, J.(1983). The practical 4: Something for curriculum professors to do. Curriculum Inquiry, 13(3), 239-265.

Skilbeck, M. (1984). School-based curriculum development. London: Harper and Row.

The Finnish National Board of Education. (2014). National Core Curriculum for Basic Education 2014. Helsinki: The Finnish National Board Education.

Thuneberg. H., Hautamäki, J., Ahtiainen, R., Lintuvuori, M., Vainikainen, M. P. & Hilasvuori. T. (2014). Conceptual change in adopting the nationwide special education strategy in Finland. Journal of Eduactional Change, 15(1), 37-56

Tanner, D., & Tanner, L. N.(1980). Curriculum development: Theory into practice. New York: Macmillan.

Tyler. R.(1949). Basic Principles of Curriculum and Instruction. Chicago: University of Chicago Press. 이형빈 역(2024). 타일러 교육과정과 수업 설계의 기본 원리. 서울: 살림터.

UNESCO. (2015). EFA Global Monitoring Report. United Nations Educational, Scientific and Cultural Organization.

Walker, D.(1971). A Naturalistic Model for Curriculum Development. School Review, 80, 51-65.

Weber, M. (1919). Politik als beruf. Duncker und Humblot. 박상훈 역(2021). 소명으로서의 정치. 서울: 후마니타스.

Wehlage, G. F., Newmann, F. M & Secada, W. G.(1996). Standards for authentic achievement and pedagogy. In F. M. Newmann and Associates (Eds.), Authentic achievement: Restructuring schools for intellectual quality (pp.21-48). San Francisco: Jossey-Bass Publishers.

Wiggins, G., & McTighe, J.(2000). Understanding by design (2nd Ed.). VA: Association for Supervision & Curriculum Development. 강현석 역(2008). 거꾸로 생각하는 교육과정 개발. 서울: 학지사.

Vygotsky, L. S.(1978). Mind in Society. Cambridge: Harvard University Press. 정회욱 역(2009). 마인드 인 소사이어티. 서울: 학이시습.

*각 장 내용은 아래 논문을 재구성한 것임
1부 1장. 미발표 원고
1부 2장. 이형빈(2020). 학교의 공동체적 가치에 기반한 학교교육과정 개발 가능성 탐색. 통합교육과정연구, 14(2), 55-81.
1부 3장. 이형빈·김성수(2023). 학생이 참여하는 학교교육과정 개발 운영 실행연구. 교육과정연구, 41(3), 51-71.
1부 4장. 이형빈(2020). 농어촌지역 소규모 학교 초중등 연계 교육과정 운영 방안. 기전문화연구, 41(2), 93-116.
1부 5장. 이형빈(2024). IB 교육과정 프레임워크에 대한 비판적 고찰, 교육과정연구, 14(2), 55-79.
2부 1장. 이형빈(2015). 수업의 유형과 학생참여양상에 대한 연구, 교육과정연구, 33(2), 71-97.
2부 2장. 이형빈(2014). 학생의 수업 참여 및 소외 양상에 대한 현상학적 연구, 교육과정연구, 32(1), 25-51.
2부 3장. 이형빈·강에스더(2015). 초등학생 기초학력 보장을 위한 협력교사제 수업의 효과성 연구. 열린교육연구, 23(4), 181-206.
2부 4장. 이형빈(2023). 보편적 학습설계에 기반한 수업혁신 실행연구 (교육과정평가연구, 26(3), 247-268.
2부 5장. 이형빈·김성수(2023). 수업의 문제 상황 해결을 위한 수업 실행연구의 개념 및 방법 탐색, 교육과정연구, 41(4), 83-108.

감사의 글

교육과정, 수업, 평가 전공 연구자로 지낸 지 10년이 되었습니다. 하지만 연구자로서의 전문성을 갖췄는지는 아직도 모르겠습니다. 연구자는 풍부한 지식과 함께 날카로운 통찰력, 슬기로운 혜안도 있어야 할 것입니다. 여전히 턱없이 부족함을 느낍니다.

연구자의 덕목 중 가장 중요한 것은 사랑일 것입니다. 바울 선생님이 고린도전서 13장에서 말씀하셨듯이, 내가 가진 지식은 거울에 뿌옇게 비친 이미지처럼 희미한 것일 뿐, 사랑이 없으면 아무 소용이 없습니다. 연구자는 현장을 사랑해야 합니다. 조선 후기 문인 유한준 선생님 말씀처럼, 사랑하면 알게 되고, 알게 되면 새로운 것이 보이고, 그러면 더 사랑하게 될 것입니다.

저는 학교 현장을 사랑합니다. 학생을 사랑했기에 학교를 떠날 수밖에 없었던 저 대신, 아니, 저보다 훨씬 학생들을 사랑해 주시는 선생님들 덕분에, 그리고 그 선생님들이 기꺼이 교실을 열어 주시고 많은 것을 알려주신 덕분에 학교 현장을 더 잘 알게 된 것 같습니다. 하지만 여전히 모르는 것투성이입니다. 그래도 '바라는 것의 실상', '보이지 않는 것에 대한 증거'를 가지고 더 많이 사랑하고 싶습니다.

이러한 소망을 가지고 10년 동안 이러저러한 논문을 발표했습니다.

한편으로는 이 흑역사 같은 글들을 지워 버리고 싶습니다. 그러나 다른 한편으로는 여전히 이 글이 필요한 곳이 있음을 외람되게도 말씀드리고 싶습니다. 그래서 그동안 발표한 논문을 재구성하고 현시점에 맞게 다듬고 새로 내용을 추가하여 한 권의 책을 펴냅니다.

하지만 이 글 중에 온전히 제가 쓴 것이라고 할 수 있는 것은 전혀 없습니다. 지금 내가 무언가를 갖고 있다면 이는 우연한 행운, 헤아릴 수 없이 수많은 타인의 도움, 그리고 도저히 짐작할 길이 없는 은총 덕분입니다. 그러기에 그 도움과 은총을 다른 사람과 나누고 싶습니다. 그래야 존 롤스 선생님이 말씀하신 정의의 원칙을 조금이라도 실천할 수 있을 것 같습니다.

저에게 많은 도움을 주신 분들께 진심으로 감사드립니다. 특히, 이 책에 여러 번 언급된 장곡중학교와 덕양중학교 선생님들께 진심으로 감사드립니다. 이 학교 선생님들은 기꺼이 자신의 수업과 연구모임을 열어주시며 많은 도움을 주셨습니다. 장곡중학교는 혁신학교의 진면모를 처음으로 알려준 곳입니다. 장곡중학교 선생님들이 없었다면 저는 연구자의 길을 시작도 하지 못했을 것입니다. 덕양중학교는 실천적 연구의 성과가 하나둘씩 결실을 거둔 곳입니다. 학생교육과정위원회, 수업 실행연구 등 무모해 보일 수도 있었던 새로운 시도를 과감히 함께해 주셨습니다. 덕분에 많은 것을 배웠습니다.

제가 배운 것을 나눌 수 있게 해주신 좋은교육과정연구소 회원 선생님들께 감사드립니다. 이 선생님들 덕분에 연구자로서 존재 의미를 느낄 수 있었습니다. 그리고, 좋은 교육에 대한 꿈, 좋은 세상에 대한 꿈을 함께 꿀 수 있었습니다.

학문의 길로 안내해 주신 평생의 은인 성열관 교수님, 학문의 동반자이자 실천의 동지인 김성수 박사님과 강에스더 박사님께 특별한 감사를 드립니다. 원고를 꼼꼼히 검토하고 좋은 의견을 준 김수진 박사님과 윤수영 예비 박사님이 저의 지음知音이 되어 주심에 감사를 드립니다. 그리고 좋은 삶의 본을 보여주신 부모님께 존경과 감사를 드립니다.

2024년 가을
이형빈

삶의 행복을 꿈꾸는 교육은
어디에서 오는가?

● **교육혁명을 앞당기는 배움책 이야기** 혁신교육의 철학과 잉걸진 미래를 만나다!

한국교육연구네트워크 총서

01 핀란드 교육혁명 · 한국교육연구네트워크 엮음 | 320쪽 | 값 15,000원

02 일제고사를 넘어서 · 한국교육연구네트워크 엮음 | 284쪽 | 값 13,000원

03 새로운 사회를 여는 교육혁명 · · · · · · · · · · · 한국교육연구네트워크 엮음 | 380쪽 | 값 17,000원

04 교장제도 혁명 · 한국교육연구네트워크 엮음 | 268쪽 | 값 14,000원

05 새로운 사회를 여는 교육자치 혁명 · · · · · · · 한국교육연구네트워크 엮음 | 312쪽 | 값 15,000원

06 혁신학교에 대한 교육학적 성찰 · · · · · · · · · 한국교육연구네트워크 엮음 | 308쪽 | 값 15,000원

07 진보주의 교육의 세계적 동향 · · · · · · · · · · · 한국교육연구네트워크 엮음 | 324쪽 | 값 17,000원

08 더 나은 세상을 위한 학교혁명 · · · · · · · · · · · 한국교육연구네트워크 엮음 | 404쪽 | 값 21,000원

09 비판적 실천을 위한 교육학 · 이윤미 외 지음 | 448쪽 | 값 23,000원

10 마을교육공동체운동: 세계적 동향과 전망 · · · · · · · · · · 심성보 외 지음 | 376쪽 | 값 18,000원

11 학교 민주시민교육의 세계적 동향과 과제 · · · · · · · · · · 심성보 외 지음 | 308쪽 | 값 16,000원

12 학교를 민주주의의 정원으로 가꿀 수 있을까? · · · · · · · 성열관 외 지음 | 272쪽 | 값 16,000원

13 교육사상가의 삶과 사상 -서양 편 1 · · · · · · · · · · · · · · 심성보 외 지음 | 420쪽 | 값 23,000원

14 교육사상가의 삶과 사상 -서양 편 2 · · · · · · · · · · · · · · 김누리 외 지음 | 432쪽 | 값 25,000원

한국교육연구네트워크 번역 총서

01 프레이리와 교육 · · · · · · · · · · · 존 엘리아스 지음 | 한국교육연구네트워크 옮김 | 276쪽 | 값 14,000원

02 교육은 사회를 바꿀 수 있을까? · · · 마이클 애플 지음 | 강희룡·김선우·박원순·이형빈 옮김 | 356쪽 | 값 16,000원

03 비판적 페다고지는 세상을 변화시킬 수 있는가? · · · Seewha Cho 지음 | 심성보·조시화 옮김 | 280쪽 | 값 14,000원

04 마이클 애플의 민주학교 · · · · · · · · · · 마이클 애플·제임스 빈 엮음 | 강희룡 옮김 | 276쪽 | 값 14,000원

05 21세기 교육과 민주주의 · 넬 나딩스 지음 | 심성보 옮김 | 392쪽 | 값 18,000원

06 세계교육개혁 민영화 우선인가 공적 투자 강화인가? 린다 달링-해먼드 외 지음 | 심성보 외 옮김 | 408쪽 | 값 21,000원

07 콩도르세, 공교육에 관한 다섯 논문 · · · · · · · 니콜라 드 콩도르세 지음 | 이주환 옮김 | 300쪽 | 값 16,000원

08 학교를 변론하다 · · · · · · · · · · · · · 얀 마스켈라인·마틴 시몬스 지음 | 윤선인 옮김 | 252쪽 | 값 15,000원

09 존 듀이와 교육 · 짐 개리슨 외 지음 | 심성보 외 옮김 | 376쪽 | 값 19,000원

10 진보주의 교육운동사 · · · · · · · · · · · · · · · · · · · 윌리엄 헤이스 지음 | 심성보 외 옮김 | 324쪽 | 값 18,000원

11 사랑의 교육학 · 안토니아 다더 지음 | 심성보 외 옮김 | 412쪽 | 값 22,000원

12 다시 읽는 민주주의와 교육 · 존 듀이 지음 | 심성보 옮김 | 620쪽 | 값 32,000원

● **비고츠키 선집** 발달과 협력의 교육학 어떻게 읽을 것인가?

01 생각과 말   L.S. 비고츠키 지음 | 배희철·김용호·D. 켈로그 옮김 | 690쪽 | 값 33,000원

02 도구와 기호   비고츠키·루리야 지음 | 비고츠키 연구회 옮김 | 336쪽 | 값 16,000원

03 어린이 자기행동숙달의 역사와 발달 I   L.S. 비고츠키 지음 | 비고츠키 연구회 옮김 | 564쪽 | 값 28,000원

04 어린이 자기행동숙달의 역사와 발달 II   L.S. 비고츠키 지음 | 비고츠키 연구회 옮김 | 552쪽 | 값 28,000원

05 어린이의 상상과 창조   L.S. 비고츠키 지음 | 비고츠키 연구회 옮김 | 280쪽 | 값 15,000원

06 성장과 분화   L.S. 비고츠키 지음 | 비고츠키 연구회 옮김 | 308쪽 | 값 15,000원

07 연령과 위기   L.S. 비고츠키 지음 | 비고츠키 연구회 옮김 | 336쪽 | 값 17,000원

08 의식과 숙달   L.S 비고츠키 | 비고츠키 연구회 옮김 | 348쪽 | 값 17,000원

09 분열과 사랑   L.S. 비고츠키 지음 | 비고츠키 연구회 옮김 | 260쪽 | 값 16,000원

10 성애와 갈등   L.S. 비고츠키 지음 | 비고츠키 연구회 옮김 | 268쪽 | 값 17,000원

11 흥미와 개념   L.S. 비고츠키 지음 | 비고츠키 연구회 옮김 | 408쪽 | 값 21,000원

12 인격과 세계관   L.S. 비고츠키 지음 | 비고츠키 연구회 옮김 | 372쪽 | 값 22,000원

13 정서 학설 I   L.S. 비고츠키 지음 | 비고츠키 연구회 옮김 | 584쪽 | 값 35,000원

14 정서 학설 II   L.S. 비고츠키 지음 | 비고츠키 연구회 옮김 | 480쪽 | 값 35,000원

비고츠키와 인지 발달의 비밀   A.R. 루리야 지음 | 배희철 옮김 | 280쪽 | 값 15,000원

비고츠키의 발달교육이란 무엇인가?   비고츠키교육학실천연구모임 지음 | 412쪽 | 값 21,000원

비고츠키 철학으로 본 핀란드 교육과정   배희철 지음 | 456쪽 | 값 23,000원

비고츠키와 마르크스   앤디 블런던 외 지음 | 이성우 옮김 | 388쪽 | 값 19,000원

수업과 수업 사이   비고츠키 연구회 지음 | 196쪽 | 값 12,000원

관계의 교육학, 비고츠키   진보교육연구소 비고츠키교육학실천연구모임 지음 | 300쪽 | 값 15,000원

교사와 부모를 위한 발달교육이란 무엇인가?   현광일 지음 | 380쪽 | 값 18,000원

비고츠키 생각과 말 쉽게 읽기   진보교육연구소 비고츠키교육학실천연구모임 지음 | 316쪽 | 값 15,000원

교사와 부모를 위한 비고츠키 교육학   카르포프 지음 | 실천교사번역팀 옮김 | 308쪽 | 값 15,000원

레프 비고츠키   르네 반 데 비어 지음 | 배희철 옮김 | 296쪽 | 값 21,000원

혁신학교	성열관·이순철 지음 I 224쪽 I 값 12,000원
행복한 혁신학교 만들기	초등교육과정연구모임 지음 I 264쪽 I 값 13,000원
서울형 혁신학교 이야기	이부영 지음 I 320쪽 I 값 15,000원
혁신교육, 철학을 만나다	브렌트 데이비스·데니스 수마라 지음 I 현인철·서용선 옮김 I 304쪽 I 값 15,000
대한민국 교사, 어떻게 가르칠 것인가?	윤성관 지음 I 320쪽 I 값 15,000원
아이들을 어떻게 가르칠 것인가	사토 마나부 지음 I 박찬영 옮김 I 232쪽 I 값 13,000원
모두를 위한 국제이해교육	한국국제이해교육학회 지음 I 364쪽 I 값 16,000원
경쟁을 넘어 발달 교육으로	현광일 지음 I 288쪽 I 값 14,000원
혁신교육 존 듀이에게 묻다	서용선 지음 I 292쪽 I 값 16,000원
다시 읽는 조선교육사	이만규 지음 I 750쪽 I 값 37,000원
교실 속으로 간 이해중심 교육과정	온정덕 외 지음 I 224쪽 I 값 13,000원
대한민국 교육혁명	교육혁명공동행동 연구위원회 지음 I 224쪽 I 값 12,000원
포스트 코로나 시대의 교육	성열관 외 지음 I 224쪽 I 값 15,000원
내일 수업 어떻게 하지?	아이함께 지음 I 300쪽 I 값 15,000원
핀란드 교육의 기적	한넬레 니에미 외 엮음 I 장수명 외 옮김 I 456쪽 I 값 23,000원
한국 교육의 현실과 전망	심성보 지음 I 724쪽 I 값 35,000원
독일의 학교교육	정기섭 지음 I 536쪽 I 값 29,000원
교실 속으로 간 이해중심 통합교육과정	온정덕 외 지음 I 224쪽 I 값 15,000원
초등 백워드 교육과정 설계와 실천 이야기	김병일 외 지음 I 352쪽 I 값 19,000원
학습격차 해소를 위한 새로운 도전 보편적 학습설계 수업	조윤정 외 지음 I 240쪽 I 값 15,000원

● 경쟁과 차별을 넘어 평등과 협력으로 미래를 열어가는 교육 대전환! 혁신교육 현장 필독서

학교의 미래, 전문적 학습공동체로 열다	새로운학교네트워크·오윤주 외 지음 I 276쪽 I 값 16,000원
마을교육공동체 생태적 의미와 실천	김용련 지음 I 256쪽 I 값 15,000원
학교폭력, 멈춰!	문재현 외 지음 I 348쪽 I 값 15,000원
학교를 살리는 회복적 생활교육	김민자·이순영·정선영 지음 I 256쪽 I 값 15,000원
삶의 시간을 잇는 문화예술교육	고영직 지음 I 292쪽 I 값 16,000원
미래교육을 디자인하는 학교교육과정	박승열 외 지음 I 348쪽 I 값 18,000원
코로나 시대, 마을교육공동체운동과 생태적 교육학	심성보 지음 I 280쪽 I 값 17,000원

참된 삶과 교육에 관한
생각 줍기